NIZAQETE BISLIMI

DURCH DIE WAND

Nizaqete Bislimi
mit Beate Rygiert

DURCH
DIE WAND

Von der Asylbewerberin
zur Rechtsanwältin

DUMONT

Erste Auflage 2015
© 2015 DuMont Buchverlag, Köln
Alle Rechte vorbehalten
Umschlaggestaltung: Lübbeke Naumann Thoben, Köln
Satz: Fagott, Ffm
Gesetzt aus der Baskerville und der Unit
Gedruckt auf säurefreiem und chlorfrei gebleichtem Papier
Druck und Verarbeitung: CPI books GmbH, Leck
Printed in Germany
ISBN 978-3-8321-9789-6

www.dumont-buchverlag.de

INHALT

1 Der Duft nach Orangen 7
2 Auf schwankendem Grund 23
3 Fuß fassen in der Fremde 45
4 »Du hast keine Chance!« 75
5 Allem zum Trotz 99
6 Wendungen des Schicksals 113
7 Lernen gegen die Verzweiflung 129
8 Die unsichtbare Mauer 141
9 Durch die Wand 157
10 Auf der Suche nach der eigenen Identität 171
11 Rückkehr ins Land meiner Kindheit 183
12 Zeit der Findung 197
13 Der Schritt in die Öffentlichkeit 207
14 Ich bin nicht allein 217
15 Wofür ich eintrete 233

Dank 251
Anmerkungen 253
Bildnachweis 256

1

DER DUFT
NACH ORANGEN

Der Duft nach Orangen wird in meiner Erinnerung für immer verbunden sein mit der Erfahrung von Verlust und Vertreibung. Schäle ich heute eine Zitrusfrucht, atme ich ihren frischen, prickelnden Duft ein, stellen sich unvermeidlich Bilder ein: Bilder von damals, als wir verzweifelt versuchten, der Bedrohung in unserer Heimat Kosovo zu entkommen.

Der Duft einer Orange war es, der mir in diesen schweren Zeiten half. Er legte sich über den penetranten Geruch nach Diesel, den der Reisebus, der uns in ein besseres Leben bringen sollte, verströmte. Dieser Gestank bereitete mir so große Übelkeit, dass ich mir nicht vorstellen konnte, viele Stunden, ja sogar Tage in diesem Fahrzeug unterwegs zu sein. Unterwegs in die Fremde, unterwegs in ein Land, das ich nur von den Erzählungen meiner Tante und meines Onkels kannte, die dort lebten. Ein Land, in dem wir hofften, Frieden zu finden und eine neue Heimat: Deutschland.

Es war unser dritter Anlauf, und anders als bei den beiden vorherigen Versuchen hatten wir dieses Mal niemandem von unserem Fluchtversuch erzählt. Am Tag zuvor waren wir zu Fuß von unserem Dorf zu der nahe gelegenen Busstation der Großgemeinde Lipjan gelaufen und hatten von dort den Bus nach Prishtina genommen. Der Abschied von meiner geliebten Nana, meiner Großmutter väterlicherseits, war herzzerreißend gewesen. Noch heute sehe ich sie dort an dem grünen Eisentor unseres Gehöfts stehen, das seit vielen Generationen der Familie meines Vaters gehörte. Sie trug ihre traditionelle Tracht mit der Pluderhose und der Bluse darüber, ihrer *dimije*. Wie immer hatte sie ein Tuch um den Kopf gebunden, und ihre hellen Augen, von denen viele sagen, sie hätte sie an mich vererbt, standen voller Tränen. Es sollte das letzte Mal sein, dass ich sie sah. Irgendwie ahnte ich damals schon, dass dies ein Abschied für immer war, und der Schmerz darüber schneidet mir noch heute tief ins Herz.

Ich hatte meiner Geburt in dem kosovarischen Dorf Hallaç i Vogël auf unserem Gehöft gewohnt, es bestand aus zwei Häusern, einem Hof in der Mitte und einem Gemüsegarten dahinter. Hier lebten wir mit meiner Nana und mit der Familie meines Onkels. Hier war ich mit meinen vier Geschwistern, meinen beiden Schwestern und beiden Brüdern, herangewachsen. Auf diesem Hof hatten wir gespielt, und die Umzäunung samt dem traditionellen eisernen Tor hatte vierzehn Jahre lang die äußerste Grenze meiner Kinderwelt bedeutet.

All das hatten wir am Tag zuvor hinter uns gelassen. Ein letztes Mal hatte mein Blick die Häuser der Nachbarn gestreift, von Menschen, mit denen wir immer gut ausgekommen waren. Wir hatten das Dorf verlassen und die Felder überquert, über die nur wenige Wochen zuvor junge Burschen aus dem Dorf meine Mutter und mich auf dem Heimweg aus der Stadt mit Stöcken in den Händen nach Hause gejagt hatten. Ihre verächtlichen Rufe »*magjupe*« – »Zigeunerinnen« – hallten mir immer noch in den Ohren.

Meine Eltern waren zu er Überzeugung gelangt, dass es besser war, wenn meine Mutter mit uns fünf Geschwistern fortging. Denn nach den Kämpfen in Bosnien und Kroatien standen auch bei uns im Kosovo alle Zeichen auf Krieg, und das hieß auch Vertreibung der ethnischen Minderheiten, denen wir angehörten. Seit einigen Monaten konnten wir immer wieder lange Armeekonvois beobachten, die an unserem Dorf vorüberfuhren. Schon von Weitem hörten wir dann das Dröhnen der schweren Fahrzeuge, und wir Kinder liefen auf die Straße, um dem Konvoi entgegenzusehen. Es waren Lastwagen voller Soldaten und Panzer, deren Ketten die Straßen beschädigten und an ihren Rändern die Erde aufrissen.

Und trotz dieser Vorzeichen, die auf bewaffnete Konflikte hinwiesen, fiel es uns alles andere als leicht, wegzugehen. Niemand verlässt so einfach sein Zuhause. Außerdem konnte mein Vater uns nicht begleiten, was die Entscheidung noch viel schwerer machte. Erst kürzlich hatte er eine Einberufung als Reservist zur serbischen Armee erhalten und seine Papiere abgeben müssen.

»Ohne Papiere kann ich mich in Deutschland nicht den Behörden stellen«, versuchte er uns zu erklären, »denn dann wissen sie ja gar nicht, wer ich bin. Und ich kann es ihnen nicht beweisen. Aber sobald ich sie habe, komme ich nach.«

Über Wochen hinweg hatten meine Eltern darüber diskutiert, was zu tun sei. »Ich kann dich doch mit den Kindern nicht allein in ein fremdes Land gehen lassen«, hatte ich meinen Vater einmal sagen hören, als er glaubte, dass wir alle längst schliefen.

»Wir müssen gehen, solange noch Zeit ist«, hatte meine Mutter leise geantwortet.

»Vielleicht kommt es ja gar nicht zum Schlimmsten«, wandte mein Vater ein. »Wenn wir fortgehen, verlieren wir alles, was wir uns hier aufgebaut haben.«

Eine Weile lang hörte ich nichts mehr. Dann flüsterte meine Mutter:

»Wenn du recht hast, kommen wir eben wieder zurück. Aber falls es doch Krieg gibt, ist es für unsere Kinder hier zu gefährlich.«

Wieder war es still. Dann sagte meine Mutter: »Ich schaff das schon. Es haben schon andere vor mir geschafft. Hauptsache, du kommst bald nach.«

Und nun standen wir also in Prishtina vor dem abfahrtsbereiten Reisebus mit laufendem Motor, der uns zunächst mit vielen anderen Menschen in die Slowakei bringen würde. Von dort hofften wir, mithilfe unseres freundlichen Bekannten, der sich erboten hatte, uns zur Flucht zu verhelfen, über verschlungene Wege und mehrere Grenzen hinweg nach Deutschland zu gelangen. Mir war entsetzlich schlecht, und vielleicht war es ja gar nicht allein der penetrante Gestank nach verbranntem Diesel, der mir so große Übelkeit bereitete.

»Hier«, sagte meine Mutter, die für alles eine Lösung bereithielt, und reichte mir eine Orange. »Schnuppere an ihrer Schale«, riet sie mir. »Dann fühlst du dich gleich besser.«

Mit dem Daumennagel ritzte ich die Schale der Orange an und hielt sie mir unter die Nase, atmete den frischen Duft ein und versuchte, meine Übelkeit zu unterdrücken. Dann gab der Fahrer das Zeichen zum Einsteigen, und der Moment war gekommen, den wir alle gefürchtet hatten: Wir mussten von unserem Vater Abschied nehmen. Uns allen liefen die Tränen über die Wangen. Doch am schlimmsten traf die Trennung unseren jüngsten Bruder Ferid mit seinen gerade mal fünf Jahren, der eine starke Bindung zu unserem Vater hatte und herzzerreißend schluchzte, als meine Mutter ihn vom Arm unseres Vaters nahm und mit ihm in den Bus einstieg.

Uns allen war schrecklich zumute. Ich suchte mir einen Platz zwischen meinen Geschwistern. Die Türen wurden geschlossen, der Bus setzte sich in Bewegung. So lange wie möglich winkten wir unserem Vater. Dann verschwand er aus unserem Blickfeld. Ich schloss die Augen, atmete tief den Geruch der Orange ein und versuchte, meine Übelkeit niederzukämpfen.

Wir wussten nichts von Solingen und dem Brandanschlag, bei dem fünf türkischstämmige Menschen gestorben waren. Wir hatten keine Ahnung, weder von den Ausschreitungen in Hoyerswerda und Rostock noch von dem tödlichen Brandanschlag in Mölln. Wir ahnten nicht, was uns bevorstand, und das war wohl auch besser so. Alles, was uns damals beschäftigte, war die Frage, wie wir die nächsten Tage überstehen würden und ob es unserem Fluchthelfer auch tatsächlich gelingen würde, uns dieses Mal sicher nach Deutschland zu bringen.

Von jetzt an waren wir Flüchtlinge. Wir flohen vor den immer hitziger ausgefochtenen Spannungen zwischen der albanischen und der serbischen Bevölkerung im Kosovo. Wir flohen vor dem Schreckgespenst eines drohenden Krieges, von dem wir keine genaue Vorstellung hatten, aber wussten, dass er uns als Erste treffen würde. Wir flohen, weil die Erwachsenen sagten, dass alles nur noch schlimmer werden würde, als es ohnehin schon war.

Dabei war es nicht immer so gewesen. Ich kann mit Fug und Recht sagen, dass ich eine glückliche Kindheit hatte. Eine Kindheit, in der die Volkszugehörigkeit meiner Eltern keine Rolle spielte und ich sie deshalb erfolgreich verdrängen konnte, weil mich nichts von den anderen Kindern, die albanische

11

Eltern hatten, zu unterscheiden schien. Wir waren Muslime wie alle anderen auch. Der einzige Unterschied war vielleicht, dass meine Schwestern und ich besser gekleidet waren als viele andere Kinder des Dorfes, dass wir stets gut vorbereitet in den Unterricht kamen, dass die Bislimi-Mädchen mit die besten Schülerinnen der ganzen Schule waren. Unsere Mutter hielt uns wie Prinzessinnen, sie schneiderte unsere und ihre Kleider selbst, sie strickte uns dicke Pullover, Socken und Mützen für den Winter und packte uns bei der geringsten Kälte so sorgfältig und warm ein, dass ich noch heute viele Schichten übereinander anziehe, um im deutschen Winter nicht zu frieren. Meine Geschwister und ich wuchsen in der Geborgenheit einer Großfamilie auf, und wenn auch meine Verwandten der väterlichen Seite Hashkali waren und die Familie meiner Mutter den Roma angehörte, so störte in den ersten Jahren meiner Kindheit nichts die liebevolle Harmonie und das Gemeinschaftsgefühl dieser beiden Familienzweige.

Heute hat sich in dieser Hinsicht einiges geändert und Ehen zwischen Roma und Hashkali sind keine Seltenheit mehr, doch damals war die Verbindung meiner Eltern alles andere als üblich. Hier in Deutschland haben wenige Menschen eine Vorstellung davon, welch feine Abstufungen und Unterschiede zwischen den verschiedenen Volksgruppen existieren, die hier allesamt unter der diskriminierenden Fremdbezeichnung »Zigeuner« zusammengefasst werden. Dass meine Eltern ein Paar wurden, war zu ihrer Zeit etwas Unerhörtes: Damals blieben Hashkali und Roma lieber unter sich. Die Ehe meiner Eltern aber war eine wahre Liebesheirat über alle Konventionen hinweg, und diese Liebe hat bis heute alle Widrigkeiten und Prüfungen überstanden.

Ich wuchs also in einem äußerst komplizierten ethnischen Gefüge auf: Der Kosovo stand unter serbischer Verwaltung, doch in unserem Dorf lebten seit Jahrhunderten Albaner und Hashkali-Familien friedlich zusammen. Meine Mutter, eine Romni aus der nahen Stadt Lipjan, war in dieser Dorfgemeinschaft von Anfang an eine Fremde gewesen, eine Außenseiterin, und zwar als »Städterin« gleichermaßen wie aufgrund ihrer Volkszugehörigkeit. Während die Hashkali albanisch sprechen, bedienen sich die Roma ihrer eigenen Sprache, des Romanes oder auch Romani, einer komplexen Sprache, die ihre Wurzeln im altindischen Sanskrit hat. Meine Mutter hatte eine serbische Schule besucht, und als sie ins Dorf meines Vaters zog, musste sie die albanische Sprache erst erlernen.

Für uns Kinder hatte dies alles zur Folge, dass wir nirgendwo richtig dazugehörten, auch wenn wir dies in den frühen Jahren überhaupt nicht wahrnahmen: Wir waren weder Serben noch Albaner, aber auch weder »richtige« Roma noch Hashkali. Dass wir »anders« waren, wurde erst bedeutend, als die politischen Spannungen zwischen den beiden größten Völkergruppen, den Serben und den Albanern, ein gefährliches Maß erreichten.

Auch wenn wir in den Augen der Mehrheitsbevölkerung *magjup* waren, entsprachen wir in keiner Weise den Klischeebildern, die sie hatten. Sowohl unsere Roma- als auch die Hashkali-Familie war von jeher sesshaft gewesen. Mein Vater, ein diplomierter Agrartechniker, hatte eine gute Arbeitsstelle in einem großen Landwirtschaftsbetrieb, und da meine Mutter eine kluge Hauswirtschafterin war, fehlte es uns an nichts, und bis zu meinem elften Geburtstag war alles in bester Ordnung.

An diesen elften Geburtstag erinnere ich mich noch genau. Überhaupt scheint es mir, dass alle wichtigen Dinge in meinem Leben mit der Zahl Elf verbunden sind: Zum Beispiel wurde ich am 11. Januar geboren und wichtige Prüfungen fanden an einem solchen Tag oder Monat statt. Damals, an meinem elften Geburtstag, gab es ein großes Fest, viele Verwandte kamen zu Besuch, sogar ein Cousin meines Vaters aus Belgrad, den ich lange nicht gesehen hatte.

An jenem kalten Donnerstagmorgen, dem 11. Januar 1990, machte ich mich mit meiner zwei Jahre älteren Schwester Mihrije, Miri genannt, aufgeregt auf den Weg zur Schule. Es hatte frisch geschneit, und während wir durch den Schnee stapften, fragte ich mich, wo ich wohl zehn Jahre später, also im Jahr 2000, sein würde. Und obwohl mir das alles noch unendlich weit entfernt erschien, malte ich mir aus, welchen Beruf ich wohl einmal ausüben würde. Angeregt von amerikanischen Fernsehsendungen spielte ich damals schon mit dem Gedanken, Anwältin zu werden. »Du gibst mal eine gute Anwältin ab«, hatte sogar mein Vater hin und wieder gesagt, weil ich meine Geschwister vehement verteidigte, wenn ich fand, dass sie zu Unrecht ausgeschimpft wurden. Aber auch Zahnärztin wäre ich gerne geworden. Ich hatte kurz zuvor eine Zahnspange bekommen und fand das alles ungeheuer spannend. Während ich auf dem Behandlungsstuhl saß, stellte ich mir immer vor, selbst einmal so einen weißen Kittel zu tragen. Anwältin oder Zahnärztin? Das war also die Frage, die ich mir auf dem Weg zur Schule stellte.

Als ich ins Klassenzimmer kam, prasselte ein gemütliches Feuer im Holzofen, und gemeinsam mit den anderen Kindern wärmte ich mich erst einmal auf. Alle gratulierten mir herzlich zum Geburtstag, auch mein späterer Lieblingslehrer Ismail Berbatovci.

»Meine Tante und mein Onkel aus Belgrad sind gekommen, um meinen Geburtstag mit uns zu feiern«, erzählte ich stolz, »und später werden uns noch mehr Verwandte besuchen.«
»Da wirst du sicherlich schöne Geschenke bekommen«, meinte Ismail Berbatovci freundlich.
»Ja, ich hoffe«, lachte ich. »Und meine Mutter kocht mein Lieblingsessen.«

Meine Mutter hatte eine prächtige Torte gebacken, eine meiner Tanten brachte einen Kuchen mit Kokosraspeln mit, und als Geschenk erhielt ich eine goldene Kette mit einem Anhänger in Form eines N – meine Namensinitiale. Damit sie nicht traurig war, erhielt auch Miri einen goldenen Anhänger in Form eines M. Zum Abendessen gab es Hühnchen mit Reis.

Wahrscheinlich erinnere ich mich an diesen elften Geburtstag deshalb so genau, weil der zwölfte vollkommen anders sein sollte. In diesem einen Jahr zwischen 1990 und 1991 hat sich vieles verändert. Die politische Lage im Kosovo war instabil geworden, die seit Jahrhunderten dort ansässigen Albaner gerieten immer mehr in Konflikt mit der herrschenden serbischen Bevölkerung. Denn der Kosovo war zwar nach einer wechselhaften Geschichte seit dem Zweiten Weltkrieg der Republik Serbien angeschlossen, von Tito aber mit dem Sonderstatus einer Autonomen Provinz innerhalb der Republik Serbien und mit zahlreichen Sonderrechten ausgestattet worden, die ihm eine gewisse Mitbestimmung in der jugoslawischen Föderation garantierten. Zehn Jahre nach Titos Tod begann jedoch auch hier der Vielvölkerstaat zu bröckeln, und die Serben, denen die Sonderrechte des Kosovo ein Dorn im Auge waren, begannen dagegen aufzubegehren. Bereits 1983 hatte es die ersten nationalistischen Massenkundgebungen von Serben gegeben, anlässlich der Beerdigung von Aleksandar Ranković. Tito hatte den früheren Innenminister und Geheimdienstchef in den Sechzigerjahren unter anderem wegen seiner klaren Haltung gegen die Autonomie des Kosovo in Serbien entmachtet. Seinen Tod nahmen nun Tausende von Serben zum Anlass, um für ihre Interessen auf die Straße zu gehen. Im Gegenzug besannen sich auch die Kosovo-Albaner immer mehr ihrer nationalen Identität.

Und als Slobodan Milošević ausgerechnet zum 600. Jahrestag der Schlacht auf dem Amselfeld im Gedenken an die jahrhundertealte Niederlage der Serben gegen das Osmanische Reich in einer Brandrede seinen Landsleuten versprach, das einstige Kernland des serbischen Reiches wieder zu vereinen, klang das in den Ohren der Serben wie ein Schlachtruf, wie eine Aufforderung, zu den Waffen zu greifen und alle Nichtserben aus dem Land zu werfen. Wir als Roma-Hashkali-Familie allerdings gehörten weder zu der einen noch zu der anderen Gruppe, und damit waren wir diejenigen, die in Krisenzeiten als Erste von beiden Seiten angegriffen werden würden.

Dass mein Vater nicht schon lange seine Arbeit verloren hatte, zeugt von seiner Beliebtheit und Fachkompetenz. Jedoch konnte der Betrieb ihm wie allen anderen Angestellten in dem Jahr zwischen meinem elften und zwölften Geburtstag keinen Lohn mehr bezahlen. Innerhalb weniger Monate war meine Familie verarmt. Anders als viele unserer albanischen Nachbarn besaßen wir zwar Haus und Hof, doch keine Felder und Nutztiere. Alles, was wir brauchten und was nicht in unserem kleine Garten wuchs, mussten wir mit barem Geld kaufen, und ohne Lohn standen wir mit nichts da. Es fehlte uns am Notwendigsten, sogar an Grundnahrungsmitteln wie Mehl, Salz und Öl oder an Waschmittel. Auch Kohle oder

Holz zum Heizen waren knapp. Die Inflation war horrend, der Schwarzhandel gegen Devisen wie US-amerikanische Dollar und D-Mark blühte.

Nichts führte uns Kindern unsere neue Armut derart anschaulich vor Augen wie mein zwölfter Geburtstag: An jenem 11. Januar 1991 gab es weder Torte noch Kuchen und auch kein Geschenk.

Ich sehe mich noch an unserem Wohnzimmerfenster stehen und auf den verschneiten Weg hinausschauen. Ich konnte es nicht fassen, wie sehr sich unser Leben in nur einem Jahr verändert hatte. Was sollte nun aus meinen Träumen werden?

Meiner Mutter blieb es nicht verborgen, wie traurig ich war. Sie kam zu mir herüber und reichte mir eine Orange. Ich glaube, sie hatte sie extra für meinen Geburtstag aufgehoben. Orangen konnte man nur auf dem Markt in Lipjan kaufen, der immer montags stattfand. Nun aber zauberte sie an einem Freitag diese Orange hervor – mein Geburtstagsgeschenk in diesem Jahr.

Daran musste ich denken, als ich rund zweieinhalb Jahre später während der langen Fahrt an der Orange schnupperte und mit meinen Fingernägeln immer wieder neue Ritzen in ihre Schale grub, um ihr frischen Duft zu entlocken. Auf unserer Reise hatte ich schon lange die Orientierung verloren. Gemeinsam mit meinen Schwestern kümmerte ich mich um unseren kleinen Bruder, der unseren Vater so sehr vermisste, dass er von Tag zu Tag kränker wurde. Und ich versuchte mir vorzustellen, was uns in Deutschland erwartete. Dachte daran, was hinter uns lag.

Einige Wochen zuvor hatte es eine Volkszählung gegeben. Ein paar albanische Männer waren auch zu uns gekommen und wollten meinem Vater dazu überreden, sich in ihre Liste einzutragen.

»Wir sind doch alle Brüder«, sagten sie zu ihm. »Ihr gehört zu uns!«

Mein Vater allerdings schüttelte nur den Kopf.

»Ihr wisst so gut wie ich«, sagte er, »dass ich kein Albaner bin. Jetzt, wo es darum geht, eure Liste zu füllen, jetzt nennt ihr mich euren Bruder. Aber wenn ich etwas brauche, dann bin ich ein *magjup*. Ich schreib mich nicht in eure Liste ein.«

Heute ist bekannt, dass unzählige Roma und Hashkali unter Androhung von Gewalt gezwungen worden sind, sich in die albanischen Listen einzutragen. Schon damals wurden nicht wenige Familien aus ihren Dörfern vertrieben.

Alles lief auf einen gewalttätigen Konflikt zwischen den beiden Volksgruppen hinaus. Die Stimmung wurde von Tag zu Tag angespannter, es gab Demonstrationen, die nicht immer friedlich abliefen. Und es kam vor, dass nachts an unser Tor gepocht wurde. Immer öfter fielen nächtliche Schüsse. Inmitten dieses brodelnden Konflikts saßen wir – Roma und Hashkali.

»So war es schon immer«, sagte meine Nana, »wenn es Krieg zwischen zwei Volksgruppen gibt, sind wir die Ersten, die wie Körner zwischen zwei Mühlsteinen zermahlen werden.«

Ein Cousin väterlicherseits lebte mit seiner Familie im Ruhrgebiet, und wann immer sie uns besucht hatten, war ich beeindruckt gewesen von ihren Mitbringseln, unter denen sich einmal eine DVD des Films »Rambo« in deutscher Synchronisation befunden hatte. Andächtig hatten wir uns den Film angesehen, und am meisten hatte mich diese sonderbare Sprache fasziniert, die so schwer geklungen hatte. Und nun waren wir tatsächlich auf dem Weg in dieses verheißungsvolle Land.

Die Woche, die wir in dem Reisebus verbrachten, verschmilzt bei mir zu einer einzigen Erinnerung: endlose Fahrten über endlose Straßen vorbei an endlosen Feldern und durch unbekannte Siedlungen. Am letzten Tag half es mir auch nicht mehr, an der Orange zu schnuppern. Mir wurde so übel, dass ich mich mehrmals übergeben musste. Nun kam die Tüte zum Einsatz, die meine jüngere Schwester Mirsade schon die ganze Zeit über für diesen Ernstfall griffbereit gehalten hatte.

Doch irgendwann erreichte der Reisebus sein Ziel. Mein kleiner Bruder Ferid und ich waren sehr erschöpft. In einer Stadt, an deren Namen ich mich nicht mehr erinnere, endete die Fahrt und unsere kleine Gruppe, zu der außer meiner Familie noch zwei junge Männer und ein Mädchen gehörten, stieg dort mitten in der Nacht am Bahnhof aus. Leider fuhren zu dieser späten Stunde keine Züge mehr, und wir mussten den Rest der Nacht am Bahnhof verbringen. Wir waren so erschöpft, dass wir uns wechselweise in die Arme nahmen und irgendwie im Sitzen schliefen, bis es Morgen wurde. Ich kann mich noch an das Gefühl der Taubheit erinnern, wenn meine Arme eingeschlafen waren.

Schließlich öffnete der Schalter, unser Begleiter besorgte uns Zugtickets und wir fuhren weiter. Wir gelangten zu einem Hotel, in dem wir uns ausruhen konnten. Was war das für eine Wohltat, als wir uns nach einer Woche endlich wieder duschen und uns in einem richtigen Bett ausstrecken konnten. Unser Begleiter besorgte uns Essen und Getränke und wir erholten uns ein bisschen, bis die nächste Etappe unserer Reise anstand.

In drei Autos ging die Fahrt weiter. Es war tief in der Nacht, als es endlich hieß, die deutsche Grenze sei nicht mehr weit. Unsere Fahrer brachten uns bis zu einer bestimmten Stelle, dann mussten wir zu Fuß weitergehen. Ich trug wie meine Schwestern leichte Sandalen, und so stolperten wir durch die dunkle Nacht, immer hinter unserem Fluchthelfer und seinen Bekannten her, die uns über weite Felder und durch das dichte Unterholz eines Waldes führten. Wir wurden angewiesen, so wenig Geräusche wie möglich zu machen, damit wir nicht entdeckt wurden. Ich kann nicht mehr sagen, wie lange wir so gingen, doch es erschien mir wie eine Ewigkeit. Irgendwann fing es auch noch an zu regnen, und wir legten uns Tücher über unsere Köpfe, um nicht vollkommen durchnässt zu werden.

Völlig erschöpft erreichten wir endlich den Waldrand. In der Dunkelheit erkannten wir die Umrisse von drei Pkw. In aller Eile verteilte man uns auf die Wagen. Meine Mutter stieg mit meinen Brüdern in das eine Auto, meine Schwestern, das fremde junge Mädchen und ich stiegen in das andere. Ich sehe noch das entsetzte Gesicht meiner Mutter hinter dem Autofenster, als sie merkte, dass ihre Töchter von ihr getrennt wurden, doch schon wurden die Türen zugeschlagen und los ging es.

Ich kann mich nicht erinnern, Angst gehabt zu haben, für uns Jugendliche war das alles wie ein großes Abenteuer. So fuhren wir durch die Dunkelheit, schließlich dämmerte der Morgen und ich sah aus müden, brennenden Augen die Landschaft an mir vorüberflitzen. Ich registrierte die Beschilderung der Autobahn, versuchte mir einzuprägen, was dort stand. Doch ich war viel zu müde, immer wieder fielen mir die Augen zu. Irgendwann machten wir an einer Tankstelle Rast.

Hier trafen wir auch die anderen wieder, und als meine Mutter uns sah, war sie sehr erleichtert.

»Alles in Ordnung mit euch?«, fragte sie meine Schwestern und mich. Ich konnte ihr ansehen, dass sie aufatmete. Sie hatte die ganze Fahrt lang befürchtet, sie sähe uns nie wieder.

Weiter ging die Reise, bis wir schließlich die Autobahn verließen. Wir passierten dicht bebaute Gegenden, Industrieanlagen, Gewerbegebiete, Wohnsiedlungen. Und endlich, endlich kamen wir an.

Unser Bekannter, der die Flucht organisiert hatte, hatte an alles gedacht. Er brachte uns nach Koblenz zu guten Freunden von ihm und hier wartete ein wunderbares Mittagessen auf uns. Wir konnten uns frisch machen und ein bisschen ausruhen, dann brachte uns unser Begleiter zum Bahnhof. Er besorgte die Bahntickets und fuhr mit uns in einem Schnellzug nach Essen. Ich hatte einen Fensterplatz. In der Scheibe sah ich die Spiegelung meines Gesichts, hinter dem die Wischbilder fremder Landschaften an uns vorüberzogen. »Was wird uns die Zukunft hier bringen?«, fragte ich mich. Alles schien so unwirklich, auch mein eigenes Gesicht kam mir fremd vor. In Essen holten uns schließlich unsere Verwandten ab.

Wir hatten Glück gehabt, sicher und heil waren wir in Deutschland angekommen.

Das Erste, was ich von diesem Land sah, waren also ein dunkler Wald und eine nächtliche Straße. Das Erste, was ich in Deutschland fühlte, waren Neugier und Abenteuerlust. Ich war vierzehn Jahre alt. Das Leben lag vor mir. Ich war gespannt auf dieses Land, von dem ich nur Gutes gehört hatte. Interessiert lauschte ich den fremden Lauten, die mir von allen Seiten entgegentönten.

Deutschland. Meine Tante hatte uns immer wieder von diesem Land erzählt. »Das Leben ist gut dort«, hatte sie gesagt. »Die Menschen sind ehrlich. Sie arbeiten hart, doch das tun wir ja auch. Wer hart arbeitet, hat in Deutschland eine Zukunft.« Wir waren mehr als bereit, uns anzustrengen. Meine Schwestern und ich waren auch zu Hause im Kosovo immer Klassenbeste gewesen, oft sogar Schulbeste. Diese kompliziert klingende Sprache, so nahm ich mir vor, würde ich so schnell wie möglich lernen. Und dann würde eine wunderbare Zukunft auf mich warten, da war ich mir sicher.

2

AUF SCHWANKENDEM GRUND

Zunächst schlüpften wir bei unseren Verwandten unter. Von all den Strapazen der Reise mussten wir uns erst einmal erholen. Nach ein paar Tagen war auch unser jüngster Bruder Ferid wieder gesund. Nun wurde es höchste Zeit, die nötigen offiziellen Schritte zu unternehmen und sich den Behörden zu stellen.

Ich spürte, dass sich meine mutige, tatkräftige Mutter vor diesem Schritt fürchtete. Von klein auf hatte ich eine besondere Beziehung zu meiner Mutter gehabt, ich war diejenige, die sie ins Vertrauen zog und der sie die meiste Hausarbeit anvertraute. Ich kann mich noch gut erinnern, wie wir abends im Wohnzimmer meines Onkels auf der Couchgarnitur und auf dem Teppich davor saßen und, genau wie zu Hause, die abendlichen Nachrichten anschauten. Ich sah den großen Schriftzug »HEUTE« auf dem Fernsehbildschirm auftauchen und wollte sofort wissen, was das bedeutete. Ich ging zu einem Wandkalender und suchte nach diesem Wort, denn ich dachte, es meinte einen Wochentag. Als ich es nicht fand, fragte ich meine Tante. Sie übersetzte es auf Albanisch – und wir mussten beide lachen, weil es so simpel war.

Und auf einmal sah ich überall dieses Wort, und zu diesem Wort fügten sich andere hinzu. »Was heißt dieses?«, »Was heißt jenes?«, quälte ich meine Tante, sei es beim Einkaufen oder beim Durchblättern einer Zeitschrift, und sie übersetzte mir geduldig jeden Begriff. So lernte ich vom ersten Tag an Wort für Wort und prägte mir alles ein.

Von klein auf war ich außerordentlich wissbegierig gewesen. Wie ein Schwamm sog ich alles nur so in mich auf. Meine um zwei Jahre ältere Schwester Miri wurde ein Jahr vor mir eingeschult, und ich fand das unglaublich aufregend, am liebsten wäre ich mit ihr gegangen. Für die Grundschulklassen fand der Unterricht am Nachmittag statt, wahrscheinlich weil die Klassenräume nicht ausreichten. Um Viertel vor eins musste meine Schwester aufbrechen, vor ihr lag ein Schulweg von rund zwei Kilometern, den sie gemeinsam mit den anderen Kindern zu Fuß unternahm. Ich erinnere mich an einen Sommertag, an dem meine Schwester mit nassen Schuhen zur Schule musste, weil uns gegen Mittag eingefallen war, unsere Turnschuhe zu waschen. Oft habe ich sie ein Stück begleitet. Wenn sie ihre Hausaufgaben machte, saß ich immer dabei und lernte mit.

Ich liebte die Schule also, schon lange bevor ich überhaupt hindurfte, und beneidete meine Schwester und meine älteren Cousinen aus tiefstem Herzen. Ich konnte es kaum erwarten, selbst lesen zu lernen. Wenn meine Schwester mit meinem Vater zum Beispiel neue Buchstaben oder Zahlen übte, stellte ich mich immer neugierig daneben, und mein Vater erklärte es dann nicht nur meiner Schwester, sondern auch mir. So kam es, dass ich schon vor meiner Einschulung meinen Namen schreiben konnte. Und auch später, als ich längst zur Schule ging, lernte mein Vater mit mir: Stundenlang las ich ihm Geschichten vor, oder wir sagten uns gegenseitig Gedichte auf.

Den Namen Nizaqete erhielt ich nach einer angesehenen pensionierten Lehrerin, die meinen Vater und meinen Onkel unterrichtet hatte. Es ist ein albanischer Name arabischen Ursprungs und bedeutet »die Vornehme« oder »die Dame«. Das q in der Mitte wird als stimmhaftes, weiches »sch« ausgesprochen. Meine Mutter erzählte mir, dass sie diese Lehrerin eines Tages getroffen habe, als ich noch ein kleines Baby war.

»Wie heißt denn das Kind?«, fragte die Lehrerin.

»Nizaqete«, antwortete meine Mutter.

Da lachte die Lehrerin erfreut, küsste mich auf die Stirn und meinte: »Dann hoffen wir, dass sie ein kluges Kind und eine fleißige Schülerin wird und ihr eines Tages die Welt zu Füßen liegt.«

An meinem ersten Schultag wurde ich von jemandem aus der Familie zur Schule gebracht, doch mir war wichtig, nach dem Unterricht mit den anderen Kindern alleine nach Hause zu gehen. Ich saß ganz vorne in der ersten Bank. Ich lauschte andächtig den Worten unseres Klassenlehrers, so froh war ich, endlich auch in die Schule gehen zu dürfen und dann auch noch in der ersten Bank sitzen zu dürfen. Als mein Name aufgerufen wurde, fragte mich der Klassenlehrer, ob ich die Schwester von Miri sei.

»Ja«, gab ich stolz zur Antwort.

»Deine Schwester ist eine sehr gute Schülerin«, fügte der Lehrer hinzu, was mich noch stolzer machte. Gleich an diesem ersten Tag lernte ich viele neue Freundinnen kennen und lief überglücklich nach Hause. Als ich das Tor öffnete, bellte Boki, unser Hund, weil er mich nicht gleich erkannte. Ich lief auf ihn zu und begrüßte ihn überschwänglich, streichelte und liebkoste ihn. Nun war auch ich endlich ein Schulkind, und ich hatte das Gefühl, das richtige Leben fange jetzt an.

Von Anfang an gehörte ich zu den Besten der Klasse. Beim Schulfest, das dem albanischen Nationaldichter Migjeni, dem Namensgeber unserer Schule, gewidmet war, trug ich voller Stolz in einem hübschen Kleid und in neuen, roten Schuhen ein Gedicht vor rund zweihundert Menschen vor. Der Titel lautete »burbuqe«, »Knospe«. Ich war sehr aufgeregt, aber auch entschlossen, das Gedicht so gut wie möglich aufzusagen. Und soweit ich mich erinnern kann, gelang mir das auch. Ich war stolz darauf, dass mir eine solche Ehre zuteilgeworden war. Denn instinktiv wollte ich so sein wie alle anderen Kinder im Dorf. Vielleicht war dies der Grund, dass ich im Gegensatz zu meiner Schwester nie richtig Romanes lernte, die Sprache meiner Mutter, was ich heute sehr bedauere. Obwohl ich ein gutes Gespür für Sprachen habe und später mühelos Englisch und Serbisch lernte, konnte ich mir die Worte und Ausdrücke in Romanes einfach nicht merken. Dabei verbrachten wir ja regelmäßig, meistens im Sommer, eine oder zwei Wochen bei der Familie meiner Mutter, wo ausschließlich Romanes gesprochen wurde. Und doch war es, als perlte diese Sprache an mir ab, ich konnte mir lediglich hier und da ein paar Brocken merken. Ich war gerne bei meinen Großeltern, meinen Tanten und Cousinen und Cousins. Meine Großeltern hatten ein großes Haus mit einem wunderschönen Garten. Hier wuchsen allerlei Gemüse und viele Obstbäume, darunter auch ein Quittenbaum. Ich mochte den herben Geschmack dieser Früchte auf meiner Zunge.

Meine Großeltern kauften oft große Melonen auf dem Markt, und damit die Früchte kühl blieben, legte man sie in einen Eimer und ließ diesen an einem Seil hinab in den *bunar*, den Brunnen. Abends saßen wir alle zusammen, aßen und tranken. Es ärgerte mich damals schon, dass ich mich mit meinen Cousinen und Cousins nicht richtig unterhalten konnte. Und doch war unsere Verständigung, wie überall auf der Welt unter Kindern, ganz einfach: Wir kamen auch ohne Worte klar.

Jedes Jahr am 6. Mai feierten wir das Fest des Heiligen Georg, Herdelezi auf Romanes oder Shën Gjergjit auf Albanisch. Dieses Fest wird von vielen Volksgruppen, auch von den Roma, begangen und überall ein bisschen anders gefeiert. Dass es im Grunde der Festtag eines christlichen Heiligen war, störte uns, obwohl wir Muslime waren, nicht. Der Ursprung dieser Tradition liegt offenbar sehr weit zurück, und es gibt verschiedene Theorien dazu. Manche bringen das Fest mit dem Propheten Elias aus dem Alten Testament in Verbindung, andere mit einem seiner Brüder. Auch ein geheimnisvoller weiser Prophet, der sagenhafte »el-Khadr« mit dem Beinamen »der Grüne«, wird in diesem Zusammenhang genannt. Vielleicht kommt dies daher, dass die Kinder an jenem Tag nach der Schule hinaus auf die Wiesen laufen und große Blumensträuße pflücken, mit denen das ganze Haus geschmückt wird. Auch wir taten dies jedes Jahr. Auf den Wiesen suchten wir außerdem nach einer süßlich schmeckenden, grasartigen Pflanze namens Mleqi, die wir aßen, bis Hände und Mund grün vom Pflanzensaft waren.

Es war üblich, den Kindern zu diesem Fest neue Kleider und Schuhe zu schenken. Monate vorher hieß es: »Warte mal bis Herdelezi, dann bekommst du sowieso etwas Neues.«

Drei Tage lang wurde bei uns Hashkali im Dorf dieses Fest gefeiert. In den Städten gab es nachmittags Tanzveranstaltungen, während wir uns auf dem Dorf gegenseitig Besuche abstatteten. Wir Kinder zogen von einem Haus zum nächsten, wo die Hausfrauen schon seit Tagen für dieses Ereignis gekocht und gebacken hatten und uns die Spezialität des Hauses anboten. Überall gab es Baklava und andere süße Naschereien. Wir Kinder liebten dieses Fest mit seiner fröhlichen, ausgelassenen Stimmung, nicht zuletzt, weil wir überall beschenkt wurden.

Es gibt je nach Gegend unterschiedliche Ausprägungen und Namen dieses Brauches. Viele glauben, es sei ein ausgesprochenes Roma-Fest, doch auch das ist nicht richtig. Der Tag des Heiligen Georg wird an den verschiedensten Orten und von allen Glaubensrichtungen begangen. Dass bei uns nur die Hashkali-Familien Herdelezi feierten, spielte damals keine Rolle. Während unserer ersten Grundschulklassen empfanden meine Schwestern und ich ja wie gesagt keinen Unterschied zwischen uns und den anderen im Dorf.

Später allerdings bedeutete »dazugehören« für uns, besser zu sein als die anderen, die »albanischen« Kinder. So schützten uns unsere schulischen Leistungen, die guten Manieren, auf die meine Eltern stets Wert gelegt hatten, und unsere tadellose Erscheinung eine Zeit lang weitgehend vor rassistischer Ausgrenzung. Lediglich von Kindern anderer Schulklassen, vor allem von älteren Schülern, hörten wir hin und wieder das verhasste Wort *»magjupe«* in der weiblichen Form, und zwar meistens, wenn sie in Gruppen unterwegs waren und uns auf unserem Schulweg begegneten. Es war, als müssten sie sich etwas beweisen. Ich versuchte, das zu ignorieren. Meine Mitschüler allerdings verwendeten dieses Wort nie.

Ich muss diese Zeichen der Ausgrenzung verdrängt haben, denn mir war lange Zeit nicht bewusst, dass ich anders sein könnte als meine Mitschüler. Von der ersten bis zur vierten Klasse verwaltete ich die Klassenkasse, ich war also bestens integriert und von unserem Lehrer geschätzt.

Danach war für viele Kinder aus unserem Dorf die Schulzeit zu Ende. Ich wollte natürlich genau wie meine große Schwester unbedingt weiterlernen, und doch sah es auf einmal so aus, als wäre dies nicht möglich. Denn während der großen Ferien passierte etwas, was mir noch lange in den Knochen saß: Jedes Jahr in den Sommerferien kamen meine Cousinen aus der Stadt zu Besuch, und auf unserem Hof wimmelte es nur so von Kindern. Wir hatten immer eine Menge Spaß miteinander und stellten auch das eine oder andere an. Eines Tages beschlossen wir, einen Tanzwettbewerb zu veranstalten und hüpften zur Musik von Michael Jackson ausgelassen herum. Wie immer im Sommer hatten wir unsere Diele mit Teppichen und Matratzen ausgelegt, weil es hier kühler war als im anderen Zimmer. Auch eine große Vase mit Blumen stand dort. Und dann passierte es: Ich stieß die Vase um und das übel riechende Blumenwasser ergoss sich auf den Teppich. Meine Mutter war ziemlich wütend, jetzt musste sie den ganzen Teppich auswaschen. Und weil sie schon einmal dabei war, kamen auch gleich die Gardinen dran. Im Zorn sagte sie zu mir: »Du wirst nicht mehr zur Schule gehen!«

Ich glaubte tatsächlich, dass sie es ernst meinte, und war entsetzlich niedergeschlagen. Erst als meine Mutter gegen Ende der Ferien mit mir Schulsachen einkaufen ging, verstand ich voller Erleichterung, dass ich doch wieder zur Schule durfte.

Ab der fünften Klasse hatten wir vormittags Unterricht, und nun kamen wir auch mit älteren Schülern und mit Kindern aus anderen Dörfern zusammen, die mich und meine Schwestern nicht von klein auf kannten. Von diesen Kindern hörten wir nun öfters das verhasste Schimpfwort. Empört wehrte ich mich dagegen, ich wollte das nicht sein. Meine albanischen Freundinnen sagten damals: »Du kannst keine *magjupe* sein, Nizaqete! Du bist so klug und hast helle Augen. Und deine Haut ist überhaupt nicht dunkel. Du musst Albanerin sein wie wir.«

Und ich antwortete: »Na klar bin ich Albanerin!«

Es gab damals einen Vorfall, für den ich mich heute noch schäme. Es war im Sommer, und wir waren auf dem Nachhauseweg von der Schule. Die Straße führte auch zu den Feldern, die zu dem staatlichen Betrieb gehörten, für den mein Vater arbeitete. Zur Erntezeit verpflichtete dieser Betrieb Saisonarbeiter aus den umliegenden Dörfern, sie wurden auf den Ladeflächen großer Anhänger von Traktoren zu den Feldern gebracht. Darunter waren auch immer viele Roma.

Als ich an jenem Tag gemeinsam mit meinen albanischen Freundinnen die Straße entlanglief, sah ich meinen Onkel, einen Bruder meiner Mutter, auf einem der Lastwagen stehen.

»Schaut doch nur, all diese *magjupe*«, sagte eine meiner Freundinnen gerade mit Abscheu in der Stimme, als mich mein Onkel erkannte und mich freundlich zu sich winkte. Ich wäre am liebsten im Erdboden versunken. Was würden meine Freundinnen sagen, wenn sie erfuhren, dass einer dieser Roma mein Onkel war? In meiner Not tat ich so, als hätte ich ihn nicht gesehen, und ging einfach weiter. Es war ein schrecklicher Moment. Ich wollte nicht so sein wie diese Roma dort auf dem Anhänger, die von meinen Freundinnen so verachtet wurden. Ich wollte nicht zu ihnen gehören. Und so habe ich meinen eigenen Onkel, den ich sehr mochte, verleugnet.

Mein Onkel hatte das damals sehr wohl bemerkt, mir mein Verhalten allerdings niemals verübelt. Er konnte sicherlich verstehen, in welchem Dilemma ich steckte. Meine Hautfarbe ist ein wenig heller als die einiger meiner Verwandten. Und meine grünen Augen habe ich von meiner Nana, meiner Oma väterlicherseits. So redete ich mir lange Zeit ein, ich sei Albanerin, genau wie meine Schulkameradinnen.

Ein paar Jahre später stand ich während der Sommerferien selbst dort auf dem Feld, gemeinsam mit meiner Mutter, meiner Schwester, meiner Tante und deren Kinder und Mann. Für den Lohn, den wir erhielten, kauften meine Schwester und ich uns neue Schultaschen und Bücher. Einmal gönnten wir uns gemeinsam ein Radio. Ich rechne es meiner Mutter hoch an, dass wir damals das verdiente Geld selbst ausgeben durften, während sie selbst für drei arbeitete und am Abend noch kochte, putzte, die Wäsche wusch, als hätte sie nicht schon einen schweren Arbeitstag hinter sich. Und am nächsten Morgen stand sie wieder um fünf Uhr auf und ging erneut auf die Felder. Das waren harte Zeiten, vor allem für sie.

Als dann eine Weile später die Demonstrationen anfingen und die Albaner für eine Unabhängigkeit des Kosovo eintraten, da fühlte ich, wie das Selbstbewusstsein meiner Mitschüler von Tag zu Tag wuchs. Mit Schrecken hörte ich meine Freundinnen grausame Geschichten erzählen, und besonders jene, die von einem Rom handelte, der während des osmanischen Reiches eine albanische Familie verraten haben soll, machte mir Angst. Laut der Überlieferung soll dieser Rom die feindlichen Türken in das Haus der Familie geführt haben. Der Großvater, der sich im Kamin verstecken konnte, berichtete später von dem Verrat. Solche Geschichten führten damals dazu, dass ich mich noch mehr von meiner eigentlichen Identität entfremdete.

Außer mir gab es ab der fünften Klasse noch zwei weitere Hashkali-Kinder, ein Geschwisterpaar, das in der Bank hinter mir saß. Ich selbst hatte ein albanisches Mädchen als Banknachbarin. Meine besten Freundinnen waren Albanerinnen. Es war kurz vor der achten Klasse, und wir hatten andere Dinge im Kopf als nur Politik und Volkszugehörigkeiten. Wie überall auf der Welt begannen auch wir damit, uns gegenseitig einzuladen und gemeinsam zu essen, Musik zu hören und zu tanzen. Ich wurde häufig eingeladen. Die beiden anderen Hashkali-Kinder allerdings nicht.

Ab der fünften Klasse hatten wir Ismail Berbatovci als Klassenlehrer. Er war ein beeindruckender Mann, ein Schriftsteller und Intellektueller. Später im Krieg sollte er einer der Ersten sein, die umgebracht wurden. Bereits in der ersten Schulwoche ernannte er mich zur Klassensprecherin und förderte mich intensiv.

Er gründete eine Theater-AG, in der ich zu meiner großen Freude mitmachen durfte, und rief eine Schülerzeitschrift ins Leben. In einer Ausgabe erschien ein Artikel von ihm über »die Schwestern Bislimi« mit einem Bild von Miri, unserer jüngeren Schwester Mirsade und mir, in dem er unsere guten Leistungen würdigte.

Während der großen Pause hatten immer zwei Schüler »Klassendienst«, das heißt, sie blieben im Klassenzimmer, machten die Tafel sauber und passten auf die Schulsachen der anderen Kinder auf. Wir wurden alphabetisch nach den Vornamen eingeteilt, und so hatte ich immer gemeinsam mit einem Mitschüler Dienst, dessen Name ebenfalls mit einem N begann. An einem dieser Tage stellte ich mich, nachdem ich mich vergewissert hatte, dass die Tafel sauber und auch sonst alles in Ordnung war, vor die Klassenzimmertür auf den Flur. Dort befand sich eine Vitrine, in der jener Artikel über meine Schwestern und mich aushing. Da wandte sich ein etwas älterer Schüler zu mir um, der zu den beliebtesten und besten der Schule gehörte.

»Ich habe den Artikel über euch gelesen«, sagte er freundlich. »Was ich dich fragen wollte – hast du eine besondere Lerntechnik?«

Ich war überrascht und erfreut zugleich, dass sich dieser Junge mit mir beschäftigte, und bemühte mich, selbstbewusst zu antworten. Was ich genau sagte, weiß ich nicht mehr, ich war viel zu sehr davon beeindruckt, dass dieser allseits beliebte Junge von mir Notiz genommen hatte. Von da an unterhielten wir uns immer wieder, denn wir hatten denselben Schulweg.

Doch wir hatten auch Neider, und eines Tages geschah etwas, was mich sehr verletzte. In unserem Unterrichtsraum befand sich eine Vitrine voller Bücher, und wir waren alle sehr stolz auf diese kleine Bibliothek. Eines Tages schlugen ein paar Jungs, mit denen ich nicht besonders befreundet war, diese Vitrine kaputt. Und dann hieß es auf einmal, dass ich als Klassensprecherin zurücktreten solle, weil ich als *magjupe* nicht in der Lage sei, die Klasse richtig zu vertreten. Das fing bei jenen Jungs an, die mich nicht leiden mochten, und griff langsam wie ein Krebsgeschwür um sich. »Wer bist du überhaupt«, hieß es auf einmal, »dass du uns vertreten willst?«

Natürlich schritt unser Klassenlehrer dagegen ein und sagte den Unruhestiftern, sie sollten sich schämen. Doch mich hatte diese Angelegenheit schwer getroffen.

Als die Demonstrationen immer mehr zunahmen und auch meine Mitschüler an ihnen teilnahmen, hatte ich das Gefühl, meinen Teil beitragen zu müssen. Und als eines Tages im Albanisch-Unterricht Gedichte aufgesagt werden sollten, entschied ich mich für ein ausgesprochen patriotisches, nämlich eine Hommage an Ibrahim Rugova, den Mitbegründer und Vorsitzenden der Demokratischen Liga des Kosovo (LDK). Ich trug den Text sehr emotional vor, denn ich glaubte selbst an dessen Inhalt, sodass am Ende nicht nur einige meiner Freundinnen Tränen in den Augen hatten, sondern auch ich selbst aufgewühlt war. So sehr identifizierte ich mich mit der albanischen Sache.

In diesen Wochen begannen sich meine Mitschüler gegen den Serbisch-Unterricht aufzulehnen. Die ganze Klasse beschloss, vor Beginn des Unterrichts geschlossen den Klassenraum zu verlassen. Auch ich bin diesem Aufruf gefolgt und sprang mit den anderen aus dem Fenster. Dabei hatte ich ein mulmiges Gefühl, denn ich mochte die Serbisch-Lehrerin und hatte diese Sprache gerne gelernt. Natürlich wurden wir schnell erwischt und wieder zurück in den Klassenraum geführt.

»Das ist der falsche Weg für einen Widerstand«, sagte unser Klassenlehrer, der recht enttäuscht von uns war. »Es ist viel wichtiger, die serbische Sprache zu erlernen und den Serben intellektuell zu begegnen.«

Das machte großen Eindruck auf mich.

Ungefähr ein Jahr bevor wir nach Deutschland flohen, besuchte ich gemeinsam mit meiner Mutter Verwandte in Ferizaj. Wir hatten vor, abends den Zug zurück nach Lipjan zu nehmen, wo uns mein Vater mit dem Fahrrad abholen würde. Wir hörten davon, dass für diesen Abend eine Großdemonstration in Ferizaj geplant war, und doch machten wir uns keine Sorgen deswegen.

Bereits am Nachmittag bemerkten wir, dass die Polizei ganze Straßenzüge abriegelte. Als die Demonstration begann, dauerte es nicht lange, bis die ersten Steine flogen und die Gewalt eskalierte.

Es war undenkbar, in dieser gefährlichen Situation zu versuchen, zum Bahnhof zu gelangen. Denn auf einmal waren die Straßen voller Polizisten, die flüchtende Demonstranten durch die Stadt jagten, manche sogar zu Pferde. Von allen Seiten hörten wir die Sprechchöre der Demonstranten, die Parolen für mehr Demokratie skandierten, doch sie wurden immer wieder von den schrillen Sirenen der Einsatzwagen übertönt. Bald war die Luft erfüllt von verzweifelten menschlichen Schreien. Die ganze Stadt war in Aufruhr, überall begannen die Hunde wie verrückt zu bellen, und es war nicht abzusehen, wie das Ganze enden würde.

Meine Mutter entschied, dass wir über Nacht blieben – wir hatten keine andere Wahl. Leider konnten wir meinen Vater nicht benachrichtigen, der natürlich zur angegebenen Zeit am Bahnhof von Lipjan auf uns wartete und sich schreckliche Sorgen machte. In dieser Nacht tat ich kein Auge zu. Zwar legte ich mich mit meiner Cousine hin, während die Erwachsenen aufblieben, aber an Schlaf war nicht zu denken. Die ganze Nacht über verfolgten Polizisten Demonstranten durch die Stadt, stürmten verdächtige Wohnungen, nahmen Menschen fest. Wir befürchteten, einer der Verfolgten könnte sich zu uns in die Wohnung flüchten wollen und die Polizei hinter ihm hereinstürmen, doch zum Glück geschah nichts dergleichen.

Am nächsten Morgen herrschte Grabesstille. Als wir das Haus verließen, um den Mittagszug zu nehmen, konnten wir die verheerenden Folgen der Ausschreitungen erkennen. Die wie ausgestorbenen Straßen waren voller Scherben. In ausgebrannten Mülltonnen schwelte noch die Glut. Überall roch es nach verbranntem Gummi, und ich entdeckte die Reste von verschmorten Gummireifen, die die Demonstranten möglicherweise als Schutzwälle aufgetürmt hatten. Wir waren froh, als wir den Zug besteigen und die Stadt hinter uns lassen konnten. Doch uns war klar, dass solche blutigen Zusammenstöße auch anderswo stattfanden.

Aufgrund der großen Spannung im ganzen Land wurden nach und nach in vielen Orten die Schulen geschlossen, und so kamen immer mehr Schüler aus entfernteren Dörfern zu uns zum Unterricht. Wir mussten alle zusammenrücken, es herrschte große Enge, und in jener Zeit waren meine Schwestern und ich vielen verbalen Angriffen ausgesetzt. Tatsächlich habe ich diese schlimme Zeit derart verdrängt, dass ich mich kaum an Einzelheiten erinnern kann. Übrig blieb das Gefühl, von den fremden Kindern missachtet und herumgestoßen worden zu sein.

Am Ende des letzten Schuljahres vor unserer Flucht konnten keine Zeugnisse ausgegeben werden, Papier war Mangelware geworden. So waren wir gezwungen, ohne aktuelle Zeugnisse nach Deutschland zu fliehen, in der Hoffnung, dass unsere Verwandten sie uns eines Tages nachschicken würden. Denn uns war klar, dass wir nur dann in Deutschland eine Chance hatten, eine gute Schule zu besuchen, wenn wir unseren erfolgreichen Schulbesuch im Kosovo nachweisen konnten. Und nichts wollte ich lieber als so bald wie möglich weiterlernen.

Zunächst allerdings mussten wir uns den Behörden stellen. Wir waren illegal in Deutschland, und so konnte es nicht weitergehen. Und doch hatten wir große Angst davor, sofort wieder abgeschoben zu werden. »Das Boot ist voll« – dieses Motto gab die öffentliche Stimmung in Deutschland in jenen Jahren treffend wieder. Hatten wir überhaupt eine Chance auf Asyl?

»Als Roma oder Hashkali mit Sicherheit nicht«, sagten uns die anderen. Meine Mutter war verzweifelt und spielte bereits mit dem Gedanken, einfach wieder zurückzukehren. Doch dann gab sie sich einen Ruck.

»Ihr habt nur dann eine Chance«, meinte ein Verwandter, »wenn ihr euch als Albaner meldet. Albaner, die vor der Gewalt vonseiten der Serben geflohen sind. Und außerdem hat man hier in Deutschland keine genauen Kenntnisse über die einzelnen Minderheiten im Kosovo. Man kennt hier Albaner und Serben. Alles andere ist weitgehend unbekannt.«

Und eigentlich stimmte es ja auch, wenn auch nur halb. Wir fürchteten uns vor Ausschreitungen und Gewalttaten zu Hause. Ob man uns als Albaner oder als Roma tötete, kam ja schließlich am Ende auf dasselbe heraus. So kam es, dass wir uns am 14. September 1993 in K. bei der Landeserstaufnahmestelle für Flüchtlinge meldeten. Doch wir waren nicht die Einzigen. Vor uns warteten so viele Asylbewerber, dass die Schlange, in die wir uns einreihten, weit über den großen Hof reichte. Es dauerte Stunden, bis wir endlich an der Reihe waren. Da ich erst vierzehn Jahre alt war, wurde ich gemeinsam mit meinen jüngeren Geschwistern unter dem Antrag meiner Mutter erfasst. Nur Miri, die bereits über sechzehn war, musste einen eigenen Antrag stellen.

Also wartete ich gemeinsam mit Mirsade, Faton und Ferid vor der Tür des Amtszimmers, hinter der über unser Schicksal entschieden wurde. Zu unserer Erleichterung wurden wir nicht sofort wieder zurückgeschickt, sondern als Asylsuchende dem Bundesland Nordrhein-Westfalen zugeteilt, wo auch unsere Verwandten lebten.

An diesem Tag war es so spät geworden, dass wir auch die folgende Nacht auf dem Gelände der Landeserstaufnahmestelle in K. verbrachten. Man führte uns durch große Gebäude, in denen unsere Schritte widerhallten, und wies uns ein eigenes Zimmer zu, worüber wir erleichtert waren. Neben uns wurden andere Familien untergebracht, die ebenfalls eine Zuweisung nach Nordrhein-Westfalen erhalten hatten. Den Abend verbrachten wir im Gespräch mit diesen Schicksalsgenossen und fühlten uns auf diese Weise weniger allein.

In jener Nacht fanden wir kaum Schlaf. Fremde Stimmen und Geräusche ließen uns immer wieder hochschrecken. Schließlich waren wir vor Schreck wie gelähmt: Direkt vor unserem Zimmer fingen ein paar Männer lautstark Streit an und gerieten bald miteinander in eine Schlägerei. Ich hatte fürchterliche Angst, doch zum Glück kam niemand in unser Zimmer.

Am nächsten Morgen brachte uns ein Bus nach D. Während der stundenlangen Fahrt auf der Autobahn fürchtete ich, dass mir wieder schlecht werden würde. Die Orangenschalen hatte ich vorsichtshalber dabei. Um mich abzulenken, versuchte ich wieder die einzelnen Städtenamen auf den Straßenschildern zu lesen und aufzusagen. Auch fing ich an, über die Autokennzeichen zu rätseln, und fragte mich, wohin all diese Menschen wohl fuhren. Dass ich in einigen Autos Hunde entdeckte, erstaunte mich. Zwar hatte ich davon gehört, dass in Deutschland Hunde mit den Menschen gemeinsam leben, konnte mir das aber dennoch nicht vorstellen. Auch wenn ich Boki vermisste, war es für mich undenkbar, mit ihm in einem Raum zu leben. Später im Laufe des Studiums benutzte ich die Zahlenkombinationen auf den Nummernschildern von Autos, die mir im Verkehr entgegenkamen, um mir Paragrafen der verschiedenen Gesetze ins Gedächtnis zu rufen und mich daran zu erinnern, was deren Inhalt war.

Einmal mussten wir alle herzlich lachen, und das tat wirklich gut in diesen ernsten Tagen. Im Bus gab es kleine Schilder mit einer durchgestrichenen Zigarette und dem Schriftzug »Don't smoke«.

»In diesem Bus«, sagte einer der Hashkali, die mit uns fuhren, »ist *Smoki* essen verboten.« *Smoki* nennt man bei uns Erdnussflips.

Schließlich erreichten wir den Rheinhafen. Mit großen Augen starrten wir auf unsere nächste Unterkunft: Am Anleger wartete ein riesiges Schiff mit mehreren Etagen, hier sollten wir vorerst wohnen. Als ich über die Reling das Schiff betrat, schien sie mir wie ein Symbol unserer unsicheren Existenz. Man wies uns eine Kabine zu, die schrecklich eng war und die wir zu unserer Bestürzung nicht abschließen konnten. Also schoben wir eines der Stockbetten vor die Kabinentür, ehe wir uns schlafen legten.

Eine der ersten, schwierigen Erfahrungen war für uns das ungewohnte deutsche Essen. Auf diesem Schiff gab es eine Kantine für uns, doch die Mahlzeiten, die wir dort bekamen, waren uns völlig unbekannt. Das Essen wurde fertig gekocht angeliefert und in Metallbehältern ausgegeben, und fast alles, was wir darin vorfanden, verursachte uns Bauchschmerzen und Übelkeit. So blieb meiner Mutter nach ein paar Tagen nichts anderes übrig, als gemeinsam mit anderen Flüchtlingsfrauen in die Stadt zu fahren, um Essen einzukaufen, Lebensmittel, die wir kannten und vertrugen. Außerdem hatte sich Mirsade mit jemandem vom Kantinenpersonal angefreundet und half beim Abräumen des Geschirrs, woraufhin wir frisches Obst geschenkt bekamen.

Jemandem, der nie seine Heimat verlassen musste, mag es vielleicht seltsam erscheinen, aber nach unserer Flucht und den provisorischen Unterbringungen mit so vielen fremden Menschen, nachdem sich quasi alles in unserem Leben geändert hatte, wünschten wir uns so sehr, dass wenigstens unsere gewohnten Mahlzeiten eine Konstante geblieben wären, etwas, was uns mit unseren Wurzeln verband. Essen hatte immer eine wichtige Rolle bei uns gespielt und das ist bis heute so geblieben. Zu Hause hatten meine Mutter und meine Nana mehrmals die Woche unser Brot selbst gebacken, im Sommer draußen in dem gemauerten und mit Holz befeuerten Steinbackofen, winters in dem gusseisernen Ofen, der im Frühling im Gartenschuppen ausgelagert, im Herbst aber in die Küche getragen wurde. Dort stand er auf seinen vier gusseisernen Beinen, beheizte die Wohnung und war zugleich Kochstelle und Backofen. Darin buk unsere Mutter regelmäßig *Pite*. Am liebsten mochte ich die *Pite*, die sie mit frischem Spinat füllte.

Im Sommer benutzten wir im Freien außerdem ein auf dem Balkan sehr gebräuchliches Kochgeschirr, den *saç*. Dabei handelt es sich um einen gewölbten Metalltopf, ähnlich einem Wok, der auf einem Dreifuß direkt über eine Schale mit glühenden Holzkohlen gestellt wird. Dazu gehört ein ebenfalls gewölbter Deckel, auf den man je nach Gericht glühende Kohlen häuft, sodass das Gericht in der Hitze von unten und oben gart. Zu besonderen Gelegenheiten, zum Beispiel wenn uns im Sommer meine Tanten mit ihren Kindern besuchten, machte meine Mutter darin *Fli*, eines meiner Lieblingsgerichte. Wir Kinder spielten ausgelassen, während meine Mutter oder meine Nana gemeinsam mit unserer Tante stundenlang *Fli* zubereiteten. Es handelt sich dabei um eine Art Schicht-Gebäck, das sehr aufwendig zu machen ist und am ehesten mit einer Blätterteigpastete vergleichbar ist, gefüllt mit einer Masse aus Schmand und Joghurt – unglaublich lecker.

Wie alle aus unserer Gegend essen wir außerdem sehr gern Gemüse. Wir hatten einen eigenen Garten und konnten uns über die Sommermonate hinweg teilweise selbst versorgen. Was die Pflege und das Wässern der Pflanzen anbelangte, hatte mein Vater seine eigene Philosophie: Obwohl wir einen Wasseranschluss samt Schlauch im Haus hatten, bestand mein Vater darauf, dass der Gemüsegarten »per Hand« gegossen wurde. Das bedeutete, dass das Gießwasser am Brunnen in große Eimer gefüllt werden musste. Miri und ich sollten öfters dabei helfen. Das mochten wir aber nicht so gerne, wir wollten lieber spielen, vor allem in jenen Sommerwochen, wenn unsere Cousinen aus der Stadt zu Besuch waren.

Unser Haus war übrigens im Dorf das erste gewesen mit einem Wasseranschluss im Haus. Meine Eltern hatten Ende der Siebzigerjahre eine elektrische Pumpe installieren lassen, und es war meine Mutter gewesen, die noch vor meiner Geburt darauf bestanden hatte, ein gekacheltes Badezimmer mit Badewanne samt Heißwasserboiler einzubauen und eine Waschmaschine anzuschaffen. Man kann sagen, dass es meine Mutter war, die diesen Luxus aus der Stadt ins Dorf gebracht hatte, denn sie war es aus ihrem Elternhaus nicht anders gewohnt. Viele Jahre lang kamen unsere Nachbarn, Hashkali wie Albaner, die selbst ihr Wasser alle noch aus dem *bunar* holen mussten, zu uns, um sich in Kanistern und Eimern Wasser abzufüllen. Der Platz um die Pumpe auf unserem Hof herum war glatt betoniert, und wir reinigten diese Stelle regelmäßig.

Unser Garten war zu klein, um unseren gesamten Bedarf an Gemüse zu decken, und so kauften meine Eltern auch auf dem Markt ein. Damit wir auch im Winter nicht auf diese

Vitaminbomben verzichten mussten, legten wir im September riesige Mengen Gemüse ein: Paprika, Tomaten, Weißkohl und anderes, was wir auf dem Markt kistenweise kauften, alles wurde verarbeitet, und alle halfen mit. Wenn es so weit war, heizte mein Vater den Ofen im Hof an. Der Rest der Familie fand sich unter der überdachten Veranda ein, und nun ging es zur Sache. Die Paprikaschoten wurden auf den heißen Platten des Ofens gegrillt, bis sie weich waren und einen wunderbaren Duft verströmten. Dann ließ sich ihre Haut leicht ablösen, sodass lediglich die zarten Filets übrig blieben. Diese schichteten die Frauen meiner Familie in große Gläser, gaben Salz, Knoblauch, Petersilie und weitere Gewürze, Essig und Öl dazu. Jede Familie hat da ihr eigenes Rezept. So konserviert hielten sich die Paprika den ganzen Winter über und waren eine leckere Bereicherung der Mahlzeiten. Meine Mutter kochte außerdem *Ajvar* ein, eine rote, schmackhafte Paste, die ebenfalls aus zuvor gegrillten roten Paprika, Tomaten, Salz und Pfeffer eingekocht wird. *Pinjur* heißt die Variante, die aus Paprika, Tomaten, Zwiebeln und Knoblauch besteht. Noch heute läuft mir das Wasser im Mund zusammen, wenn ich an die Köstlichkeiten aus der Küche meiner Mutter denke. Damals auf dem Flüchtlingsboot in D. träumten wir von diesen einfachen und doch so raffinierten Gerichten, bedeuteten sie für uns doch ein letztes Stück Geborgenheit in einer fremden Welt und angesichts einer ungewissen Zukunft.

Wir hatten nur wenige Kleider auf unsere Flucht mitnehmen können und mussten das, was wir hatten, natürlich immer wieder waschen. Auf dem Schiff gab es aber keine Möglichkeit dazu. In ihrer Not versuchte meine Mutter, in einem Waschraum ein paar Sachen mit der Hand auszuwaschen. Als eine

Frau vom Aufsichtspersonal das sah, sagte sie zu meiner Mutter: »Komm mal mit«, und führte sie in den Bereich des Schiffes, der dem Personal vorbehalten war. Hier standen Waschmaschinen, und die freundliche Frau erlaubte meiner Mutter, sie zu benutzen.

Immer wieder wurden wir morgens mit dem Bus zu der Außenstelle des Bundesamtes für die Anerkennung ausländischer Flüchtlinge in D., nunmehr Bundesamt für Migration und Flüchtlinge (BAMF) gebracht. Hier nahm man Fingerabdrücke von uns und stellte viele Fragen. Wir verbrachten ganze Tage auf den kalten Stühlen in den Warteräumen, unseren kleinen Bruder im Arm, der immer wieder einschlief. Aus der Kantine erhielten wir an solchen Tagen Lunchpakete. Beim Bundesamt gab es weder einen Rückzugsraum für Kinder, noch konnten wir draußen spielen. So blieb uns nichts anderes übrig, als dazusitzen und der Uhr zuzusehen, wie ihre Zeiger sich im Kreis bewegten. Dies sollte sich in den nächsten vierzehn Jahren meines Lebens immer von Neuem wiederholen: Warten, dass jemand eine Entscheidung über mein Leben trifft, ohne die Möglichkeit zu haben, selbst darauf Einfluss zu nehmen.

Meine Schwester Miri wurde selbst befragt und hatte dafür ihren eigenen Termin. Sie war noch nicht an der Reihe, als meine Mutter bereits fertig war und wir aufgerufen wurden, uns zum Bus zu begeben, der uns zurück zum Schiff bringen sollte. »Ich kann doch nicht meine Tochter alleine hier lassen«, sagte meine Mutter zum Busfahrer. »Wir müssen hierbleiben und warten, bis sie fertig ist.«

»Das geht leider nicht«, antwortete der Fahrer. »Sie stehen jetzt auf meiner Liste. Später wird der Bus mit anderen Menschen voll besetzt sein. Dann kommen Sie nicht mehr zurück.«

Was sollten wir tun? Miri unter all diesen fremden Menschen alleine lassen? Das schien uns unmöglich. Da schaltete sich zum Glück eine Bosnierin ein, die wir auf dem Schiff kennengelernt hatten.

»Ich schau nach ihr«, sagte sie zu meiner Mutter. »Du kannst deine Tochter beruhigt hier lassen, ich bring sie heil zurück zum Schiff.«

Auch ein albanischer Dolmetscher versicherte uns, dass er gut auf sie aufpassen werde, und so ließ sich meine Mutter dazu bewegen, Miri zurückzulassen. Und tatsächlich kam unsere Schwester mit dem nächsten Bus.

Die Interviews bei der Außenstelle des Bundesamtes für die Anerkennung ausländischer Flüchtlinge waren auch an den Abenden auf dem Flüchtlingsschiff Gesprächsstoff Nummer eins: Man tauschte sich aus, gab Erfahrungen weiter, denn jeder versuchte, sich auf die Fragen so gut wie möglich vorzubereiten. Schließlich wusste man ganz genau: Jedes Wort, das wir äußerten, wurde genau protokolliert und konnte später gegen uns verwendet werden.

3

FUSS FASSEN
IN DER FREMDE

Nach einer Woche konnten wir unsere schwankende Unterkunft verlassen. Unsere nächste Station war X. am Oberrhein, wo in einer ehemaligen Kaserne eine Aufnahmeeinrichtung für Flüchtlinge eingerichtet worden war. Wieder wurde uns zu sechst nur ein Zimmer zugewiesen, und zu unserem Entsetzen kam es gleich in der ersten Nacht wieder zu einer Schlägerei direkt vor unserer Tür. Eigentlich muss man sich nicht wundern, wenn es bei so vielen Menschen unterschiedlichster Herkunft, die unter derart schwierigen Bedingungen auf so engem Raum zusammen leben müssen, zu solchen Entladungen kommt. Die Angst, wiederzurück geschickt zu werden, die Ungewissheit über die nächste Zukunft, auch die Sorge um zurückgebliebene Verwandte – all das ist über Wochen hinweg schwer zu verkraften.

In jener Nacht fürchtete sich meine jüngere Schwester Mirsade außerdem vor den seltsamen Geräuschen, die aus den alten Heizungsrohren zu uns drangen.

»Hier spukt es«, flüsterte sie voller Angst.

Und wenn wir sie auch zu beruhigen versuchten, war uns bei dem ständigen Klopfen, das aus der Wand zu kommen schien, ebenfalls unheimlich zumute.

Am nächsten Morgen ging meine Mutter zur Verwaltung und bat um eine andere Unterkunft. Tatsächlich durften wir in ein Zimmer in einem etwas kleineren Haus auf demselben Gelände umziehen. Hier waren nur Familien untergebracht und wir fühlten uns viel wohler und unsere Nächte wurden ruhiger.

Die Verpflegung war ständig ein großes Thema, nicht nur für uns, sondern für viele andere Familien auch. Zwar gab es Essenspakete, doch ihr Inhalt war für uns oft ein großes Rätsel. Nie zuvor hatten wir dunkles Mehrkornbrot gegessen, und unsere Bäuche rebellierten gewaltig. Auch den in Plastikfolie verpackten Brokkoli, den wir häufig in unseren Kartons vorfanden, kannten wir nicht. Wir erhielten Dosensuppen und täglich eingeschweißtes Fleisch in unterschiedlichen Soßen. An so viel Fleisch waren wir aber überhaupt nicht gewöhnt, wir vermissten das frische Gemüse von zu Hause. Von dem ungewohnten Essen bekamen wir abwechselnd Verstopfung und Durchfall, und wir Kinder wollten irgendwann gar nichts mehr essen.

Ich versuche heute manchmal dieses Problem meinen deutschen Freunden zu erklären, indem ich sie bitte, sich vorzustellen, wie es wäre, wenn sie gezwungen wären, zum Beispiel nach Indien zu fliehen, und sie dort ein Paket erhielten mit lauter Dingen, die sie nie zuvor gesehen hatten. Soßen, die so scharf sind zum Beispiel, dass ein europäischer Gaumen sie gar nicht ertragen kann. Gerade wenn man seine Heimat verloren hat, bedeutet es eine große Einschränkung der Selbstbestimmung, wenn man keine Möglichkeit hat, sich sein eigenes Essen zuzubereiten. Und darum fuhr meine Mutter gemeinsam mit anderen Frauen vom Balkan immer wieder in die Stadt, um dort in türkischen Geschäften etwas für uns zu finden, was uns vertraut war. Auf diese Weise entstanden dauerhafte

Freundschaften zwischen uns, noch heute haben wir Kontakt zu einer bosnischen sowie einer albanischen Familie, die wir in jener Zeit kennenlernten.

Meine Geschwister und ich nahmen in X. dankbar verschiedene Beschäftigungsangebote für Kinder wahr. Obwohl meine Schwestern und ich eigentlich zu groß dafür waren, gingen wir gerne mit den Kleinen in den Kindergarten, bastelten dort mit den Jüngeren und halfen den Erzieherinnen und Erziehern. Es tat uns unendlich gut, wieder etwas anderes zu tun, als herumzusitzen und uns über unsere Zukunft Sorgen zu machen. Ganz besondere Highlights waren die Tage, an denen die Helfer uns Kindern für einige Stunden Gokarts ausliehen, die natürlich sehr begehrt waren. Die Zahl war begrenzt, und es gab immer ein großes Gerangel um dieses tolle Spielzeug. Es war nicht leicht für meine Schwestern und mich, uns gegen die Überzahl der Jungs durchzusetzen, die unbedingt so ein Gokart ergattern wollten, um für eine Stunde oder zwei über das Gelände zu flitzen. Gelang es uns dennoch, eines dieser Tretautos zu erwischen, gaben wir es meist an unsere Brüder weiter.

Faton und Ferid waren mit ihren acht und fünf Jahren natürlich unsere beiden kleinen Prinzen. Vor allem der Tag von Fatons Geburt ist mir noch deutlich in Erinnerung. Als meine Mutter mit ihm schwanger war, wünschten wir uns alle sehnlichst einen Bruder. Ich war damals sechs Jahre alt und sollte im Herbst eingeschult werden. Es war ein wunderschöner Tag im Mai, und meine Schwestern und ich spielten wie immer draußen auf unserem Hof. Als am Abend mein Vater von der Arbeit kam, erklärte uns unsere Mutter, dass sie ins Krankenhaus müsse. »Es ist so weit«, sagte sie. »Papa bringt mich ins Krankenhaus. Seid brav und helft eurer Nana.« Wir waren unsagbar aufgeregt, und an Schlaf war nicht zu denken. Nur Mirsade, die damals erst drei Jahre alt war, nickte irgendwann erschöpft ein. Es war schon spät, als Miri und ich unseren Onkel kommen hörten. Da hielt uns nichts mehr auf unseren Matratzen, wir mussten einfach erfahren, ob unser Geschwisterchen schon da war.

»Ihr habt einen kleinen Bruder«, sagte mein Onkel strahlend.

Jubelnd sprangen Miri und ich im Zimmer herum und konnten uns überhaupt nicht beruhigen, so sehr freuten wir uns.

Als unsere Mutter nach ein paar Tagen endlich mit dem kleinen Faton nach Hause kam, sahen wir zunächst nur ein Stoffpaket in ihren Armen. Als wir es vorsichtig auspacken durften, waren wir vollkommen entzückt von diesem winzigen Wesen, und es war ausgemachte Sache, dass wir Schwestern uns um den Kleinen kümmern wollten.

In den Tagen nach seiner Geburt erhielten wir jede Menge Besuch, jeder wollte unseren kleinen Bruder bewundern. Als Schutz gegen den bösen Blick trug Faton stets etwas in blauer Farbe und außerdem ein kleines Nazar-Amulett aus winzigen Perlen, die das »Auge der Fatima« verkörpern.

Kurze Zeit später feierten wir *Mevlud*. Ursprünglich ein islamisches Fest anlässlich der Geburt des Propheten Mohammed, bei dem Koran-Suren gelesen und besondere Lieder gesungen werden, wird es in vielen islamischen Familien auch zu Ehren von Neugeborenen gefeiert. Zu diesem großen Fest erschien noch mehr Besuch, und alle brachten Geschenke mit. Meine Mutter, die ja erst vor wenigen Tagen niedergekommen war, stand schon wieder jeden Morgen um fünf Uhr auf, badete unseren Bruder, wusch die Windeln aus, bereitete Unmengen von Brotteig für die vielen Gäste vor, und wenn wir aufstanden, dampfte bereits frisch gebackene *Pite* auf dem Tisch.

Natürlich gingen wir unserer Mutter zur Hand und passten auf das Baby auf. Allerdings muss ich gestehen, dass unsere Begeisterung zwar niemals für Faton selbst, aber doch für das stundenlange Wiegen bald erlahmte, das man von uns erwartete. Denn bei uns werden die Babys vollständig eingewickelt, sodass sich die Kleinen nicht bewegen können, und in hölzerne Wiegen gelegt, sogenannte *djep*, die eine schöne, charakteristische Form haben und meist reich bemalt sind. Damit das Baby einschlafen kann, muss dieser *djep* allerdings ständig in Bewegung gehalten werden. Meine Mutter war eine Meisterin darin, gleichzeitig mit den Knien oder mit dem Fuß die Wiege in Bewegung zu halten und dabei mit den freien Händen zu stricken, Kartoffeln zu schälen oder mit einer Handspindel Wollgarn zu spinnen. Doch für Miri und mich war es schrecklich langweilig, im abgedunkelten Zimmer zu sitzen und unseren kleinen Bruder in den Schlaf zu wiegen, während draußen die anderen Kinder spielten.

Mit Ferids Geburt drei Jahre später erhielten wir noch einen »kleinen Prinzen«, den wir liebten und verwöhnten. Also war es nur selbstverständlich, dass wir uns in X. in das Getümmel um die Gokarts stürzten, um unseren Brüdern eine Freude zu bereiten.

Eine Woche nach unserer Ankunft erhielten die Hashkali-Familien, die wir bereits in K. kennengelernt hatten, ihre Zuweisung. Wir mussten noch ein paar weitere Tage warten, die uns unendlich lang vorkamen, dann hieß es endlich auch für uns umziehen: Wir wurden der Stadt O. zugewiesen. Endlich sollte unsere Odyssee ein Ende haben, wir waren alle sehr gespannt, wie unser neues Zuhause aussehen würde, in dem wir zumindest die nächsten neun Monate unterkommen sollten. Während der Busfahrt hielt ich wieder interessiert nach den Städtenamen auf den Autobahnschildern Ausschau, versuchte sie aufzusagen und mir zu merken. In der Nacht zuvor hatte ich kaum geschlafen, so gespannt war ich auf die neue Stadt. In O. wurden wir zunächst zum Amt für Soziales gebracht, wo wir uns melden mussten.

Unsere Sorge, wir könnten uns mit den Sachbearbeitern vielleicht nicht verständigen, war unnötig. Rasch stellten wir fest, dass auf den Fluren des Amtes viele andere Menschen warteten, die wie wir aus dem Kosovo stammten. Die gemeinsame Herkunft und Sprache verband, und man half sich aus, so gut man konnte.

Schließlich erhielten wir die Adresse unseres neuen Heims. Ich weiß noch, dass sich ein Gefühl der Verlorenheit einstellte, als wir nun erstmals ganz allein zu dieser Unterkunft finden mussten.

»Da hab ich auch ein paar Monate lang gewohnt«, sagte ein freundlicher Kosovare, als er die Adresse sah. Mit ihm waren wir während unserer langen Wartezeit ins Gespräch gekommen. »Das ist ziemlich weit draußen. Ihr müsst den Bus nehmen … Ach was, am besten bring ich euch dahin.«

Wir atmeten erleichtert auf. Doch als wir nach einer Stunde Fahrt noch immer nicht am Ziel waren, wurde ich das Gefühl nicht los, dass man uns ans Ende der Welt geschickt hatte. Nachdem wir an der angegebenen Haltestelle endlich aussteigen konnten, mussten wir noch ein gutes Stück zu Fuß gehen. Unsere wenigen Habseligkeiten schleppten wir in einem blauen Müllsack mit uns. Und dann waren wir da: Drei riesige, unfreundlich wirkende Baracken erstreckten sich vor uns, und mir sank der Mut. Hier also sollten wir wohnen?

»Sicherlich bekommt ihr ein Zimmer in der Baracke, in der nur Familien untergebracht werden«, meinte unser Begleiter. »Das sind große, schöne Zimmer. Seht mal, es ist die mit dem hellen Anstrich.«

Wir schöpften Hoffnung, denn diese Baracke hob sich deutlich freundlicher von den anderen ab, die mit dunklem Holz verschalt waren. Unser Begleiter zeigte uns noch den Weg zum Büro des Hausmeisters, dann verabschiedeten wir uns dankbar von dem hilfsbereiten Mann.

Natürlich hofften wir, in der hellen und freundlich aussehenden Baracke ein Familienzimmer zugewiesen zu bekommen. Doch unsere Hoffnung wurde nicht erfüllt. Der Hausmeister nahm unsere Registrierung entgegen und führte uns zu einer der düsteren Baracken. Er öffnete die Tür – und im nächsten Augenblick standen wir mitten in einem langen, dunklen Flur. Von diesem zweigten rechts und links die Zimmer ab, sie waren alle nummeriert. Mehrere Kinder kamen uns entgegengelaufen. Aus der Küche drang Essensduft. Da erst merkte ich, wie hungrig ich war. Seit dem Frühstück hatten wir nichts mehr gegessen und jetzt war es später Nachmittag. Der Hausmeister ging bis zum Ende der Baracke und schloss dort eine Tür mit der Nummer 18 auf: Es war ein länglicher, enger Raum, vielleicht zwei mal vier Meter groß. Darin standen Stockbetten für sechs Personen, ein Metallspind und ein kleiner Tisch mit zwei Stühlen. Dieses Mobiliar füllte den Raum völlig aus, man hätte direkt von einem Bett ins andere hüpfen können, so eng war es darin.

Wir ließen unsere Habseligkeiten fallen und schauten uns um. In meinem Magen fühlte ich jetzt nicht nur Hunger. Auch ein anderes Gefühl bohrte darin, das schreckliche Gefühl eines unwiederbringlichen Verlustes. Wir wussten, dass dies unser letzter Transfer gewesen war. Dieses beengte Zimmer in der Baracke sollte also für die nächsten ungewissen Monate unser Heim sein? Eine unendlich tiefe Traurigkeit fiel über mich her wie ein dunkler Schatten. So traurig war ich nicht mehr gewesen, seit wir unsere Nana samt Haus und Hof verlassen hatten. Vielleicht wurde mir erst jetzt so richtig klar, was wir verloren hatten, als wir von zu Hause weggingen: unsere Heimat nämlich, die jetzt so unermesslich weit weg erschien wie ein ferner Planet. Ich durfte gar nicht an unser Haus und den Hof denken, wo wir so viel Platz gehabt hatten, weil ich dann am liebsten auf der Stelle wieder zurückgefahren wäre. Und doch verriet ich meiner Familie nie etwas von diesen Gefühlen und Gedanken.

Wir sahen uns weiter in der Baracke um und hatten das Gefühl, schlecht zu träumen. Uns gegenüber in einem identischen Zimmer wohnten sechs alleinstehende Männer. Es gab eine Gemeinschaftsküche mit zwei Herden, einem Spülbecken und einer großen Arbeitsfläche. Es gab zwei getrennte Waschbereiche für Frauen und Männer, mit jeweils drei Toiletten, drei Waschbecken und drei Duschen. Der Hausmeister händigte uns Einkaufsgutscheine für Lebensmittel und Kochtöpfe aus. Außerdem bekamen wir Geschirr, Besteck und Gläser, sowie Bettwäsche und Hand- und Badetücher. Doch in unserem Zimmer war nicht einmal genügend Platz, um die Sachen irgendwo abstellen zu können.

In unserer Baracke begegneten wir einer Familie wieder, mit der wir uns bereits während unserer beiden vorigen Stationen angefreundet hatten. Außerdem erfuhren wir, dass eine bosnische Familie, die mit uns in X. gewesen war, nun in der anderen dunklen Baracke untergebracht war. Eine Roma-Familie kam aus Ferizaj, wo mein Großvater und eine meiner Tanten wohnten, und es stellte sich heraus, dass die Frau mit einem Cousin von uns zur Schule gegangen war. Solche Gemeinsamkeiten schufen in dieser schwierigen Situation ein wenig Verbundenheit. Ansonsten waren wir recht niedergeschlagen. Wir konnten uns überhaupt nicht vorstellen, wie wir in dem engen Zimmer, das mit Metallbetten vollgestellt war, leben sollten.

Die bosnische Familie war bereits eine Woche zuvor nach O. transferiert worden und kannte sich schon ein wenig aus. Bereitwillig zeigte uns die Frau die Einkaufsmöglichkeiten in der Nähe und führte uns zu einer EDEKA-Filiale. Wir freuten uns, mit den Gutscheinen endlich die Dinge zum Essen einkaufen zu können, die wir auch tatsächlich mochten. An diesem ersten Abend mussten wir allerdings nicht selbst kochen: Die Familie aus Ferizaj lud uns zum Essen ein.

Gleich am nächsten Morgen beschlossen wir, unsere Wohnsituation zu verändern. Mithilfe unserer Nachbarn zerlegten wir die sechs Metallbetten, die unser Zimmer versperrten. Wir behielten nur die Matratzen, die Gestelle verstauten wir in einem Lagerraum der Flüchtlingssiedlung. Wir hatten erfahren, dass in der Nähe gerade Sperrmüll auf die Straße gestellt wurde, und hier suchten wir uns eine Einrichtung zusammen, in der wir leben konnten. Wir legten einen Teil der Matratzen als Sitzgelegenheit aus, breiteten Decken darüber und verstauten den Rest. So waren wir es von zu Hause gewohnt: Wir hatten auch dort immer auf Matratzen am Boden gesessen und an dem traditionellen niedrigen runden Tisch namens *sofra* gegessen, den man nach Bedarf überall aufstellen und wieder wegräumen kann.

Im Flüchtlingsheim kursierte ein Plan mit den Sperrmüll-terminen eines jeden Stadtteils in der Nähe, und so verbrachten wir die nächsten Tage damit, dort nachzusehen, ob etwas auf der Straße stand, was wir noch gut gebrauchen konnten. Auf diese Weise fanden wir einen Spiegel und eine Kommode, jemand hatte einen schönen Teppich übrig, und schon wurde es in unserem Zimmer ein bisschen wohnlicher.

Sobald unsere Tür aufging, waren wir allerdings im Blick-feld der sechs alleinstehenden Männer im Zimmer gegenüber, für die unser Anblick natürlich eine nette Abwechslung bedeutete. Um ein bisschen mehr Privatsphäre zu haben, hängten wir einen Vorhang vor unsere Tür. Ein paar Wochen später entdeckten wir sogar ein Sofa, das als Sperrmüll auf die Straße gestellt worden war, und ein Nachbar schenkte uns einen Fernseher, den er ebenfalls bei einer solchen Gelegenheit gefunden hatte. Irgendwann fanden wir auch ein Radio, und das war gut, denn ich lernte die deutsche Sprache unter anderem durch Radiohören und mit der Fernsehserie »Gute Zeiten, schlechte Zeiten«. Auf einmal hatte dieses Zimmer etwas von einem Zuhause.

In unserer Baracke lebten an die hundert Menschen, und so war es kein Wunder, dass die gemeinsam genutzten Räumlichkeiten permanent schmutzig waren. Die Küche konnte noch so oft gereinigt werden, bei so vielen Bewohnern auf so engem Raum war Sauberkeit, wie wir sie uns vorstellten, einfach nicht möglich. Am schlimmsten empfanden wir die zahllosen Kakerlaken, die mit uns die Baracke bewohnten. Machte man morgens das Licht in der Küche an, so huschten sie in Scharen in alle Richtungen davon. Diese Kakerlaken waren überall, auch im Flur und im Bad, und wir versuchten verzweifelt, sie aus unserem Zimmer fernzuhalten. Meine Mutter hatte große Angst davor, dass uns die Schädlinge nachts während des Schlafes in Nase und Ohren krabbeln könnten, vor allem fürchteten wir um unsere kleinen Brüder, denn diese Tiere können ja Krankheiten übertragen. Auf dem Einkaufszettel meiner Mutter stand deshalb auch regelmäßig »Insektenspray«, und wenn wir die Wochenenden bei meinem Onkel verbrachten, sprühte sie vor unserer Abreise unser Zimmer bis in den letzten Winkel ein und verschloss sorgfältig Fenster und Tür. Wenn wir am Sonntag zurückkamen, wurde erst einmal gelüftet und sauber gemacht.

Die sanitären Anlagen in der Baracke betraten wir meist nur mit großer Überwindung. Ich werde nie die schäbigen Duschen vergessen, die immer schmuddelig wirkten. Am schlimmsten waren die Duschvorhänge aus Plastik, sie hatten eine undefinierbare senfgelbe Farbe und waren einfach nicht sauber zu kriegen. Wenn man beim Duschen nicht achtgab, blieben sie am Körper kleben. Damals machte ich mich ganz schmal, schloss die Augen und stellte mir Folgendes vor: Ich bin erwachsen und habe einen guten Beruf, und ich dusche mich in meinem eigenen, geschmackvoll eingerichteten, vor Sauberkeit blitzenden Badezimmer. Meine Vorstellungskraft war so groß, dass ich mich Morgen für Morgen in diese bessere Welt versetzte, ja, mir war sogar, als könnte ich den eleganten Duft eines teuren Duschgels riechen. Dann war es mir manchmal, als öffne sich eine Wand und ich schritte einfach hindurch. Und tief in meinem Herzen war ich mir sicher, dass es eines Tages so sein würde.

Ein paar Tage nachdem wir in O. angekommen waren, saß ich eines Nachmittags an unserem Fenster und hörte draußen andere Kinder miteinander sprechen. Da sie aus verschiedenen Ländern nach Deutschland gekommen waren, benutzten sie Deutsch als ihre gemeinsame Sprache, und ich lauschte voller Bewunderung, weil mir ihr Sprechen so flüssig und gewandt erschien. Erst später, als meine eigenen Sprachkenntnisse besser waren, wurde mir klar, dass diese Kinder nur gebrochen Deutsch gesprochen hatten. Damals jedoch war alles, was meine Kenntnisse überstieg, ein Ansporn für mich, weiterzulernen.

Ja, ich wollte alles lernen, was nötig war, um mich in dieser fremden Welt zurechtzufinden. Wahrscheinlich war es ein Glück, dass ich nicht wissen konnte, was mir die kommenden Jahre bringen würden. Die Verzweiflung, die mich bei unserer Ankunft erfüllt hatte, wich einem unbedingten Glauben daran, dass sich alles zum Guten wenden würde, obwohl eigentlich überhaupt kein Grund für einen solchen Optimismus bestand. Niemand wusste, ob unserem Antrag auf Asyl stattgegeben werden würde. Und als wir drei Monate nach unserer Antragstellung diesen seltsamen grünen Ausweis erhielten, auf dem »Aufschiebung der Abschiebung – Duldung« stand und darunter die Zeilen: »Kein Aufenthaltstitel! Der Inhaber ist ausreisepflichtig!«, war ich der festen Überzeugung, dass dieses Dokument nur vorübergehend war und wir bald richtige Papiere erhalten würden. Auf keinen Fall hätte ich mir damals träumen lassen, dass meine Familie und ich diesen Status vierzehn Jahre lang behalten würden.

Dieses grüne Dokument bedeutete, dass wir jeden Tag ohne Ankündigung abgeschoben werden konnten. Unser Aufenthaltsstatus in Deutschland war also höchst ungewiss, und jeden Abend vor dem Schlafengehen fragten wir uns, ob es wohl in dieser Nacht so weit sein würde. Auch wenn meine Mutter mit uns Kindern nicht über alles sprach, so fühlte ich doch die

Sorgen, die sie Tag und Nacht fest im Griff hatten. Und manchmal zog sie mich ins Vertrauen.

Vor unserer Unterkunft stand eine einzige Telefonzelle für viele Hundert Menschen, und sie war auch die einzige Möglichkeit für uns alle, in Kontakt mit den Menschen in der Heimat zu bleiben. Damals besaß kaum jemand ein Handy, wir alle waren auf das öffentliche Telefon angewiesen, und darum musste man sich immer lange anstellen, bis man endlich an der Reihe war. Aus diesem Grund hatte sich meine Mutter angewöhnt, uns samstags oder sonntags früh aus den Betten zu holen, weil um diese Zeit weniger Andrang war. Manchmal waren wir noch gar nicht richtig wach und dösten während der Wartezeit weiter, um dann hellwach zu sein, wenn die Reihe an uns war. Da es in unserem Heimatdorf keine Telefone gab, mussten wir uns mit meinem Vater verabreden. Er fuhr in die Stadt zu meinem Großvater oder zu anderen Verwandten, die ein Telefon besaßen. So musste alles genauestens geplant sein – und dann waren die Gespräche immer viel zu schnell zu Ende. Zurück blieb das bohrende Gefühl von Heimweh und Sehnsucht.

Ein wichtiges Thema unserer Telefonate mit unserem Großvater in Lipjan waren unsere Schulzeugnisse, die zum Zeitpunkt unserer Flucht ja noch nicht ausgestellt worden waren. Wir brauchten sie jetzt aber dringend, damit wir in Deutschland in die richtige Klassenstufe eingeschult werden konnten. Und so stellten wir uns eines frühen Morgens an, um meinen Großvater zu bitten, zu unserer Schule zu fahren und unsere Zeugnisse abzuholen. Für meinen Vater war das zu gefährlich. Seit er die Einberufung erhalten hatte, wollte er die Behörden lieber nicht darauf aufmerksam machen, dass sich seine ganze

Familie bereits im Westen befand, schließlich wollte er nicht den Verdacht erregen, dass er gleichfalls vorhatte, zu fliehen. Aber auch für meinen Großvater gestaltete sich unser Auftrag alles andere als einfach. Er musste sich mehrmals auf den Weg machen, weil es entweder noch immer kein Papier gab oder die Tinte fehlte. Doch schließlich konnte er die Zeugnisse abholen und schickte sie uns mit der Post. Wir ließen sie ins Deutsche übersetzen und gaben sie bei der Ausländerbehörde ab.

In dieser schwierigen Zeit tat es unendlich gut, dass uns freundliche, engagierte Menschen von einer evangelischen Kirchengemeinde willkommen hießen. Zweimal in der Woche holten uns die Leute, die sich ehrenamtlich um die Flüchtlinge kümmern, mit einem Bus ab und nahmen uns mit zu einem Freizeitprogramm. Meine Schwestern und ich waren natürlich auch mit dabei und fanden es wunderbar, mit Deutschen Kontakt zu haben, gemeinsam mit anderen Kindern zu spielen und zu basteln, auf die Kleineren aufzupassen und wenigstens für ein paar Stunden unsere unsichere Situation zu vergessen.

Die drei Flüchtlingsbaracken hatte man nahe der Stadtgrenze auf einer großen Wiese in der Nachbarschaft von einer Wohnsiedlung errichtet. In dieser Gegend standen auch einige schöne Villen, und wenn ich mit meinen Schwestern und Freundinnen dort spazieren ging, stellten wir uns vor, wie es wäre, in einem solchen Haus zu wohnen.

Kinder haben ja glücklicherweise die Gabe, sich an fast alle Lebensumstände anzupassen und das Beste daraus zu machen. So war es auch bei meinen jüngeren Geschwistern. Vor allem meine Brüder nahmen die Gegebenheiten mit großer Selbstverständlichkeit hin. Sie freundeten sich rasch mit den anderen Flüchtlingskindern an und spielten von morgens bis abends draußen, oder sie besuchten andere Kinder, deren Familien größere Zimmer bewohnten. Schon zu Hause hatten wir, wann immer es möglich gewesen war, unseren Familienalltag nach draußen verlagert, und auch in Deutschland sah man besonders Faton eigentlich nur zu den Essenszeiten, und selbst dann musste man ihn oftmals lange rufen.

Es war also gar nicht so sehr die Enge im Flüchtlingsheim, die uns zu schaffen machte, wir waren es gewohnt, auf kleinstem Raum miteinander zu leben. Auch verstanden wir uns gut mit den anderen Familien, und wenn eine der Frauen etwas kochte, teilte sie es mit den anderen. Was unser Leben dort so schwierig machte, waren die hygienischen Verhältnisse und die existenzielle Sorge um die ungewisse Zukunft.

Meine Schwestern und ich konnten bald an einer Hauptschule eine Internationale Vorbereitungsklasse für Flüchtlingskinder besuchen und unser älterer Bruder Faton kam in eine entsprechende Klasse an einer Grundschule.

Unsere IVK war eine bunt zusammengewürfelte Gruppe unterschiedlichster Herkunft und Alters. Uns allen gemeinsam war, dass wir unsere Heimat verlassen hatten und die deutsche Sprache noch kaum sprachen. Darum bestand unser Unterricht zunächst hauptsächlich aus dem Fach Deutsch als Fremdsprache und aus weiteren Fächern, alle mit dem Schwerpunkt auf der deutschen Sprache.

Überall schnappte ich Worte, Sätze, Redewendungen auf. Wenn wir bei der evangelischen Kirchengemeinde mit den kleineren Kindern bastelten, versuchte ich das Gelernte anzuwenden. Auch fragte ich Ursa und die anderen Frauen nach der Bedeutung von Ausdrücken, die ich noch nicht kannte. Ich hatte eine eigenartig selektive Wahrnehmung, die mir beim Lernen zugutekam: Wenn ich ein neues Wort lernte, fiel es mir auf einmal überall auf, und auf diese Weise prägte ich mir nicht nur dieses Wort recht schnell ein, sondern auch seine unterschiedlichen Anwendungen. Das half mir bei der Konjugation von Verben ebenso bei der Deklination deutscher Substantive.

Ich erinnere mich noch gut an eine Situation, die ich in dieser Zeit erlebte. Eines Tages beobachtete ich vom Bus aus ein Mädchen, das auf einem roten Fahrrad fuhr und Kopfhörer trug. Offenbar hörte sie Musik, denn während sie an einer roten Ampel wartete, nickte sie rhythmisch mit dem Kopf.

Ich will auch einmal Fahrrad fahren können, dachte ich.

»Wisst ihr noch«, fragte ich meine Schwestern, »wie wir uns zu Hause manchmal Papas Fahrrad geschnappt und versucht haben, die Pedale zu treten?«

»Oh ja«, meinte Miri, »es wäre toll, wenn wir hier Fahrräder hätten. Dann wären wir nicht so auf den Bus angewiesen.«

Zurück in unserer Flüchtlingsunterkunft fragten wir unseren Nachbarn Nuri, der in unserem Alter war, ob er uns Fahrradfahren beibringen würde.

»Klar«, meinte er und grinste.

Wir liehen uns die Liste mit den Sperrmüllterminen aus, und schon ein paar Tage später grasten wir die entsprechenden Stadtteile ab, um nach Fahrrädern für uns zu suchen. Leider konnten wir nichts Passendes finden. Groß war aber unsere Freude, als Ursa und die anderen von der evangelischen Kirchengemeinde uns wenig später ein Fahrrad brachten. Gleich am nächsten Tag übten wir nach der Schule mit Nuri. Anfangs war ich sehr unsicher auf diesen zwei Rädern und kam immer wieder ins Straucheln.

Nach kurzer Zeit allerdings fand ich die Balance, kaufte mir bei Woolworth einen Walkman und erkundete stundenlang auf dem geschenkten Rad die Gegend. Es war Sommer, entlang der Straße standen viele Bäume und spendeten Schatten. All das Grün um mich herum gefiel mir sehr. Wir wohnten ja sehr abgelegen und nun konnte ich mir endlich einen Überblick über die Umgebung verschaffen. Ich ließ mir den Fahrtwind um die Ohren wehen und genoss diese Fahrten; es war ein unbeschreibliches Gefühl, dieses kleine Ziel erreicht zu haben.

Unser Schulweg war ziemlich weit. Da wir in der Nähe der Starthaltestelle wohnten, waren wir morgens unter den Ersten im Bus. Nach und nach stiegen immer mehr Leute zu und die Sitzplätze wurden knapp. Und doch gab es Schüler und Erwachsene, die lieber standen, als sich neben uns zu setzen. Das machte mich jedes Mal sehr traurig.

An einem Tag, an dem die letzten Schulstunden ausfielen, verabredete ich mich mit meiner Mutter, um zur Caritas zu fahren und nach gebrauchten Kleidern zu suchen. An diesem Tag hatten wir richtig Glück und fanden schöne Sachen für alle von uns. Allerdings mussten wir die Kleider in einen blauen Müllsack packen, um sie nach Hause zu bringen. Der Bus, mit dem wir heimfuhren, war voller Schulkinder, die uns neugierig und verächtlich beäugten. Noch heute kann ich dieses Gefühl der Scham in mir wachrufen, das während jener langen Busfahrt in meiner Seele brannte.

Während unseres ersten Jahres in Deutschland hielt ich noch Briefkontakt zu meinen albanischen Freundinnen im Kosovo. Ich freute mich, auf diese Weise an ihrem Leben teilzuhaben und mitverfolgen zu können, wie sich ihr Leben entwickelte. Die einen besuchten weiterhin die Schule, andere nicht mehr. Ich schrieb stolz von meiner neuen Schule und meinen neuen Freunden. Irgendwann kamen keine Antwortbriefe mehr zurück. Und ich hatte das Gefühl, eine wichtige Verbindung zu meiner Heimat verloren zu haben.

Eines Tages eröffnete uns Frau Direktes, eine Mitarbeiterin von den RAA, den »Regionalen Arbeitsstellen zur Förderung von Kindern und Jugendlichen aus Zuwandererfamilien« (heute »Kommunale Integrationszentren NRW«), dass in der Gesamtschule Alt-O. eine neue Internationale Förderklasse eingerichtet wurde.

»Das wäre doch etwas für euch«, sagte Frau Direktes zu meiner älteren Schwester Miri und mir. »Ich finde, da solltet ihr hingehen! Dort habt ihr mehr Möglichkeiten als an einer Hauptschule.«

Damals hatte ich keine Ahnung, dass diese Information mein ganzes Leben verändern würde. Überproportional häufig werden Flüchtlingskinder, vor allem Roma-Kinder, nämlich Hauptschulen zugewiesen. Dort erhalten sie aber nicht die notwendige Unterstützung. In vielen Fällen können sie ohne Sprachkenntnisse auch hier nicht mithalten und landen dann in der Förderschule, in die sie mit ihren intellektuellen Fähigkeiten eigentlich nicht gehören. Wegen der Sprachbarriere können sie ihre Talente nicht entfalten. Ich habe später in meiner Laufbahn als Anwältin erschreckend viele Fälle erlebt, in denen gerade die schlechte Schulbildung der Kinder und ihre mangelnden Qualifikationen von Behörden und Gerichten zum Grund für die Ablehnung einer Aufenthaltserlaubnis wurden. Wem es nicht gelingt, in Deutschland einen gewissen Bildungsgrad zu erlangen, der gilt als nicht integriert. Dass die Kinder oftmals aus eigener Kraft diese Qualifikationen überhaupt nicht erreichen können, dass ihnen zu viele Hindernisse in den Weg gelegt werden, spielt bei der Beurteilung dann keine Rolle. Man schaut nur auf das Ergebnis und beurteilt daran, ob eine sogenannte »erfolgreiche Integration« vorliegt oder nicht.

Dabei darf man solche Erwartungen an die Kinder eigentlich überhaupt nicht stellen. Denn jedes Kind hat nach der UN-Kinderrechtskonvention Anspruch auf Zugang zu Bildung, ohne Ausnahme. Die Wahrnehmung dieses Anspruchs muss gewährleistet sein, und dazu sind die verantwortlichen Institutionen eigentlich verpflichtet.

Vor diesem Hintergrund hatten wir großes Glück, dass Frau Direktes von den RAA uns auf die Möglichkeit des Besuchs einer besseren Schule aufmerksam machte und uns dabei half, zu wechseln. Denn ohne diesen Wechsel von der Hauptschule zu einer Gesamtschule wäre vermutlich alles anders gekommen.

Ich hatte sehr viel Glück in meinem Leben, das kann ich gar nicht oft genug betonen. Natürlich war ich schon immer eine gute Schülerin gewesen, Lernen machte mir einfach Freude, und dass ich die deutsche Sprache innerhalb weniger Monate erlernte, setzte auch viel Fleiß und Ausdauer voraus. Und doch. Ohne diese glücklichen Begegnungen und ohne diese Menschen, die es nicht bei bloßen Absichtserklärungen beließen, sondern viel Zeit und Energie aufwendeten, uns tatkräftig zu unterstützen, uns mit Informationen zu versorgen und Hindernisse aus dem Weg zu räumen, wäre meine Geschichte anders verlaufen.

Und so kam es, dass Miri und ich zum Jahresbeginn 1994 von der Haupt- zur Gesamtschule wechselten, und zwar auch hier zunächst in eine Internationale Vorbereitungsklasse. Natürlich waren wir und die anderen Schüler unserer Klasse schon allein deshalb die Außenseiter der Schule, weil wir noch nicht gut Deutsch sprechen konnten. Außerdem trugen wir ja von der Caritas gespendete Kleider. Meine Schwester brachte es zwar fertig, auch darin schick auszusehen, sie hatte schon von klein auf die Gabe, ihren eigenen Stil zu kreieren. Mit dieser Begabung war ich jedoch nicht gesegnet, und so unterschied ich mich wie die anderen Flüchtlingskinder schon äußerlich von den deutschen Schülern.

In dieser Zeit gab es immer wieder Situationen, die mich überforderten. Das war zum Beispiel an jenem Tag der Fall, an dem ich meine Mutter ins Krankenhaus begleiten musste. Schon im Kosovo hatte sie immer wieder Probleme mit der Schilddrüse gehabt, doch nun verschlechterte sich ihr Zustand so sehr, dass eine Operation notwendig wurde. Ich entschuldigte mich an diesem Morgen in der Schule und brachte meine Mutter ins Krankenhaus. Es war ganz schrecklich für mich, sie in diesem kahlen Krankenhauszimmer zurücklassen zu müssen. Was, wenn bei der OP irgendetwas schiefginge? Während ich zum Flüchtlingsheim fuhr, wo bereits Onkel und Tante warteten, um meine Geschwister und mich zu sich nach Hause mitzunehmen, machte ich mir große Sorgen. Zum Glück verlief die Operation ohne Komplikationen, und unsere Mutter wurde bald wieder aus dem Krankenhaus entlassen.

Von da an unternahmen wir immer wieder Versuche, in eine private Wohnung oder eine andere, angenehmere und gesündere Flüchtlingsunterkunft verlegt zu werden. Trotz diverser ärztlicher Bescheinigungen, die meiner Mutter die Notwendigkeit eines Umzugs aus gesundheitlichen Gründen attestierten, blieben unsere Anträge aber erfolglos.

Sommer 1983: Meine jüngere Schwester Mirsade, meine ältere Schwester Mihrije, genannt »Miri«, und ich (v. l. n. r.) auf unserem Hof im Kosovo. Für die Einweihung der Fotokamera meines Onkels musste ich ein Kleid anziehen, das meine Mutter genäht hatte. Unten: Miri und ich.

Frühling 1984: Mama, Oma, ich und Miri (im Uhrzeigersinn) auf dem Hof meiner Großeltern.

»Fotosession« mit Miri.

Sommer 1991: Meine Schwester Mihrije, meine Tante, meine Cousine, ich und meine Mutter (v. l. n. r.) am Bajramfest auf dem Hof meiner Großeltern.

Dezember 1993: Weihnachtsfeier der IVK-Klasse an der Hauptschule.

Sommer 1994: Umzug in die neu erbaute Containersiedlung in der Gabel-
straße. Mein Bruder Faton im Wohnraum unserer vierundzwanzig Quadratmeter großen Wohneinheit.

1994: Sommerfest in der Containersiedlung, veranstaltet vom B.O.N., eine
Initiative engagierter Bürger, als Zeichen des Willkommens. Ich stehe neben
meiner bosnischen Freundin.

Es fehlt an nichts bei dem Fest:
Malgruppen, Kinderschmin-
ken, Hüpfburg – und natürlich
Fussball!

Mein Bruder Ferid
vor dem Container.

1994: Besuch von meinem Onkel und seiner
Familie; wir sitzen in unserem Wohnraum.

Sommer 1994: Meine
Geschwister Mirsade,
Faton, Ferid (v. l. n. r.) und
zwei Frauen vom B.O.N.

1994: Meine Schwester Mirsade, mein Bruder Ferid und mein Cousin albern im Schlafzimmer herum.

1995:
Meine Schwester
Mirsade im
Schlafzimmer –
jede Nische wird
genutzt!

1995: Meine Schwester Mirsade mit einer Freundin.

1994: Der erste Ausflug der IVK-Klasse der Gesamtschule – nach Mülheim an der Ruhr.

Unser neues Leben in Deutschland wurde auch dadurch erschwert, dass wir die Unterhaltsleistungen größtenteils in Gutscheinen und nur einen kleinen Anteil in Bargeld erhielten. Dadurch erkannte man uns in den Geschäften sofort als Flüchtlinge. Reichten wir an der Kasse diese Gutscheine der Verkäuferin, so bedachten sie und die nachfolgenden Kunden uns meist mit abfälligen Blicken. Wir mussten auch den gesamten Einkauf vorher kalkulieren, denn größere Rückgaben von Bargeld waren nicht erlaubt. So gab es an der Kasse regelmäßig Diskussionen, weil sich die Verkäuferinnen weigerten, mehr als eine Handvoll Münzgeld auszubezahlen. Meine Schwestern und ich empfanden das Bezahlen mit Gutscheinen als extrem erniedrigend. Wir wollten dazugehören, doch durch das Gutscheinsystem wurden wir nur noch mehr ausgegrenzt. Glücklicherweise kauften uns unsere deutschen Freunde von der Kirchengemeinde oft die Gutscheine ab und verwendeten sie für ihre eigenen Einkäufe, während wir auf diese Weise mit Bargeld bezahlen konnten. Auch einige Flüchtlingsfrauen scherten sich weniger um die Verachtung der Verkäuferinnen und nahmen uns die Gutscheine gerne ab.

An einem warmen Tag im Sommer 1994 hörten wir von unseren bosnischen Nachbarn, die wir schon aus X. kannten, dass in einem benachbarten Dorf, eigentlich einem Stadtteil von O., neue Unterkünfte fertiggestellt worden waren.

»Stellt euch vor«, erzählte die Frau voller Freude, »wir dürfen dorthin ziehen!«

Sofort machten wir uns auf den Weg zum Hausmeister, um herauszufinden, ob dies für uns nicht auch infrage käme. Der Hausmeister erledigte einige Telefonate, und nach ein paar

Stunden kam er mit der freudigen Nachricht: »Ihr könnt noch heute umziehen!«

In aller Eile packten wir unsere Habseligkeiten zusammen und zogen in eine neu erbaute Flüchtlingsunterkunft in unmittelbarer Nähe der Autobahn. Hier standen vierzig nagelneue grüne Container, in denen zeitweise bis zu zweihundertfünfzig Flüchtlinge untergebracht wurden. Obwohl einige Felder und Baumreihen uns von der A 3 trennten, drang doch der Verkehrslärm zu uns und wurde unser ständiger akustischer Begleiter. Direkt neben der Containersiedlung befand sich ein Autohaus mit eigener Reparaturwerkstatt und ein Bauernhof mit Milchkühen, und je nach Windrichtung stank es bei uns ordentlich nach Kuhstall. Auf der anderen Seite grenzte der Mitarbeiterparkplatz einer Zeche an das Gelände der Barackensiedlung.

Wir hatten bei unserem Umzug alle Möbel und auch die Teppiche zurückgelassen, denn wir befürchteten, dass in ihnen auch die Kakerlaken in die neuen Unterkünfte umziehen würden. Jede Familie erhielt eine eigene, von den anderen abgetrennte Wohneinheit von vierundzwanzig Quadratmetern, und das bedeutete immerhin eine Verbesserung von hundert Prozent zur alten Unterkunft. Alles war zwar klein, jedoch viel schöner. Das Beste an dieser kleinen Containerwohnung war, dass wir unser eigenes Badezimmer hatten und außerdem eine Küchenzeile ganz für uns alleine. Zwar war diese ins Wohnzimmer integriert, doch das störte uns nicht. Immerhin hatten wir zusätzlich noch ein Schlafzimmer. Das alles bedeutete viel mehr Intimsphäre. Hier gab es keine Kakerlaken, keinen Schimmel an den Wänden, keine senfgelben schmuddeligen Duschvorhänge. Auch meine Mutter war erleichtert, sie pflanzte sogar Blumen. Die wenigen Quadratmeter neben dem Wohncontainer verwandelte sie in einen hübschen Garten und blühte selbst endlich wieder ein bisschen auf. Ein Journalist von der örtlichen Zeitung schaute vorbei, machte ein Foto von Mirsade und Ferid vor dem Container und schrieb einen Artikel über den Einzug der Familie Bislimi in die gerade fertiggestellte Flüchtlingssiedlung.

Im Container wussten wir jeden Quadratmeter zu nutzen. Man trat von draußen direkt ins Wohnzimmer. Linker Hand befand sich eine kleine, zwei mal drei Meter große Nische, die entstanden war, weil man anschließend auf dieser Seite das winzige Badezimmer vom Wohnzimmer abgetrennt hatte. Darin befand sich eine Dusche, ein Waschbecken und das WC, heißes Wasser lieferte uns ein Durchlauferhitzer. Im Schlafzimmer auf der gegenüberliegenden Seite des Wohnzimmers befanden sich die obligatorischen drei Stockbetten mit sechs Schlafmöglichkeiten. Eines davon bauten wir sofort wieder ab. Dieses Zimmer teilten wir Schwestern uns mit Faton, während meine Mutter mit dem kleinen Ferid im Wohnzimmer auf den Matratzen am Boden schlief, die wir tagsüber wieder zu Sitzgelegenheiten umfunktionierten. Da wir unsere Decken und Teppiche in der alten Unterkunft zurückgelassen hatten, brachte uns Ursa einen Teppich und eine Wolldecke, die meine Mutter heute noch in Ehren hält. Einige Zeit später entdeckte meine Mutter, als sie mit einer deutschen Frau aus der Kirchengemeinde spazieren war, eine Couch, die perfekt in unsere Wohnung passte. Zusammen zerrten und schoben die beiden das schwere Möbel bis zu ihrem Haus und ließen es erst einmal dort. Ein paar Tage später, als gerade eine befreundete Familie aus dem Kosovo zu Besuch bei uns war, klopfte es auf einmal an der Tür. Es war der Ehemann unserer deutschen Freundin mit seinen beiden Töchtern. Sie hatten die Couch einfach auf einen Leiterwagen gepackt und bis zu uns transportiert. Nun wurde sie mit vereinten Kräften in die Wohnung getragen. Auf diese Weise wurde unser Container ein richtiges, gemütliches Zuhause. Wir Kinder machten immer auf dem mit Teppichen ausgelegten Wohnzimmerboden unsere Hausaufgaben, sodass meine Mutter über unsere Bücher steigen musste, wenn sie den Raum durchquerte.

Neben den vierzig identischen Wohncontainern gab es ein etwas größeres Haus, in dem die Verwalter der Siedlung lebten. Hier befand sich auch ein Raum mit Waschmaschinen, die jede Familie zweimal pro Woche für drei Maschinenladungen benutzen durfte. Das war für uns viel zu wenig. Da sich meine Mutter aber bald recht gut mit dem Verwalter verstand, sagte er ihr immer dann Bescheid, wenn andere ihr Kontingent nicht ausschöpften. So konnte sie immer mal wieder eine Extra-Wäsche einschieben.

Im selben Haus befand sich auch ein Gemeinschaftsraum, der von allen genutzt werden konnte. Die Kirchengemeinde und andere Vereine organisierten hier die unterschiedlichsten Treffen, es wurde gebastelt, gemeinsam gesungen und getanzt, gefeiert und gelernt. Und natürlich durfte auch die Telefonzelle nicht fehlen, vor der man auch hier zu jeder Tageszeit Wartende antreffen konnte.

Im Sommer trugen wir unseren Esstisch und die Stühle nach draußen und verlagerten unser Leben ins Freie. Im Container, in dem sich die Hitze staute, wurde es viel zu heiß. Da es die anderen Familien ebenso machten, war immer Leben in unserer Siedlung. Die meisten Flüchtlinge stammten vom Balkan, und so prägte diese bunte Kultur das gemeinschaftliche Leben. Als gemeinsame Sprachen fungierten Serbokroatisch, Albanisch und Deutsch. Meine Mutter fing wieder an,

Pite selbst zu backen. Und hin und wieder machte sie sich sogar die Arbeit und bereitete *Fli* zu, den wir alle so liebten.

Für die Kinder gab es einen großen Spielplatz mit Schaukeln und einem Sandkasten, von dem besonders unser kleiner Ferid begeistert war. Im Sommer lief er ständig vom Spielen in die Wohnung und verstreute überall Sand. Während Faton schon immer sehr offen, kontaktfreudig und ständig unterwegs war, hatte Ferid ein eher schüchternes Wesen. Trotzdem hatte auch er viele Freunde. Außerdem war er sehr an Tieren interessiert, im Sommer fing er zum Beispiel Bienen ein und hielt sie eine Weile in Marmeladengläsern, in deren Deckel er Löcher gestochen hatte, um sie zu beobachten, bevor er sie wieder freiließ. Schon zu Hause im Kosovo hatte er meine Schwestern und mich damit entsetzt, dass er Mutters Hühner, vor denen wir uns immer ein bisschen fürchteten, geschickt einfing und ohne Scheu nachsah, ob da vielleicht gerade ein Ei unten herauspurzelte.

Ferid wurde ein Jahr später in eine Regelklasse eingeschult. Seine Grundschule lag so nah, dass meine Mutter ihn zu Fuß hinbringen konnte. Und was mich besonders freute: Meine Mutter lernte mit ihm zusammen Deutsch. Ferid hatte eine sehr nette Klassenlehrerin, die ihn sofort in ihr Herz schloss, und natürlich lud meine Mutter auch sie zu uns zum Essen ein, wie sie es oft mit vielen anderen machte. Ferids Lehrerin war völlig hingerissen von den Kochkünsten meiner Mutter. Als ich sie einmal fragte, ob sie Kinder habe, antwortete sie: »Ich habe fünfundzwanzig Kinder: meine Schulklasse.«

Bald nach unserem Einzug ins »Dorf« veranstaltete dieselbe Kirchengemeinde, deren Mitglieder uns und andere Kinder schon zuvor mit dem Bus von der alten Unterkunft abgeholt hatten, gemeinsam mit einer Bürgerinitiative, dem B.O.N., ein wunderschönes Begrüßungsfest für uns Neuankömmlinge. Es fehlte an nichts: Es gab eine Hüpfburg für die Kinder, Malgruppen, Kinderschminken, wunderbares Essen, zu dem auch meine Mutter und die anderen Flüchtlingsfrauen beitrugen. Das Schönste an diesem Fest allerdings war, dass wir bei dieser Gelegenheit nicht nur Ursa und die anderen Kinderbetreuer wiedersahen, sondern noch viele andere wunderbare Menschen kennenlernten: Männer und Frauen der örtlichen Kirchengemeinde und andere engagierte Bürger, die sich viel Mühe gaben, uns willkommen zu heißen.

Erst viel später erfuhr ich, was der Hintergrund für dieses Fest gewesen war. Nach dem Beschluss, in einem Stadtteil von O. neue Flüchtlingsunterkünfte zu bauen, hatte es viele Proteste und sogar eine Bürgerinitiative gegeben, die sich gegen den Bau wehrte. Der B.O.N. und die Kirchengemeinde schlossen sich daraufhin zu einer Gegeninitiative zusammen, und als Zeichen des Willkommens veranstalteten sie dieses Fest.

Unter diesen engagierten Menschen, die so freundlich auf uns zugingen, war auch ein deutsches Ehepaar, das für unsere Familie ein echter Segen werden sollte, zwei Menschen, denen wir unglaublich viel verdanken. Jens arbeitete bei der AWO, und Margrit war Lehrerin. Die beiden waren äußerst warmherzig und schlossen uns sofort in ihre Herzen.

Meine Mutter lud sie in unser neues Zuhause ein, und sie kamen mit Freuden. Auch wir durften sie besuchen, und bald waren Jens und Margrit und ihre Kinder aus unserem Leben nicht mehr wegzudenken. Für meine Mutter wurde es zur Tradition, an *Bajram*, dem traditionellen muslimischen Fastenbrechen, auch »Zuckerfest« genannt, und ebenso am Opferfest für unsere Freunde zu kochen und zu backen. Und kein Weihnachtsfest verging, an dem Margrit nicht jedem Einzelnen von uns ein persönliches Geschenk brachte. Vor allem aber hatten die beiden immer ein offenes Ohr für uns, wenn wir einen Rat brauchten.

Der Umzug war also in jeder Hinsicht eine Verbesserung für uns. Der Weg zu unserer Schule war nun allerdings noch weiter, und meine Schwester und ich mussten zweimal täglich eine ganze Stunde lang mit dem Bus fahren. Ich nutzte die Zeit, um im Bus zu lernen und meine Hausaufgaben zu machen, denn zu Hause war ja nach wie vor kaum Platz und Ruhe dafür vorhanden.

Den Kontakt zu der evangelischen Kirchengemeinde hielten wir weiterhin aufrecht. Gemeinsam mit anderen Betreuern leitete ich dort eine Kindergruppe und nahm auch an den wöchentlichen Treffen der Gruppenleiter teil. Es tat mir gut, von dem, was ich und meine Familie durch diese Menschen erhielten, etwas zurückgeben zu können. Diese Treffen fanden abends statt, und da wir sehr abgelegen wohnten, brachte mich regelmäßig jemand von den anderen Betreuern nach Hause. Eines Abends fuhr mich eine junge Frau namens Kira, der ich später an der Universität Bochum wiederbegegnen sollte, in ihrem neuen Auto heim. Sie war nur ein paar Jahre älter als ich und hatte erst kürzlich ihren Führerschein gemacht. Ich war fasziniert davon, dass Kira in der Lage war, das Auto zu steuern, zu schalten und zu lenken. Ich fragte mich, wie viel Kraft man wohl aufwenden müsse, um ein Lenkrad zu bewegen. Begeistert betrachtete ich das leuchtende Armaturenbrett ihres Renaults und bestaunte den digitalen Tachometer.

Ob ich wohl auch jemals die Fahrerlaubnis erlangen werde, fragte ich mich, und eines Tages so sicher und ruhig wie Kira ein Fahrzeug steuern könnte?

Damit war ein weiteres Ziel für mich gesetzt.

In diesem Sommer durften meine Brüder, meine jüngere Schwester und ich nach Holland ans Meer fahren. Organisiert und finanziert wurde alles von unseren engagierten deutschen Nachbarn und der evangelischen Kirchengemeinde. Ich fuhr als Betreuerin mit.

Es war das erste Mal in unserem Leben, dass wir das Meer sahen, und wir waren restlos begeistert. Meine Brüder freundeten sich sofort mit anderen Kindern an, und wenn einer von uns ein kleines bisschen Heimweh hatte, dann war das wahrscheinlich ich.

Zurück in der Schule durfte ich in der neunten Klasse in den Fächern Mathematik und Englisch am Regelunterricht der Gesamtschule gemeinsam mit deutschen Schülern teilnehmen. Zunächst fand ich es schwierig, die deutschen Zahlen zu lernen. Für mich waren sie »falsch herum«, weil man auf Albanisch beispielsweise statt einundzwanzig »zwanzigeins« sagen würde.

Eines Tages standen meine Schwester und ich während der großen Pause mit einem Mädchen aus Russland zusammen, mit dem ich mich angefreundet hatte. Sie hieß Anastasia nach der letzten Zarentochter. Da trat Rana, ein türkisches Mädchen, auf uns zu und wollte wissen, woher wir stammen.

»Und was ist mit deiner Familie?«, wollte sie von Anastasia wissen.

»Ich bin mit meiner Mutter hier«, sagte diese. »Mein Vater und meine Schwester, die kommen gleich.«

»Wie meinst du das?«, fragte Rana irritiert.

»Na ja«, meinte Anastasia, »sie kommen in ein paar Monaten nach.«

»Das heißt: Sie kommen bald«, korrigierte Rana sie freundlich. Und dann erklärte sie uns den Unterschied zwischen »gleich« und »bald«.

Solche Situationen, und es gab viele dieser Art, haben sich mir stark eingeprägt. Zum Beispiel fragte ich einmal meine Mitschülerin Milla: »Was möchtest du später sein?«

Auch sie fragte nach, was ich genau wissen wolle, dann erklärte sie mir den Unterschied zwischen meiner Frage und dem, was ich eigentlich gemeint hatte: »Was möchtest du später einmal werden?«

In diesem Augenblick war das Eis zwischen uns gebrochen, und wir wurden Freundinnen. Mit Milla sollte ich später in der zehnten Klasse und auch vor dem Abitur immer wieder gemeinsam lernen.

Damals unternahmen Anastasia und ich eine Zeit lang vieles gemeinsam. Ich besuchte sie zu Hause, wir lernten zusammen und machten unsere Hausaufgaben. Wir waren beide trotz unserer sechzehn Jahre noch sehr kindlich, nicht so cool und schon fast erwachsen wie meine Schwester und deren Freunde. Endlich hatte ich wieder eine Freundin. Doch genau wie damals im Kosovo wagte ich nicht zu erzählen, dass meine Mutter eine Romni und mein Vater ein Hashkali war. Denn hier wusste niemand von unserer Herkunft. Wir hatten uns bei unserer Ankunft als Albaner gemeldet. Zwar konnten wir den Albanern in den Flüchtlingsunterkünften nichts vormachen, an unserem Aussehen erkannten sie uns sofort als Roma. Doch das mussten ja weder meine deutschen Schulkameraden noch Anastasia unbedingt wissen.

Tatsächlich lernte ich die deutsche Sprache schneller als irgendein anderes Kind. Und das war auch gut so, denn bald sollten Kenntnisse der deutschen Sprache für unsere Familie überlebensnotwendig sein.

4

»DU HAST
KEINE CHANCE!«

Eines Tages erhielten wir einen Brief in einem gelben Umschlag. Meine Mutter befürchtete sofort das Schlimmste, denn aus Gesprächen mit den anderen Flüchtlingsfamilien wusste sie, dass amtliche Bescheide in gelben Umschlägen verschickt wurden. Und die waren meistens niederschmetternd.

Meine Mutter öffnete den Brief und reichte ihn an mich weiter. Schließlich war ich in der Familie diejenige, die am besten Deutsch verstand. Ich werde nie das Gefühl der Hilflosigkeit vergessen, das in mir aufstieg, als ich versuchte, den Inhalt dieses Briefes zu verstehen. Die Wahrheit war – ich verstand kein Wort von dem, was da stand. Und das ärgerte und verwirrte mich ungemein.

»Ich muss zu Margrit gehen«, sagte meine Mutter, stand auf, zog ihre Jacke an, nahm den Brief und marschierte los. Ich kam mit, denn ich wollte unbedingt wissen, was diese seltsamen Sätze in dem Brief bedeuteten. Margrit bat uns herein und kochte erst einmal einen Tee.

»Habt ihr Probleme?«, fragte sie, als sie unsere bestürzten Mienen sah.

Da zog meine Mutter den Brief hervor und reichte ihn ihr. Gespannt beobachtete ich Margrits Gesicht, während sie las. Sie hatte die Stirn in Falten gelegt und studierte dieses Schreiben lange. Schließlich sagte sie: »Da muss ich Jens anrufen.«

Mir wurde klar, dass selbst Margrit den Brief nicht verstand. Doch auch Jens wurde aus ihm nicht schlau. Einerseits war ich erleichtert, denn ich hatte schon an meinen Deutschkenntnissen gezweifelt. Andererseits fragte ich mich: Wenn selbst so kluge Menschen wie Margrit und Jens einen Brief von den Behörden nicht verstehen konnten, was hatte dann das Ganze für einen Sinn?

»Ihr müsst einen Anwalt konsultieren«, sagte Jens schließlich. »Da muss irgendetwas schiefgelaufen sein.«

Erst viel später verstanden wir, was passiert war. Dies war schon das zweite Schreiben des Bundesamtes an uns. Der erste Bescheid war bei uns allerdings nie angekommen. Vielleicht hatte jemand den Brief angenommen und nicht an uns weitergegeben. Aus meiner Anwaltspraxis weiß ich heute, dass dies leider immer wieder vorkommt, wenn die Menschen in Gemeinschaftsunterkünften untergebracht sind. Wenn wir auch aus diesem Behördenschreiben nicht schlau wurden, so war doch eines klar: Unser Asylantrag war abgelehnt worden. Die Betroffenen müssen in einem solchen Fall die Wiedereinsetzung in den vorherigen Stand beantragen, doch die Hürden dafür sind sehr hoch. Wie jeder andere Betroffene waren auch wir damals verzweifelt.

»Macht euch keine Sorgen«, tröstete uns Jens. »Ich kenne einen ausgezeichneten Anwalt, der ist auf Ausländerrecht spezialisiert. Den rufe ich an und mache einen Termin für euch.«

Margrit faltete den Brief wieder sorgfältig zusammen und reichte ihn mir.

»Diesen Brief musst du gut aufheben, Nizaqete«, sagte sie eindringlich zu mir.

Ich hatte keine Ahnung, was sie damit meinte. Der Brief lag doch nicht am Boden, also konnte ich ihn nicht aufheben.

»Was meinst du damit?«, fragte ich sie verwirrt.

»Ich will damit sagen, dass dieser Brief wichtig ist und dass er nicht verloren gehen darf. Am besten steckst du ihn in einen Ordner. Das heißt ›aufheben‹ oder ›aufbewahren‹. Verstehst du das?«

Ich nickte. Wieder hatte ich einen neuen Ausdruck gelernt. Und zwar erneut unter Umständen, die ich nie mehr vergessen würde.

Es war im April 1994, als wir mit dem Zug nach Essen fuhren, um zum ersten Mal den Anwalt aufzusuchen, den Jens uns empfohlen hatte. Ich fuhr natürlich mit, denn ich sollte sicherstellen, dass meine Mutter alles verstand, was der Anwalt sagte. Wir waren sehr erleichtert, als wir endlich die angegebene Adresse der Kanzlei fanden.

Eine freundliche junge Frau saß am Empfang und bat uns, im Warteraum Platz zu nehmen. Während wir auf unseren Termin warteten, beobachtete ich immer wieder heimlich diese junge Frau. Sie beantwortete souverän das Telefon, schien äußerst beschäftigt. Und ich sagte mir: »Niza, wenn du einmal eine solche Arbeitsstelle finden könntest, wie schön wäre das!«

Während wir warteten, trat ein Mann auf uns zu und sprach uns auf Albanisch an.

»Ich kann für Sie übersetzen, wenn Sie möchten«, bot er uns an.

»Danke schön, aber das ist nicht nötig«, gab ich selbstbewusst zur Antwort. »Ich spreche Deutsch und auch mein Englisch ist sehr gut.«

Meine Mutter drückte mir zustimmend die Hand. Uns war es wichtig, unser Anliegen persönlich vorzubringen.

Schließlich wurden wir in das Büro von Rechtsanwalt Eberhard Haberkern gebeten. Seine wachen Augen im schmalen Gesicht waren mir gleich sympathisch. Er hörte uns aufmerksam zu, las den Bescheid, der mir so viele Rätsel aufgegeben hatte. Er stellte einige Fragen, machte sich Notizen, schließlich nickte er uns freundlich zu.

»Machen Sie sich keine Sorgen«, sagte er, »ich werde mich darum kümmern.«

Meine Mutter unterschrieb die Vertretungsvollmacht, dann verließen wir die Kanzlei. Uns war, als hätten wir ein schweres Paket dort zurückgelassen, nicht nur einen unverständlich geschriebenen Brief. Eberhard Haberkern hatte ganz offensichtlich Erfahrung mit solchen merkwürdigen Schreiben von deutschen Behörden, meine Mutter und ich waren uns einig, dass dieser Mann das sicher für uns regeln konnte. Ich war unendlich erleichtert, und auch meine Mutter sah nicht mehr ganz so sorgenvoll aus wie zuvor.

»Gut, dass du schon so gut Deutsch sprechen kannst«, sagte meine Mutter und drückte meinen Arm. Ich fühlte Stolz in mir aufsteigen. Und noch ein Gefühl. Zum ersten Mal wurde mir so richtig bewusst, wie viel stärker es einen macht, wenn man die Landessprache beherrscht. Und ich nahm mir vor, noch viel fleißiger zu lernen. Mir war auch bewusst, dass ich noch viele Fehler im Deutschen machte und gewisse Feinheiten noch lange nicht beherrschte. Dieser Besuch bei dem Anwalt motivierte mich allerdings, mich noch mehr anzustrengen.

»Eines Tages«, sagte ich zu meiner Mutter, »werde ich diese Behördenbriefe verstehen. Das verspreche ich dir.«

Meine Mutter lächelte mich liebevoll an.

»Nicht mal Jens konnte den Brief verstehen«, sagte sie nachsichtig.

Ich aber nahm mir im Stillen vor, nicht eher zu ruhen, bis ich die Sprache der deutschen Behörden ebenso gut verstehen konnte wie unser neuer Anwalt.

Auf der Straße überfiel mich auf einmal großer Hunger. Wir gingen in einen kleinen Supermarkt und meine Mutter kaufte mir eine Tüte Chips. Und noch heute schmecken diese Chips, wenn ich sie manchmal esse, nach Erleichterung und Zuversicht.

»Na seht ihr«, sagte Margrit, als wir ihr alles erzählten. »Dort wird man euch mit Sicherheit gut vertreten. Jetzt könnt ihr ganz beruhigt sein.«

Wenn man täglich zwei Stunden intensiv lernt, kann man ganz schön was erreichen. Zwei Stunden lang war ich täglich mit dem Bus unterwegs, und ich nutzte jede Minute. So kam es, dass ich bald in die Regelklasse wechseln konnte und zusätzlich Förderunterricht in Deutsch erhielt. Das heißt, dass ich mit ganz normalen deutschen Gesamtschülern gemeinsam Unterricht hatte. Darauf war ich ungeheuer stolz, auch wenn es nicht immer einfach war.

Zum Beispiel im Mathematikunterricht. Wir lernten gerade Kurvendiskussion und unsere Lehrerin fragte nach der Lösung für eine Aufgabe. Ich sah alles klar vor mir und meldete mich. »Die Lösung«, sagte ich, »'ne Gerade.«

Einige meiner Mitschüler kicherten. Mir wurde heiß, ich bin sicher, dass ich rot wurde bis unter die Haare. Unsere Lehrerin aber blieb ernst und brachte Ruhe in die Klasse.

»Richtig«, sagte sie. »Die Lösung ist eine Gerade.«

Auch das habe ich mir gemerkt. Denn wieder wollte ich so sein wie die anderen und strengte mich an, all die vielen komplizierten Wendungen der deutschen Sprache zu erlernen. Und doch gab es immer wieder Situationen, in denen ich, wenn auch auf äußerst freundliche Art, darauf hingewiesen wurde, dass ich anders war als die anderen. Im Mathematikunterricht brauchten wir zum Beispiel eines Tages neue Taschenrechner, die offenbar recht teuer waren. Ohne mir davon zu erzählen, besprachen sich meine Mathelehrerin und mein Klassenlehrer und beschlossen, einen Antrag auf Kostenübernahme beim Amt zu stellen. Dabei sprachen die beiden meinen Namen jeweils anders aus, denn damals stand in den amtlichen Unterlagen noch »Nizagete«. Während meine Mathematiklehrerin meinen Namen richtig mit einem weichen »sch« aussprach, verwendete mein Klassenlehrer das deutsche »g«, sodass sie sich nicht ganz sicher waren, ob sie über dieselbe Schülerin sprachen.

»Du brauchst dir den Taschenrechner nicht zu kaufen«, erklärte mir die Lehrerin im Matheunterricht, »wir werden uns darum kümmern. Aber sag mal: Wie spricht man denn jetzt deinen Namen richtig aus?«

Während ich es ihr sagte, war ich zwischen zwei widersprüchlichen Gefühlen hin- und hergerissen. Zum einen war ich gerührt darüber, dass sich meine Lehrer über meine Situation Gedanken gemacht hatten und mir helfen wollten. Andererseits schämte ich mich; es war mir unangenehm, dass sich meine Mitschüler die Taschenrechner selbst kaufen mussten, während ich einen »umsonst« bekommen sollte. Wie auch immer – dem Antrag wurde stattgegeben, und diesen Taschenrechner habe ich heute noch.

Meine Freundin Anastasia schloss sich mittlerweile zwei anderen russischen Mädchen an und machte gerne Party. Auch ich liebte es zu tanzen und bin bis heute begeistert vom Old-School-Hip-Hop-Stil. Jahrelang hütete ich eine Tonkassette wie einen Schatz, die mir ein Schulkamerad irgendwann aufgenommen hatte. Doch die Schule stand für mich weiterhin an allererster Stelle.

Zum Abschluss der zehnten Klasse machten wir eine Klassenfahrt an die Ostsee. Es war das erste Mal, dass ich ohne meine Familie unterwegs war, damals in Holland war ja wenigstens ein Teil meiner Geschwister dabei gewesen. Es war ein seltsames Gefühl, so wie alle anderen eine Postkarte nach Hause zu schreiben – im Gegensatz zu meinen Mitschülern schrieb ich sie allerdings auf Albanisch. Wir besuchten auch Lübeck, eine Stadt, die mir sehr gefiel. An einem der Abende stand ein Grillfest auf dem Programm, und ich freute mich sehr darüber, dass unser Klassenlehrer extra für mich Geflügelwürstchen besorgte, denn als Muslimin esse ich kein Schweinefleisch. Das fand ich wirklich sehr nett von ihm. Für ein paar Tage konnte ich also fast die Sorgen, die mich zu Hause stets begleiteten, vergessen und unbeschwert sein wie meine Mitschüler.

Mit meiner Rückkehr in den Container waren auch die Sorgen wieder da. Die ließen sich in drei Worten zusammenfassen: unserem ungesicherten Aufenthaltsstatus. Unter diesen Umständen war es nicht immer einfach, mich zum Lernen zu motivieren. Es kam vor, dass mich Gleichaltrige in unserer Flüchtlingssiedlung auslachten, wenn sie mich mit meinen Büchern sahen. »Wozu die Mühe?«, fragten sie mich. »Du wirst ohnehin bald abgeschoben.« Doch ich hielt mich an meinen schulischen Leistungen fest, sie gaben mir die Sicherheit, die ich sonst so sehr entbehrte.

»Dein Wissen kann man dir nicht mehr wegnehmen«, hatte schon mein Vater während meiner ersten Schuljahre zu Hause gesagt. Und darum lernte ich, es machte mir einfach

Spaß – auch wenn es mir manchmal immer noch nicht gelang, die Lösungen, die ich schon kannte, richtig zu formulieren.

So war es zum Beispiel in den naturwissenschaftlichen Fächern. Ich sah die Lösungen einfach vor mir. Einmal wollte ein deutscher Mitschüler wissen, warum ich in Physik eine Zwei bekäme, wo ich doch nicht mal richtig Deutsch spräche. Mein Physiklehrer erklärte es ihm in aller Ruhe: »Weil sie die richtigen Antworten weiß und sich im Moment nur noch nicht fehlerfrei ausdrücken kann.«

Und wieder war dies für mich ein Ansporn, mir noch mehr Mühe zu geben. Wir wurden damals Grund- und Leistungskursen zugeordnet – ich wurde in allen Fächern Leistungskursen zugewiesen und hatte nebenher noch Förderunterricht in Deutsch. Heißt es Zähne putzen oder Zähne waschen? Sagt man: Ich komme nachher noch kurz vorüber – oder: vorbei? Solche Fragen sollten bald nicht mehr nötig sein. In dieser Zeit lernte ich oft gemeinsam mit einem vietnamesischen Mädchen namens Thao und mit Milla, denn ich wollte unbedingt für das Abitur zugelassen werden. Und tatsächlich schafften wir es auch. Ich fühlte mich so glücklich wie damals, als ich begriff, dass ich nach der vierten Klasse weiter zur Schule gehen durfte.

Bei meiner älteren Schwester Miri sah die Sache anders aus. Ihr Fall ist ein gutes Beispiel dafür, wie schwierig es sein kann, als Flüchtlingskind in Deutschland seinen Fähigkeiten entsprechend Zugang zu Bildung zu erhalten. Zu Hause im Kosovo war Miri stets Klassenbeste und mir immer ein Vorbild gewesen. Aufgrund ihres Alters und ihrer Intelligenz stufte man sie nach der IVK nicht wie mich in die zehnte, sondern gleich in die elfte Gymnasial-Regelklasse der Gesamtschule ein. Wäre sie in Deutschland aufgewachsen, hätte es für Miri kein Problem bedeutet, den Lehrstoff zu bewältigen. Da ihre Deutschkenntnisse zum damaligen Zeitpunkt zwar gut waren, aber dennoch nicht ausreichten, um den bedeutend schwierigeren Stoff einer elften Klassenstufe verarbeiten zu können, entschloss sie sich, von der Schule abzugehen und lieber eine Ausbildung als Friseurin zu machen. Hätte man ihr nur ein Jahr mehr Zeit gegeben, um in der deutschen Sprache sicherer zu werden, hätte sie mühelos das Abitur geschafft und ein Studium beginnen können.

»Bei den Regelungen für langjährig geduldete Flüchtlinge bleibt das Kindeswohl im toten Winkel«[1], heißt es in einer Studie aus dem Jahr 2010, die das Kinderhilfswerk UNICEF in Auftrag gab, und weiter heißt es dort: »Das deutsche Ausländer- und Asylrecht schränkt für die Kinder aus den Flüchtlingsfamilien den Zugang zu Bildung, medizinischer Versorgung und sozialer Teilhabe gravierend ein.«[2] Fast die Hälfte der in Deutschland lebenden rund zwölftausend kosovarischen Roma, Hashkali und Ägypter, eine weitere Roma-Minderheit, sind Kinder und Jugendliche. Nahezu alle leiden aufgrund ihres Status unter einer Atmosphäre der Angst und der emotionalen Unsicherheit, was ihre Integration nachhaltig erschwert. »In Schule und Berufsausbildung sind Kinder und Jugendliche umso erfolgreicher, je mehr Zukunftsperspektive sie erkennen können. In dieser Hinsicht bestätigen die Ergebnisse der Untersuchung die Erkenntnis sozialwissenschaftlicher Migrations- und Integrationsforschung, dass Integration Zukunftssicherheit braucht.«[3] Auf dem Duldungs-Dokument steht aber: »Der Inhaber ist ausreisepflichtig!« – wie soll ein Kind unter diesen Umständen das Gefühl entwickeln, seine Zukunft sei sicher?

Die Sprache bildet für die meisten Flüchtlingskinder ein Hindernis auf dem Weg zu einer ihren Fähigkeiten angemessenen Schulbildung. Selbst wenn Flüchtlinge Sprachunterricht erhalten, haben sie meist keine oder zu wenige Möglichkeiten, das Erlernte anzuwenden und zu üben. Das liegt hauptsächlich an der abgesonderten Wohnsituation, die den Familien aufoktroyiert wird, indem sie in Flüchtlingsunterkünften untergebracht und von der Mehrheitsbevölkerung abgeschottet werden. So sind sie dazu gezwungen, unter sich zu bleiben, ohne die Notwendigkeit, sich in der Landessprache ausdrücken zu müssen. Unsere Familie hatte das Glück, von Anfang an freundlichen Kontakt zu engagierten Deutschen zu bekommen, und jeder von uns nutzte diese Chance. Doch die wenigsten Flüchtlinge haben dieses Glück.

Ich selbst habe immer wieder erlebt, wie gering die Motivation anderer Jugendlicher unserer Siedlung war, sich in der Schule anzustrengen, und nach allem, was ich erlebt habe, kann ich es ihnen auch keineswegs zum Vorwurf machen. Es ist ungeheuer frustrierend und bedarf eines extremen Willens, sich trotz aller Widrigkeiten und der oftmals demütigenden Behandlung vonseiten der Ausländerbehörde immer wieder aufzuraffen.

Ob ein Kind die Chance hat, Bildungsangebote, falls vorhanden, überhaupt wahrzunehmen, hängt von vielen Faktoren und oftmals von Zufälligkeiten ab. Eine Rolle spielt zum Beispiel das Alter des Kindes bei seiner Ankunft in Deutschland. Meine Schwester Miri mit ihren sechzehn Jahren hatte es viel schwerer als wir jüngeren Geschwister. Oftmals hängt ein ganzes Berufsleben von der Entscheidung eines einzigen Lehrers oder Beamten ab. Außerdem galt noch bis zu Beginn des Jahres 2005 in acht der sechzehn deutschen Bundesländer keine Schulpflicht für jene Kinder, die ein Asylverfahren durchliefen oder als Geduldete in Deutschland lebten. Erst seit 2010 ist der Schulbesuch für diese Gruppe in der gesamten Bundesrepublik obligatorisch.

Was mir persönlich große Sorgen bereitet, ist die Tatsache, dass extrem viele Kinder aus Roma-Familien Förderschulen für Lernbehinderte und für Erziehungshilfe besuchen. Dazu heißt es in der UNICEF-Studie: »In vielen deutschen Städten wurden Sinti über Jahrzehnte hinweg nahezu automatisch auf Sonderschulen überwiesen. Die Beobachtung scheint zunächst im Widerspruch zu Aussagen vieler Fachkräfte der Jugend- und Sozialarbeit zu stehen, denen zufolge die Kinder genauso intelligent und neugierig seien wie alle anderen.«[4]

Warum also landen alle diese Kinder in den Förderschulen für Lernbehinderte? Wirken hier neben Problematiken wie der Sprachbarriere und der psychischen Belastung aufgrund der unsicheren Lebenssituation womöglich noch immer rassistische Vorurteile vonseiten der Pädagogen, die für die Einstufung der Kinder in die passende Schule zuständig sind? Herrscht hier unbewusst oder bewusst die Meinung vor, dass Migrantenkinder, noch dazu Roma-Kinder, in der sozialen Rangfolge ganz unten rangierten und damit auch automatisch weniger intelligent seien?

Wer nicht die Möglichkeit hat, einen qualifizierten Schulabschluss zu machen, für den verringern sich natürlich die Chancen auf einen Ausbildungsplatz. Und selbst wenn ein geduldeter Jugendlicher ein gutes Abschlusszeugnis erreicht, findet er in den meisten Fällen keine Ausbildungsstelle, weil der Arbeitgeber befürchten muss, ihn jederzeit durch eine Abschiebung wieder zu verlieren. Da die Duldung immer nur für maximal sechs Monate verlängert wird, erscheint den Arbeitgebern eine langfristige Perspektive unmöglich. Und obwohl meine Schwester Miri das große Glück hatte, mithilfe unserer Freundin Margrit einen Ausbildungsplatz zu finden, musste sie ein ungeheures Durchhaltevermögen an den Tag legen, bis sie endlich ihre Lehre antreten konnte.

Margrit hatte erfahren, dass ihre Friseurin einen Lehrling suchte, und Miri bewarb sich sofort. Ihre Deutschkenntnisse waren wie gesagt noch nicht perfekt, doch als sie sich mit den Worten: »Ich hoffe, wir sehen uns bald wieder!« verabschiedete, nahm sie die Chefin mit ihrem Selbstbewusstsein derart für sich ein, dass sie die Stelle tatsächlich bekam. Damit war es allerdings noch lange nicht getan. Natürlich brauchte Miri als Geduldete eine Beschäftigungserlaubnis, um die Lehrstelle überhaupt antreten zu dürfen, und diese zu bekommen war äußerst schwierig. Denn das sogenannte »Vorrangprinzip« sieht vor, dass Geduldete nur dann eine Stelle bekommen, wenn man nachweisen kann, dass es keinen passenden deutschen Bewerber oder einen mit Aufenthaltserlaubnis für sie gibt. Miris Chefin bemühte sich gemeinsam mit ihrem Steuerberater, für meine Schwester eine Arbeitserlaubnis zu erreichen. Es dauerte drei Monate, bis das endlich gelang, mehrfach hatte das Arbeitsamt, das offenbar nicht so recht wusste, wie es mit diesem Fall umgehen sollte, den Antrag abgelehnt. Auch während ihrer gesamten Ausbildungszeit wurde die Arbeitserlaubnis, parallel zur Duldung, immer nur für drei Monate erteilt. Kam also die Erlaubnis, musste man schon die nächste beantragen. Solche Mühen nehmen nur wenige Arbeitgeber auf sich, und wir können von Glück sprechen, dass Miris Chefin sich nicht von diesem bürokratischen Aufwand abschrecken ließ.

Nun konnte Miri also endlich ihr eigenes Geld verdienen. Doch damit tauchten neue Schwierigkeiten auf. Die Ausländerbehörde zog ihr Gehalt von den finanziellen Leistungen unserer gesamten Familie ab. Damit nicht genug, sie sollte auch noch Miete dafür bezahlen, dass sie mit uns in der Flüchtlingsunterkunft wohnte.

»Dann ziehe ich aus«, sagte sie kurz entschlossen.

Ihr Anfahrtsweg zur Arbeitsstelle war ziemlich weit, und besonders samstags, wenn nur wenige Busse fuhren, war es schwierig für sie, rechtzeitig zur Arbeit zu gelangen. Also suchte sie sich eine kleine, hübsche Wohnung in der Nähe des Friseursalons. Schließlich war sie inzwischen neunzehn Jahre alt und konnte auf eigenen Füßen stehen.

Miris Auszug nahmen wir zum Anlass, das obere Bett eines unserer beiden Stockbetten in unserem Schlafzimmer abzumontieren, sodass es zu einem normalen Einzelbett wurde. Von der Caritas hatten wir inzwischen ein zweites Sofa bekommen. Faton beschloss, von nun an hier zu schlafen, und so zog unser Jüngster zu Mirsade und mir. Ferid schlief im Stockbett unten, Mirsade oben und ich im Einzelbett.

Unsere elfte Jahrgangsstufe setzte sich aus Schülern aus verschiedenen Klassen zusammen. Zu meinen Freunden aus der Zehnten kamen nun Marcello hinzu, der Sohn eines italienischen Immigranten, mit dem ich mich sofort gut verstand, und Stella. Es war wirklich lustig, wie ich sie kennenlernte: Es war an einem regnerischen Tag, und Stella hatte ihren Regenschirm in die Tasche ihres Anoraks gesteckt. Den hatte sie achtlos über ihre Schulter geworfen. Als sie an mir vorüberlief, drehte sie sich abrupt um und dabei knallte mir der Regenschirm gegen den Kopf. Sie entschuldigte sich bestürzt, wir lachten und kamen ins Gespräch. Von da an verbrachten wir die Mittagspausen gemeinsam. Stella hatte echtes Interesse an meiner Situation und erkundigte sich regelmäßig nach unserem Aufenthaltsstatus. Sie war eine der wenigen Schulfreunde, die mich zu sich nach Hause einlud, sodass ich auch ihre Eltern kennenlernte. Hin und wieder übernachtete ich sogar bei ihr.

Im Alter von sechzehn Jahren konnte ich endlich meine unterbrochene Zahnregulierung wieder aufnehmen. Ich hatte schon im Kosovo eine Spange getragen, doch kurz vor unserer Flucht war sie kaputtgegangen. Damals war keine Zeit mehr gewesen, mir eine neue anpassen zu lassen. Jetzt wurde es höchste Zeit dafür.

»Du hast als Kind einfach zu gern an grünen, steinharten Äpfeln herumgenagt«, neckte mich mein Vater, als wir ihm am Telefon davon erzählten. »Kein Wunder, dass sie krumm geworden sind.«

Jetzt wurden sie gerade gerückt, und dass das überhaupt möglich war, verdanke ich, wie so vieles, Margrit und Jens, die sich unermüdlich beim Amt für Soziales dafür einsetzten. Denn noch immer unterlag ja unsere gesamte Familie dem Status der »Duldung«, und über uns hing wie ein Damoklesschwert die stete Gefahr der Abschiebung. Ob es sich da lohnte, der kleinen Nizaqete eine Zahnspange zu finanzieren? Unsere Freunde blieben standhaft, ihre Antwort lautete: »Unbedingt!« Und so bekam ich glücklicherweise eine Spange – allerdings eine, bei der zu meinem Leidwesen jeder einzelne Zahn fest verschraubt wurde.

Zwei Jahre waren nun seit unserer Flucht vergangen, und mein Vater hatte immer noch nicht nachkommen können. Wie es meine Mutter befürchtet hatte, spitzte sich die Situation im Kosovo nach unserer Abreise immer weiter zu. Der Krieg in Bosnien hatte eine neue, grausige Dimension angenommen. Serbische Truppen kämpften dort, um die bosnischen Serben zu unterstützen, und noch immer schwebte die Gefahr der Einberufung über meinem Vater. So blieben uns weiterhin nur die Telefonate, und unser Vater fehlte uns allen sehr.

Immer wieder begleitete ich meine Mutter nach Essen zu unserem Anwalt, bei dem unser Fall bereits einen Ordner füllte. Tatsächlich war der erste Ablehnungsbescheid des Bundesamtes verloren gegangen, und Eberhard Haberkern hatte dafür gesorgt, dass unser Verfahren noch mal ganz neu aufgerollt wurde. Und so stellten wir im März 1995 erneut einen Antrag auf Asyl.

Die Besuche in der Anwaltskanzlei fand ich jedes Mal aufs Neue spannend. Ich wollte unbedingt wissen, was der aktuelle Stand war, versuchte, so viel wie möglich zu erfahren und die neuen Schreiben, die von den Ämtern kamen, zu verstehen.

»Dein Deutsch wird jedes Mal besser«, sagte der Anwalt zu mir.

»Es ist noch nicht gut genug«, gab ich zur Antwort. »Ich verstehe noch immer nicht alles, was in diesen Briefen steht.«

Eberhard Haberkern lachte.

»Dazu muss man Jura studieren«, meinte er.

Jura studieren – der Gedanke gefiel mir. Und doch schien mir die Möglichkeit eines Studiums so weit entfernt wie der Mond. Schließlich konnte unser Aufenthalt in Deutschland jederzeit beendet werden – und was dann?

Zu Hause im Kosovo regierte das Chaos. Die Spannungen zwischen der albanischen Bevölkerung und den Serben hatten zugenommen. Im Rahmen der sogenannten »Antibürokratischen Revolution« hatte Milošević bereits 1990 Parlament und Regierung im Kosovo aufgelöst. Massendemonstrationen von Kosovo-Albanern wurden immer wieder niedergeschlagen. In einem geheimen Referendum proklamierte die albanische Seite schließlich die »Republik Kosova«, die jedoch nur von dem Nachbarland Albanien anerkannt wurde. Aus dem Exil heraus versuchte der Schriftsteller und Pazifist Ibrahim Rugova als Präsident dieser Republik seine Amtsgeschäfte zu versehen und Einfluss auf die Region zu nehmen – mit wenig Erfolg, wie es schien. Es war nur eine Frage der Zeit, wann das Pulverfass auch im Kosovo explodieren würde. Gar nicht auszudenken, was mit uns passieren würde, sollten wir gerade jetzt zurückgeschickt werden.

Die Schlange vor der Telefonzelle wurde in jenen Wochen so lang wie nie zuvor. Jeder wollte so oft wie möglich hören, ob bei den daheimgebliebenen Verwandten noch alles in Ordnung war. Jeder hatte nach den Gesprächen alarmierende Neuigkeiten zu berichten. Wir waren natürlich in ständiger Sorge um unsere Verwandten, besonders um unseren Vater, und hofften inständig, dass er endlich zu uns kommen könnte. Auch musste ich immer öfter an meine Nana denken. Ob es ihr auch wirklich gut ging? Seit ich denken konnte, fürchtete ich mich vor dem Tag, an dem sie sterben würde. Schon als kleines Mädchen wachte ich nachts manchmal schweißgebadet auf, weil ich geträumt hatte, sie sei gestorben. Dann flüchtete ich mich in ihre Arme und weinte mich bei ihr aus.

»Mein Kind«, pflegte sie zu sagen, »eines Tages müssen wir alle sterben. Das ist der Lauf der Dinge. Menschen werden geboren und eines Tages sterben sie.« Doch mir war das nie ein Trost gewesen.

Ein paar Tage vor unserer Flucht hatte mich meine Nana zur Seite genommen. »Ich bin alt, mein Kind. Und es kann gut sein, dass ich sterben werde, während ihr in Deutschland seid. Ich will nur eines sagen: Mach dich dann nicht verrückt. Der Tod gehört zum Leben. Es ist kein Grund, übermäßig zu trauern, hörst du?«

Ich wusste, dass mich auch das im Ernstfall nicht trösten würde.

Die ständige Sorge um meinen Vater und die Verwandten, die Unsicherheit unserer Situation – all das nagte besonders an der Gesundheit meiner Mutter. Fast jeden Abend befiel sie eine große Düsternis. »Was, wenn sie uns heute Nacht holen kommen?«, fragte sie sich dann. Diese bange Frage überschattete meine Jugendjahre in Deutschland, Jahre, während derer ich tagsüber alles dafür tat, ein ganz normales Leben zu führen, ganz normal zur Schule zu gehen wie gleichaltrige deutsche Jugendliche auch und mit meinen Freunden etwas zu unternehmen. Kam ich aber nach Hause ins Flüchtlingsheim, war nichts normal: nicht die Tatsache, dass mein Vater nicht da war, nicht die ständige Sorge meiner Mutter, nicht die Angst beim Zubettgehen, jederzeit könnte es an unsere Tür klopfen und alles, was wir uns hier aufgebaut hatten, wäre verloren.

Mit meiner heutigen Erfahrung im Umgang mit Flüchtlingen, die verzweifelt versuchen, sich ein neues Leben in Deutschland aufzubauen, ist mir längst klar geworden: Die Flüchtlingspolitik in der Bundesrepublik Deutschland macht die Menschen krank an Leib und Seele. Ich hörte einmal den Ausdruck »Tod auf Raten« und fand ihn sehr zutreffend. Meine Mutter litt sehr unter der Situation, und so unterstützte ich sie neben der Schule, wo ich nur konnte.

Mein Tagesablauf sah folgendermaßen aus: Ich stand früh morgens auf, damit wir alle rechtzeitig das Bad aufsuchen konnten, lernte während meiner einstündigen Busfahrt, hatte bis sechzehn Uhr Schule, machte meine Hausaufgaben auf der Rückfahrt, dann half ich meiner Mutter. Abends bereiteten wir gemeinsam das Essen zu, und erst wenn alles wieder aufgeräumt und »Gute Zeiten, schlechte Zeiten« vorüber war, konnte ich nochmals in meine Bücher schauen.

»Warum tust du dir das an?«, fragten mich wieder und wieder unsere Nachbarn in der Flüchtlingsunterkunft. Meist waren es Jugendliche in meinem Alter, die gemeinsam mit meinen Schwestern und mir die IVK-Klasse absolviert, aber inzwischen offensichtlich resigniert hatten. »Wir werden sowieso alle abgeschoben, wieso also die Mühe?«

»Ich tue das für mich«, versuchte ich ihnen zu erklären. »Es ist doch mein Leben, meine Zukunft. Ich kann schließlich nicht einfach rumsitzen und warten, bis man mich abschiebt.«

In der zwölften Klasse mussten wir ein Berufspraktikum machen, und ich fragte in einem Hotel in unserem Dorf, ob sie mich als Praktikantin nehmen würden. Ich erhielt eine Zusage, und die Arbeit dort machte mir großen Spaß, es gefiel mir, mit Menschen zu tun zu haben. Das brachte mich darauf, eine Lehre als Hotelfachfrau zu machen. Ich sprach mit Margrit darüber. Sie war allerdings wenig begeistert von meinen Plänen.

»Meinst du wirklich?«, fragte sie mich. »Möchtest du nicht lieber studieren? Etwas mit Sprachen, das liegt dir doch so.«

Als sie sah, dass es mir ernst damit war, schlug sie vor, zunächst die Ausbildung zu machen und danach noch zu studieren. Dieser Gedanke gefiel mir. Ich beantragte die Erteilung einer Beschäftigungserlaubnis für die Ausbildung zur Hotelfachfrau, doch zu meiner Enttäuschung wurde mir diese verweigert. Ich hatte auch vom Beruf der Pharmazeutisch-Technischen Assistentin gehört, kurz PTA genannt. Margrit erkundigte sich für mich nach den Voraussetzungen und fand heraus, dass die entsprechenden Berufsfachschulen damals gebührenpflichtig waren. Also kam auch dieser Beruf nicht für mich infrage, denn ich hatte ja keine finanziellen Möglichkeiten und auch eine Förderung war nicht in Sicht.

Eines Tages kam ein Berufsberater zu uns in die Schule, und ich war gespannt, welche Optionen er für mich sehen würde. Jeder Schüler erhielt ein persönliches Gespräch mit dem Berater, und mein Termin fiel in die Mathedoppelstunde bei Herrn Ritter. Er war einer der Lehrer, die mich förderten und an meinen Erfahrungen interessiert war. Einmal fragte er mich, ob ich auf Deutsch dächte oder auf Albanisch. Ein anderes Mal spielte Herr Ritter ein Spiel mit uns: Zwei Schüler traten gegeneinander an, und während einer draußen vor der Tür wartete, musste der andere bestimmte Objekte und Begriffe einander zuordnen. Irgendwie ging ich anders an die Sache heran als meine Mitschüler, zum Beispiel ordnete ich dem Begriff »Hammer« nicht »Werkzeug« zu, sondern »Handwerker«. Oder dem Begriff »Coca-Cola« nicht »Getränk«, sondern »Durst«. Mir schien, als hätte ich das Spiel nicht verstanden, doch Herr Ritter sagte nachdenklich: »Offensichtlich hast du eine andere Herangehensweise an solche Aufgaben als deine Mitschüler. Statt einen Begriff einem Oberbegriff zuzuordnen, denkst du bereits einen Schritt weiter. Das nennt man ›assoziatives Denken‹.«

Auf das Gespräch mit dem Berufsberater setzte ich große Hoffnungen. Als ich das Zimmer betrat, entdeckte ich ein Plakat rechts neben seinem Schreibtisch, auf dem stand: »Merkel sagt, was keiner wagt«. Merkel war der Name des Berufsberaters, damals ahnte noch niemand, dass wir eines Tages eine Bundeskanzlerin mit diesem Namen haben würden. Ich hatte mein letztes Zeugnis dabei, und Herr Merkel betrachtete meine guten Noten. Dann blickte er auf.

»Was hast du für Pläne?«

»Ich würde gerne eine Ausbildung machen«, sagte ich. »Ich habe aber nur eine Duldung.«

»Hast du deine Papiere dabei?«

Ich reichte sie ihm, und er sah sich alles genau an. Dann schaute er mich an und schob mir die Papiere über den Tisch zurück.

»Heirate, Mädel!«, sagte er zu mir. »Sonst hast du keine Chance!«

Mir kamen die Tränen. Ich deutete auf das Plakat rechts von ihm und sagte: »Da steht ›Merkel sagt, was keiner wagt‹! Sie können doch bestimmt etwas für mich tun!« Merkel aber schüttelte nur den Kopf.

Damals brach ich weinend zusammen. Ich hatte mich so angestrengt, meine Noten lagen weit über dem Durchschnitt der Klasse. Und nur weil ich nicht die richtigen Papiere hatte, sollte ich keine Chance im Leben haben? Ich konnte es nicht glauben. Ich WOLLTE es nicht glauben. Es musste doch einen Ausweg geben. Tränenüberströmt verließ ich die Berufsberatung und ging zurück in die Klasse. Herr Ritter und die anderen Schüler sahen natürlich, dass ich geweint hatte.

»Was ist denn passiert, Nizaqete?«, unterbrach Herr Ritter betroffen den Unterricht. Alle Schüler wandten sich mir nun zu. Ich erzählte, dass Herr Merkel gesagt hatte, ich solle heiraten, andernfalls hätte ich keine Chance.

»Das ist ja unglaublich«, regte sich Herr Ritter auf. »Wie kann er so etwas sagen!«

Auch andere Schüler erzählten, dass sie sich von Herrn Merkel alles andere als gut behandelt gefühlt hätten, und Herr Ritter dachte laut darüber nach, sich zu beschweren.

Es brauchte eine Weile, dann raffte ich mich wieder auf, nahm mich zusammen und machte weiter. Wieder half ich mir mit diesem Spiel wie damals in der schmuddeligen Dusche. Jeden Morgen im Bus, wenn ich mit dem Lernen fertig war, schloss ich die Augen und stellte mir meine Zukunft in leuchtenden Farben vor. Ich wollte etwas aus meinem Leben machen. Ich wollte nichts anderes als weiterlernen und schließlich alles verstehen, was im Augenblick unser Leben so schwer machte. Was hatte unser Anwalt gesagt? Um die Briefe der Behörden zu verstehen, müsse man Jura studieren? Was wäre, wenn ich selbst eines Tages Anwältin wäre, so wie ich es mir als Elfjährige erträumt hatte? Doch kaum dachte ich daran, kamen mir schon wieder die Tränen. Wie sollte ich Anwältin werden, wo ich doch noch nicht einmal Hotelfachfrau lernen durfte? Dieser Herr Merkel hatte gesagt, ich hätte keine Chance. Na warte, dachte ich, dir und allen anderen werde ich es noch zeigen.

Alle drei Monate mussten wir bei der Ausländerbehörde erscheinen, um unsere Duldung zu verlängern, und manchmal wurde uns diese sogar nur für einen weiteren Monat gewährt. Wann immer ich es mit meinem Unterricht vereinbaren konnte, begleitete ich meine Mutter. Es war jedes Mal aufs Neue eine niederschmetternde Erfahrung, und doch bestärkte mich diese demütigende Prozedur in meinem Entschluss, nicht aufzugeben. Damals waren die Ämter noch nicht so gut strukturiert wie heute. Es gab noch keine Nummern, die man ziehen konnte, und keiner konnte abschätzen, wann er an der Reihe war. Deshalb gingen wir möglichst morgens noch vor acht Uhr zum Amt und warteten, bis es öffnete. Dann standen wir erst einmal auf den Fluren herum und sahen zu, wie die Sachbearbeiter von einem Raum in den anderen gingen, sich in aller Ruhe Kaffee holten und miteinander Schwätzchen hielten und sich nicht im Geringsten darum kümmerten, dass da Leute warteten. Es war, als wären wir unsichtbar für sie. Und ich wunderte mich: Warum gehen die so mit uns um? Diese Frage stellte ich mir immer wieder aufs Neue. Und wenn wir dann endlich an der Reihe waren, behandelte uns die Sachbearbeiterin mit einer solchen Arroganz, dass mir schlecht davon wurde. Diese Menschen entscheiden über Schicksale, und alles, was sie für Flüchtlinge übrig haben, ist Verachtung. Mein natürliches Gefühl für Gerechtigkeit aber rebellierte dagegen. Wir waren nicht der letzte Dreck. Wir waren Menschen genau wie sie, die uns hier am ausgestreckten Arm verhungern ließen. Wir hatten nicht das Glück gehabt, in einem Land aufzuwachsen, in dem Frieden und Gleichheit herrschten. Es war uns unendlich schwergefallen, von zu Hause wegzugehen. Niemandem fällt es leicht, seine Heimat hinter sich zu lassen. Wir hatten alles, was uns vertraut gewesen war, verloren, unseren Hof, auf dem unsere Familie seit mehreren Generationen gelebt hatte. Aus Angst um unser Leben hatten wir all das aufgegeben und waren in ein fremdes Land gegangen. Wir hofften, hier eine neue Heimat zu finden, hofften, dass man uns zumindest eine Chance geben würde. Wir waren mit dem Ziel gekommen, uns ein neues Leben ohne Angst, Verachtung und Diskriminierung aufzubauen. Ich tat alles dafür, um nicht nur in einer rasenden Geschwindigkeit diese fremde Sprache zu lernen, sondern parallel dazu auch die höchste Schulbildung, die in diesem Land möglich war, mit guten Noten zu absolvieren. Was konnte man mehr tun? Und doch schien es nicht genug.

Wer das selbst nicht erlebt hat, kann möglicherweise nicht ahnen, wie schwer es ist, sich morgens aufzuraffen, aufzustehen, in die Schule zu gehen, die einen unglaublich anstrengt, weil man einen anspruchsvollen Lehrstoff in einer immer noch fremden Sprache aufnehmen muss. Und das mit dem Wissen im Hinterkopf, dass einem das alles womöglich überhaupt nichts nützen wird, weil man ohnehin samt seiner Familie früher oder später wieder zurückgeschickt werden wird. Niemand, der das nicht am eigenen Leib erfahren hat, macht sich ein Bild davon, wie viel Kraft es kostet, sich alles, aber auch alles hart zu erarbeiten und zu erkämpfen, in dem Bewusstsein, dass man im Grunde unerwünscht ist und von den Behörden wie ein Unmensch behandelt wird.

Es hatte etwas ungemein Nervenzehrendes, so zu tun, als läge dieselbe Zukunft vor mir wie vor all meinen Schulkameraden – die sich auf die neuen Phasen ihres Lebens vorbereiteten und für die Themen wie Führerschein, Ausbildung, Studium, die eigene Wohnung wichtig waren –, und gleichzeitig zu Hause immer wieder diese Briefe in gelben Umschlägen aus dem Briefkasten zu holen und zuzusehen, wie die eigene Mutter unter diesem Druck der ständigen Erwartung des Schlimmsten litt. Während ich zur Schule ging, mich auf mein Abitur vorbereitete, während ich lernte, mit meinen Freunden lachte, während ich zu Hause meiner Mutter half, war es, als umgäbe mich doch immer diese unsichtbare Wand der Duldung, die verhinderte, dass ich tatsächlich an diesem Leben teilhaben durfte. Und nur in seltenen Momenten schaffte ich es, mich so auf meine Wünsche und Vorstellungen von meinem zukünftigen Leben zu fokussieren, dass ich durch diese unsichtbare Wand einfach hindurchschreiten konnte, als wäre sie gar nicht da.

Immer wieder kam mir in den Sinn, wie großartig es doch wäre, wenn ich Anwältin werden könnte.

»Na ja«, sagte mein Vater am Telefon zu meiner Mutter, »das würde schon zu ihr passen. Weißt du noch, wie sie früher immer ihre Geschwister verteidigt hat, wenn wir sie ausschimpfen wollten?«

»Sicher«, lachte meine Mutter. »Sie hat sich vor sie hingestellt wie eine Glucke. Damals hast du gesagt: ›Bist du etwa die Anwältin deiner Geschwister?‹ Niza hatte schon immer einen ausgeprägten Sinn für Gerechtigkeit.«

Das war alles gut und schön. Doch dann sah ich wieder diesen Herrn Merkel von der Berufsberatung vor mir, der mir sagte, ich hätte keine Chance.

5

ALLEM
ZUM TROTZ

Gegen Ende der elften Klasse hieß es auf einmal: Wir machen mit dem gesamten Jahrgang im folgenden Schuljahr eine Klassenfahrt nach London. Zunächst fühlte ich mich überhaupt nicht angesprochen. Ich hatte ja gar nicht die nötigen offiziellen Papiere, um innerhalb Europas reisen zu können. Außerdem waren meine Eltern strikt dagegen: Ich war siebzehn, und da kam es für sie überhaupt nicht infrage, mich ganz alleine mit Gleichaltrigen und ein paar wenigen Lehrern, die bestimmt den Überblick über uns verlieren würden, durch die Welt reisen zu lassen. Das war bei uns nicht üblich und galt als viel zu gefährlich. Doch Frau Jacobs, meine Englischlehrerin, und die Leiterin der Oberstufe hatten es sich in den Kopf gesetzt, dass auch ich mitfahren sollte. Schließlich luden sie meine Mutter zu einem Gespräch ein und überzeugten sie davon, dass sie wirklich gut auf mich aufpassen würden. Sie beschrieben ihr in den schönsten Farben, was für eine tolle Chance diese Reise für mich darstelle. »Nizaqete ist so gut in Englisch«, hieß es. »Es wäre wirklich schade, wenn sie nicht mitfahren dürfte.«

»Und wenn es Sie beruhigt«, fügte Frau Jacobs hinzu, »dann werden wir Ihre Tochter bei uns im Zimmer unterbringen.«

Irgendwann willigten meine Eltern ein. Blieb die Frage nach meinen Papieren. Auch in dieser Frage setzten sich meine Lehrerinnen gegenüber der Ausländerbehörde durch und erreichten, dass ich ein Reisedokument mit einer Aufenthaltserlaubnis erhielt, das einen Monat lang Gültigkeit hatte. Ich habe keine Ahnung, wie sie das geschafft haben. Aber dieses Beispiel zeigte mir einmal mehr, dass die geheimnisvolle Wand, die mich umgab, ihre Schlupflöcher hatte. Und das machte mir Mut.

Auf dieser Reise sagten die Lehrerinnen immer wieder: »Aber Nizaqete, du weißt schon, was wir deiner Mutter versprochen haben? Du solltest eigentlich bei uns im Zimmer schlafen« – es wurde zum Running Gag. Alle lachten immer herzlich, wenn ich dann mit den Augen rollte. Denn natürlich schlief ich bei meinen Freundinnen.

Mit nach Hause brachte ich eine Menge neuer Eindrücke und für jeden ein Geschenk. Für mich selbst hatte ich ein Oberteil ausgesucht, das ich viele Jahre lang trug, so lange, bis es von allein kaputtging.

Eines Tages fragte mich Miri, meine ältere Schwester, ob ich Lust hätte, am Wochenende in einem Eiscafé zu arbeiten. Natürlich hatte ich Lust. Es stellte sich heraus, dass Miri sich dort zwar beworben, inzwischen aber eine andere Arbeit gefunden hatte, die ihr besser gefiel. Und so schickte sie einfach mich an ihrer Stelle hin, und alle waren zufrieden.

Die Arbeit machte mir großen Spaß. Ja, ich genoss die Wochenenden in dem Eiscafé regelrecht. In meiner so komplizierten Welt war es fast eine Erholung, schöne Eisbecher zu machen, und wenn mir wieder mal einer besonders gelungen war, konnte ich mich daran erfreuen. Hier musste ich mir nicht den Kopf zerbrechen, welchen Sinn diese Arbeit hatte, wie ich es so oft in der Schule tat. Jemand bestellte einen Eisbecher, ich machte ihn, so gut ich nur konnte, der Kunde freute sich, genoss sein Eis, bezahlte, und alles hatte seine Richtigkeit. Diesen Job behielt ich noch lange. Damit ich eine offizielle Arbeitserlaubnis erhielt, setzte sich der Besitzer des Eiscafés bei der Ausländerbehörde sehr für mich ein, denn dies war wegen des Status' meiner Duldung ungeheuer schwierig. Ich war ihm sehr dankbar dafür, denn für einige Jahre sollte dieser Nebenjob eine so wichtige wie verlässliche Konstante in meinem Leben bleiben.

Ein paar Monate vor meinem Abitur befielen mich aus unerfindlichen Gründen Sorgen um meine Nana, und meinen Geschwistern ging es seltsamerweise ebenso. Wir erkundigten uns immer wieder bei unserem Vater nach ihrem Befinden, und obwohl er beteuerte, dass alles in Ordnung mit ihr sei, baten wir ihn, sie beim nächsten Telefontermin mit in die Stadt zu nehmen, damit wir mit ihr sprechen konnten. Und so nahm sie tatsächlich die Fahrt nach Ferizaj auf sich, um mit uns zu telefonieren. Es war so schön, nach all der Zeit ihre Stimme zu hören. Ihre Worte beruhigten mich, und ich hatte wieder den Kopf frei für das bevorstehende Abitur.

Während allerdings die meisten meiner Mitschüler konkrete Pläne für die Zeit danach hatten, hatte ich noch immer keine Ahnung, was und ob ich als Geduldete überhaupt etwas mit meinem Abitur würde anfangen können. Ich erinnere mich noch gut daran, wie unser Französischlehrer einmal sagte: »Denkt daran, euer Studium wird die schönste Zeit eures Lebens. Das müsst ihr so richtig genießen.«

Wir alle lachten. Doch mich hatten seine Worte nachdenklich gemacht. So gerne ich auch studieren wollte, dieser Weg schien mir für immer verschlossen. Was nützte es mir da, dass meine Lehrer meine schulischen Leistungen anerkannten und zum Beispiel die Leiterin der Oberstufe unter meiner letzten Klausur, die ich bei ihr schrieb, vermerkte: »Es war mir eine wahre Freude, dich zu unterrichten. Deine Fortschritte sind unglaublich.« Natürlich freute ich mich über dieses Lob, das mich anspornte, auch im Abitur eine möglichst gute Note zu erreichen. Wer weiß, dachte ich, vielleicht geschieht ja noch ein Wunder.

Auch an den Wochenenden vor den Abiturprüfungen arbeitete ich im Eiscafé. Natürlich weil wir das Geld dringend benötigten, aber auch weil ich auf diese Weise meiner widersprüchlichen Welt für einige Stunden entfliehen konnte.

Während der Klausuren war ich unglaublich nervös. Zur mündlichen Prüfung in Geschichte kam ich sogar eine Dreiviertelstunde zu spät – ich hatte mich in der Zeit vertan. Und als ich meinen Fehler endlich bemerkte, beeilte ich mich dermaßen, dass ich völlig außer Atem in der Schule ankam. Zum Glück hatten meine Lehrer und der Prüfer auf mich gewartet. Mein Geschichtslehrer, der mich seit meinem ersten Tag an dieser Schule kannte, nahm mich schon im Treppenhaus in Empfang und versuchte mich zu beruhigen. Trotz alldem schaffte ich einen Notendurchschnitt von 2,1, und auch wenn der einige Zehntel unter meinen bisherigen Leistungen lag, gehörte ich damit zu den drei Besten meines Jahrgangs.

Und nun? Diese Frage drehte sich wie eine Endlosschleife in meinem Kopf. Oft lag ich nachts wach und fragte mich, wie es mit mir wohl weitergehen würde. Ich hatte so viel erreicht. Sollte mein Weg wirklich hier zu Ende sein? Bei unserem letzten Besuch in der Anwaltskanzlei hatte ich ehrfürchtig die dicken Nachschlagewerke und Gesetzestexte betrachtet, die in Eberhard Haberkerns Büro die Regale füllten. Immer öfter dachte ich daran, wie wunderbar es doch wäre, selbst Anwältin zu werden. Dann könnte auch ich mich für die einsetzen, die auf den Ämtern so schlecht behandelt wurden wie wir. War mir nicht auch das Abitur unerreichbar erschienen, als ich mit meinen Schwestern zum ersten Mal die Gesamtschule betreten hatte? Vielleicht ging es mir mit dem Studium ebenso?

Wie jede Abiturklasse hatten auch wir eine Abschlussparty, die ich mitorganisierte. Stella besorgte einen coolen DJ und so wurde es eine Party ganz nach meinem Geschmack mit viel Hip-Hop und Rhythm and Blues. Zu dieser Party nahm ich meine Schwestern mit, und wir hatten jede Menge Spaß.

Beim Abiball trug ich ein elegantes, langes Kleid, schmal geschnitten und schwarz. Mein langes Haar hatte ich hochgesteckt. Sehe ich mir heute die Fotos von jenem Abend an, fällt mir auf, wie zierlich und ernst ich neben meinen Mitschülern wirke. Man kann mir ansehen, dass mir alles wie ein großer Traum erschien.

Es war ein wunderbarer und wichtiger Abend für mich. Ich hatte es tatsächlich geschafft. Mein Mathematiklehrer, Herr Ritter, überreichte mir ein Buch mit einer Widmung – und später erfuhr ich, dass er darauf bestanden hatte, es mir persönlich zu geben. Das alles bedeutete mir viel. Sie alle waren der Meinung, ich hätte etwas Großartiges geleistet. Immerhin war ich erst fünf Jahre zuvor ohne Deutschkenntnisse hier angekommen. Und nun hielt ich mein Abiturzeugnis in Händen.

Es war für meine Eltern typisch, dass sie das ganz selbstverständlich fanden. Sie hatten uns allen von klein auf eingeschärft, dass Bildung das wichtigste Gut im Leben sei, und uns stets zum Lernen ermuntert, denn sie hielten es für wichtig, dass wir selbstständig waren. Und das konnten wir nur werden, wenn wir eine möglichst gute Ausbildung hatten. Dass ich mich durchbeißen und auch in Deutschland alles geben würde – das überraschte sie nicht im Geringsten.

Doch nun musste ich herausfinden, ob es irgendeinen Weg gab, zu studieren. Ich nahm meinen ganzen Mut zusammen und ging zur Ausländerbehörde. Hier legte ich unserer Sachbearbeiterin nicht ohne Stolz mein Zeugnis auf den Schreibtisch.

»Ich habe mein Abitur gemacht«, sagte ich, »und jetzt möchte ich gerne studieren. Ist das möglich?«

Die Frau, die uns von Anfang an mit großer Kälte begegnet war, starrte mich konsterniert an.

»Wie bitte?«, fragte sie. »Ich höre wohl nicht recht. Sie wollen studieren?«

»Ja, genau«, sagte ich.

»Sie sind nach Deutschland gekommen«, fuhr die Frau mit eisiger Stimme fort, »weil Ihre Mutter behauptet, Sie seien politisch verfolgt worden. Und jetzt kommen Sie daher und wollen hier studieren?«

Ich spürte, wie langsam, aber sicher Zorn in mir aufstieg. Aber mit ihm auch Verzweiflung.

»Das ist ja richtig«, gab ich zurück. »Aber ich lebe jetzt seit fünf Jahren in Deutschland. Ich kann doch nicht dasitzen und auf die Abschiebung warten. Ich muss doch etwas Sinnvolles mit meinem Leben anfangen. Es ist schließlich MEIN LEBEN.«

»Das können Sie vergessen«, war die Antwort. »Ein Studium kommt überhaupt nicht infrage.«

Wie einige Zeit zuvor, als jener Herr Merkel von der Berufsberatung gesagt hatte, ich hätte keine Chance, war ich am Boden zerstört und konnte die Tränen nicht zurückhalten.

»Ich kann nicht studieren«, erzählte ich bei unserem nächsten Treffen niedergeschlagen meinem Schulfreund Marcello, »und auch sonst keine Ausbildung machen. Ich habe das Gefühl, alles war umsonst. Mir bleibt nichts anderes übrig, als weiter im Eiscafé zu arbeiten.« Und schon wieder kamen mir die Tränen. Marcello betrachtete mich voller Mitgefühl. Doch dann schüttelte er auf einmal energisch den Kopf.

»Weißt du was?«, meinte er. »Wieso fragen wir nicht einfach direkt bei der Uni nach? Komm, gleich morgen früh fahren wir hin und erkundigen uns.«

Große Hoffnungen machte ich mir nicht. Schließlich sitzen die vom Ausländeramt am längeren Hebel, dachte ich. Dennoch ging ich mit Marcello zum Akademischen Auslandsamt der Universität Bochum, heute *»International Office«* genannt.

»Kann ich hier studieren«, fragte ich, und meine Stimme zitterte, »auch wenn ich in Deutschland nur eine Duldung habe?«

»Deine Duldung ist für uns uninteressant«, antwortete die Mitarbeiterin von der Studienberatung freundlich. »In welchem Land hast du denn deinen Abschluss gemacht?«

Ich legte mein Zeugnis vor.

»Oh, du hast ein deutsches Abitur«, sagte die Frau, nachdem sie einen Blick darauf geworfen hatte. »Dann kannst du dich bei uns einschreiben. Mit einem ausländischen Schulabschluss wäre es anders gewesen, den hättest du zuvor anerkennen lassen müssen.«

Ich konnte es gar nicht fassen, fragte sicherheitshalber noch mal nach. Marcello grinste und knuffte mich in die Seite.

»Na siehst du«, sagte er, als wir wieder draußen auf dem Flur waren. »Man muss nur die richtigen Leute fragen.«

Vor Freude und Erleichterung umarmte ich ihn.

Aus heutiger Sicht kann ich sagen, dass es damals zu dieser Frage keine klare gesetzliche Regelung gab. Ein Studium war zwar nicht ausdrücklich erlaubt, aber ebenso wenig verboten. Vermutlich hatte die Sachbearbeiterin, die das so kategorisch abgelehnt hatte, einen solchen Fall noch nie erlebt. Statt sich kundig zu machen, entschied sie selbst gemäß ihres eigenen Weltbilds, in das es offenbar nicht passte, dass ein geduldetes Flüchtlingsmädchen die Universität besuchen konnte. Offiziell wurde erst zu Beginn des Jahres 2009 die Möglichkeit eines Studiums mit einer Duldung durch das »Arbeitsmigrationssteuerungsgesetz« anerkannt. Außerdem ermöglicht dieses Gesetz ein Bleiberecht für qualifizierte Geduldete, die ein Studium aufnehmen und einen deutschen Hochschulabschluss erwerben. 1998 jedoch fielen solche Entscheidungen noch in den Ermessensbereich des Ausländeramts.

Zu Hause sagte ich nur: »Ich werde jetzt Jura studieren.«

Meine Mutter, die gerade Gemüse fürs Abendessen putzte, sah kaum auf. »Das ist wunderbar«, sagte sie. Ich musste lächeln. Wie selbstverständlich meine Mutter das alles hinnahm! Und doch freute es mich. Wie mein Vater hatte auch sie immer an mich geglaubt und würde nie aufhören, das zu tun.

Doch dann erreichte uns ohne Vorwarnung eine schreckliche Nachricht. Eines Tages kam ich nach Hause und erkannte schon am Gesichtsausdruck meiner Mutter, dass etwas nicht in Ordnung war. Mein Onkel war da, und auch er wirkte ernst und angespannt.

»Eure Nana ist gestorben«, sagte mein Onkel, als wir alle versammelt waren. »Sie hat ein paar Monate lang sehr gelitten. Jetzt ist sie tot.«

Mir war, als bräche eine Welt zusammen. Also hatte mich

mein Gefühl nicht getrogen. Warum nur hatte man uns ihre Krankheit verschwiegen?

»Sie wollte es so«, erklärte mein Onkel. »Sie befürchtete, dass ihr kommen würdet und euch danach der Weg zurück nach Deutschland versperrt gewesen wäre. Und damit hatte sie recht, Nizaqete.«

Es war mir kein Trost. Noch heute kommen mir die Tränen, wenn ich daran denke. Anders als die Verwandten, die bei ihr gewesen waren, hatte ich mich nicht langsam an den Gedanken gewöhnen können, dass sie gehen würde. Ich hatte mich nicht von ihr verabschieden können, hatte, als es ihr schlecht ging, nichts für sie tun können, sei es auch nur, ihr Tee zu kochen oder einfach ihre Hand zu halten. Bei uns zu Hause muss der Leichnam schon nach vierundzwanzig Stunden beerdigt werden, und der Gedanke, dass sie sich zu dem Zeitpunkt, als ich von ihrem Tod erfuhr, bereits unter der Erde befand, war entsetzlich. Wir alle weinten, und noch Tage und Wochen später stand ich unter diesem Schmerz, diesem Schock und empfand große Trauer.

Vielleicht lag es daran, dass mich die Nachricht vom Tod meiner geliebten Nana lange wie ein Schleier umhüllte – jedenfalls entging es mir, dass das Studienfach Jura einen Numerus clausus aufwies. So versäumte ich es, mich bei der Zentralstelle für die Vergabe von Studienplätzen, ZVS, zu bewerben. Erst als ich mich an der Uni einschreiben wollte, fand ich das heraus, und so belegte ich zunächst Jura als Lehramtsfach, als Nebenfach wählte ich Englisch.

Es gab noch mehr Dinge, die ich nicht mitbekam. So versäumte ich zum Beispiel auch die eigentlich obligatorische Einführungswoche. Deshalb wunderte ich mich am ersten Tag des Semesters, warum sich alle anderen Studienanfänger bereits kannten.

Die Ruhr-Universität Bochum gehört zu den größten in Deutschland. Die Campusfläche umfasst ein Gelände, in das locker sechshundertdreißig Fußballfelder hineinpassen würden. Mehr als vierzigtausend Studenten gehen dort ein und aus, und wenn man alle Beschäftigten zusammenfasst, ist die RUB mit ihren zwanzig Fakultäten die größte Arbeitgeberin der Stadt Bochum. Mit mir begannen mehrere Tausend Erstsemester ihr Studium, und als wir alle im Auditorium maximum offiziell begrüßt wurden, schlug mein Herz bis hoch in den Hals. Schon in der ersten Stunde bekamen wir zu hören: »Verabschiedet euch von euren guten Noten. Vier gewinnt.« Damit war gemeint, dass man froh sein konnte, mit der Note vier gerade zu bestehen. Ich schluckte. Mir wurde klar: Das hier wird richtig hart.

Und so war es dann auch. Denke ich an dieses erste Semester zurück, dann sehe ich mich an jenen regnerischen Herbsttagen des Jahres 1998 mit einer schweren Büchertasche beladen früh morgens noch bei Dunkelheit aufbrechen. Mein Weg zur Uni war umständlich und weit. An einen Schulweg von einer Stunde war ich ja gewöhnt. Doch jetzt benötigte ich von unserer Flüchtlingsunterkunft bis zur Uni fast doppelt so lange. In den Bussen und U-Bahnen herrschte morgens wie abends ein unglaubliches Gedränge, und an der Uni war es ganz ähnlich. Massen von Studenten strömten zum Eingang und ich mittendrin. Um mich herum hörte ich lebhafte Unterhaltungen, alle schienen genau zu wissen, wohin sie mussten. Auf den mit Platten belegten Wegen machten unsere Schritte hallende, rhythmische Geräusche. Es ging über eine Fußgängerbrücke, dann teilte sich Morgen für Morgen die Menge in einzelne Gruppen auf, alle schienen irgendwo dazuzugehören, nur ich fühlte mich verloren und so allein wie noch nie zuvor in meinem Leben. In meinem Kopf rauschte es nach dieser langen Fahrt. In diesen riesigen Gebäuden musste ich mich täglich neu orientieren. Und dann, wenn ich in dem Raum, in dem meine Vorlesung oder mein Tutorium stattfand, meinen Platz gefunden hatte, prasselte diese Sprache auf mich ein, der juristische Fachjargon, und mir wurde klar: Hier tat sich eine neue Wand vor mir auf, eine weitere Fremdsprache, von der ich zunächst überhaupt kein Wort verstand.

Ich dachte, das läge an mir, glaubte, dass ich zu dumm dafür wäre, dass alle anderen kein Problem damit hätten und nur ich wie der Ochs vor dem Berg säße und nicht verstünde, worum es eigentlich ging. Diese Sprache war zwar Deutsch, bestand aber aus völlig anderen Vokabeln, ihre Sätze waren verwickelt und verworren, es war die Sprache, in der unsere amtlichen Bescheide von der Ausländerbehörde oder dem Bundesamt verfasst waren und die mich schon seit Jahren so verwirrte. Mein Stundenplan war übervoll, dazu kamen Vorlesungen im Fach Englisch, und grundsätzlich war mir überhaupt nicht klar, welche Anforderungen ich für das Lehramt, für das ich eingeschrieben war, eigentlich erfüllen musste.

So gingen diese langen Tage dahin. Es wurde wieder dunkel und ich machte mich per U-Bahn, Zug und Bus wieder auf den Weg nach Hause. Dort angekommen umfing mich eine ganz andere Welt. Statt zwei Stunden schien ich Lichtjahre gereist zu sein und landete, wie von einem Ufo abgeworfen, im Flüchtlingsdorf, von dessen Bewohnern ich die einzige weit und breit war, die studierte.

Das alles war wirklich sehr hart für mich, und ich gebe gerne zu, dass es immer wieder Tage gab, an denen ich nahe daran war, aufzugeben. Meine Mutter mit meinen Zweifeln zu behelligen kam nicht infrage, sie hatte schon genug Sorgen, und so war es meine jüngere Schwester Mirsade, der ich des Öfteren nachts im Bett unter Tränen mein Herz ausschüttete.

»Ich schaffe das nicht«, schluchzte ich leise.

»Doch«, sagte sie eindringlich, »das schaffst du, Niza.«

»Aber es ist so schwer, ich versteh überhaupt nicht, wovon die Professoren reden!«

»Denk daran, wie hart du dafür gekämpft hast«, fuhr meine Schwester leise fort. »Alle haben gesagt, du kannst nicht studieren. Und allen zum Trotz hast du es dennoch geschafft. Willst du das wirklich hinwerfen?«

Ich schwieg.

»Nein«, fuhr meine Schwester leise fort, »ich weiß, dass du das nicht willst. Du musst durchhalten. Du bist schon so weit gekommen. Wenn du willst, kannst du alles schaffen.«

Die Stimme meiner Schwester im Ohr schlief ich schließlich ein, und am nächsten Morgen stand ich auf, als der Wecker klingelte, wusch mich, zog mich an und machte mich wieder in der Dunkelheit auf den Weg. Ein weiterer Tag, der mich an meine Grenzen bringen würde, wartete auf mich.

Es war ein Sprung ins eiskalte Wasser. Es war nicht das erste und auch nicht das letzte Mal, dass ich mich in eine neue Erfahrung einfach hineinwarf, ohne nachzudenken, meinem Instinkt folgend. Und mir erst hinterher bewusst wurde, was ich mir da eigentlich aufgebürdet hatte.

Es dauerte lange, bis ich Anschluss fand. Alle anderen schienen so genau zu wissen, was sie zu tun hatten und was sie wollten. Ich dagegen war froh, einen Tag nach dem anderen einfach nur zu überstehen. Die Kälte des einbrechenden Winters, die kurzen Tage und lange Dunkelheit machten mir zu schaffen. Ich, die immer gerne lachte und mit anderen plauderte und kaum den Mund halten konnte, wurde still und schweigsam. Fürchtete, alles falsch zu machen, und blieb lieber stumm. Die große Fluktuation unter uns Studenten machte es mir zusätzlich schwer, immer wieder kam es vor, dass ich mich mit jemandem nett unterhalten hatte, und dann kam derjenige gar nicht mehr ins Seminar und man verlor sich schon wieder aus den Augen. Die meisten anderen Kommilitonen aus den Tutorien trafen sich abends gegen acht oder neun Uhr noch einmal, um gemeinsam etwas trinken zu gehen, doch das war für mich leider nicht möglich, ich wäre schlichtweg nicht mehr nach Hause gekommen. Bald bildeten sich kleine Gruppen und Cliquen, die miteinander lernten und auch außerhalb der Uni etwas gemeinsam unternahmen. Wegen meines langen Nachhausewegs blieb ich davon ausgeschlossen. Zu Hause in meinem Bett weinte ich oft, und meine Schwester brauchte viel Überzeugungskraft, um mich zu trösten. Auch meine treue Freundin und Mentorin Margrit tat alles, um mich immer wieder aufzubauen und mir Mut zuzusprechen.

Nach einiger Zeit lernte ich schließlich doch ein paar Mädchen kennen, mit denen ich mich anfreundete. Der Winter ging vorüber, es wurde Frühling und alles wurde ein bisschen leichter. Die ersten Hausarbeiten mussten geschrieben werden, und meine Schwester erinnert mich hin und wieder heute noch daran, dass ich damals ganze Nächte durcharbeitete, um sie fertig zu bekommen. Wir hatten weder Computer noch Drucker zu Hause. Von meinem wenigen Geld kaufte ich mir das alles gebraucht und schaffte das Kunststück, in diesem Zimmer einen winzigen Schreibtisch unterzubringen. Da saß ich

Nacht für Nacht beim gedämpften Licht einer Schreibtischlampe, um Ferid und Mirsade nicht zu sehr zu stören, und schrieb an meinen Hausarbeiten. Leider funktionierte der Drucker nicht richtig und der Rechner stürzte immer wieder ab. Mein treuer Schulfreund Marcello half mir damals mehr als ein Mal aus der Patsche.

Ich weiß nicht, wie ich das schaffte, aber irgendwie biss ich mich durch. Ich büffelte Tag und Nacht für das Studium, und wenn ich im Zug kurz die Augen schloss, dann versuchte ich mir mein Ziel vorzustellen: Eines Tages würde ich Anwältin sein und in einer Robe vor Gericht für die Rechte derjenigen eintreten, denen ein ähnliches Schicksal beschieden war wie meiner Familie. »Eines Tages wird es so sein«, sagte ich mir und sah alles ganz genau vor mir. Nizaqete Bislimi, Rechtsanwältin. Allem zum Trotz.

6

WENDUNGEN
DES SCHICKSALS

Seit Jahren herrschte in zahlreichen Regionen des früheren Jugoslawien Krieg. Das von Tito so geschickt geknüpfte Staatengefüge war aus seiner Balance geraten. Aufgrund der unterschiedlichen Unabhängigkeitsbestrebungen der diversen Volksgruppen kam es zu furchtbaren ethnischen Säuberungen, zu Mord und Vertreibung.

Dem Kosovo hatte Tito – wie gesagt – immer schon eine besondere Autonomie zugestanden, wohl wissend, dass der große Anteil der Albaner in dieser Provinz der Republik Serbien auf diese Weise am ehesten zum Stillhalten gebracht werden konnte. Doch nach Titos Tod war die serbische Regierung nicht mehr bereit, die Privilegien der Albaner zu akzeptieren. Das Pendel schlug in die andere Richtung aus: Jetzt waren die Serben unter der Führung von Slobodan Milošević entschlossen, die Oberhand im Kosovo zu gewinnen.

Im Herbst 1997 wurden die serbischen Präsidentschaftswahlen zu einem Triumph für den serbisch-nationalistischen Milošević. Die Kosovo-Albaner hingegen hatten zum Boykott dieser Wahl aufgerufen. Es kam zu schweren Zusammenstößen zwischen albanischen Demonstranten und der serbischen Polizei. Noch im selben Jahr setzte Milošević die den Kosovo-Albanern zuerkannte Autonomie außer Kraft.

Die Situation meines Vaters wurde aufgrund seiner Einberufung zum serbischen Militär immer brisanter. Denn im Frühjahr darauf marschierte dieses im Kosovo ein. Die Nachrichten über die entsetzlichen Gräueltaten, die nun folgten, drangen bis zu uns nach Deutschland. Einer Untersuchung der Gesellschaft für bedrohte Völker im August 1999 zufolge sollen bis zu zwanzigtausend Kosovo-Albaner von den serbischen Truppen ermordet worden sein. Insgesamt spricht man von mehr als zweihunderttausend albanischen Toten.

Aber auch gegen Roma und Hashkali sowie gegen die sogenannten »Ägypter«, der weiteren Roma-Minderheit des Kosovo, die ihre ursprünglichen Wurzeln in Ägypten sehen, richtete sich die serbische Aggression. Doch vor allem dann, wenn sich die serbischen Truppen aus einer Stadt oder einem Gebiet zurückzogen, erfüllten sich die schlimmsten Befürchtungen meiner Eltern. In einem Bericht für die Gesellschaft für bedrohte Völker schrieb Tilman Zülch im August 1999: »Menschen mit dunkler Hautfarbe, Angehörige der Roma- und Aschkali-Minderheiten, können ohne Gefahr für Leib und Leben in den Städten des Kosovo heute Straßen und öffentliche Plätze nicht mehr betreten. Große Teile der kosovo-albanischen Bevölkerung, ein Jahrzehnt lang Opfer der Apartheid-Politik Serbiens, unterstützen, befürworten oder entschuldigen eine Politik der strikten ›Rassen‹-Trennung. Innerhalb von nur drei Monaten wurde der größte Teil der Minderheiten indischer Abstammung, seit Jahrhunderten im Kosovo ansässig, aus ihren Heimatorten vertrieben und aus dem Lande gejagt. Die meisten ihrer Häuser, Dörfer und Stadtteil-Siedlungen wurden zerstört. Etwa drei Viertel der Roma und Aschkali müssen heute in Flüchtlingslagern oder Elendsquartieren in den Nachbarländern Montenegro, Serbien, Bosnien-Herzegowina, Mazedonien oder Albanien leben. Tausende wagen die gefährliche Flucht in überfüllten, zerbrechlichen Schiffen und Booten nach Italien. Nicht wenige von ihnen sind in der Adria ertrunken. Viele der im Kosovo gebliebenen Roma und Aschkali leben in Lagern des UNHCR für ›displaced persons‹. Sie sind Flüchtlinge im eigenen Land.«[5]

Mein Vater hatte zu Hause lange ausgeharrt in der Hoffnung, dass sich alles doch noch zum Guten wenden würde. Doch Ende März 1999 bereitete die NATO Luftangriffe auf serbische Stellungen im Kosovo vor, an denen auch deutsche Soldaten beteiligt waren – ein Tabubruch, denn dies sollte der erste Kriegseinsatz nach dem Zweiten Weltkrieg für Deutschland sein. Der damalige Bundeskanzler Gerhard Schröder erklärte im Fernsehen: »Wir führen keinen Krieg, aber wir sind aufgerufen, eine friedliche Lösung im Kosovo auch mit militärischen Mitteln durchzusetzen.« Heute gilt es dagegen als erwiesen, dass die Eskalation, die als Argument für den Kriegseinsatz der NATO genutzt wurde, und die darauf folgende humanitäre Katastrophe erst durch diesen Einsatz ausgelöst wurden.[6]

In letzter Minute fand mein Vater vor diesen Ereignissen einen Weg, um sich zu retten. Er floh zu seinem Cousin nach Belgrad und besorgte sich dort die nötigen Papiere, um ein Besuchervisum für Deutschland zu beantragen. Dass auch hier Schmiergelder fließen mussten, war klar, und das Geld dafür liehen ihm unsere Verwandten, die im Ruhrgebiet leben.

Mein Vater kam mit dem Flugzeug aus Belgrad, und wir waren unendlich erleichtert, als wir das Datum seiner Ankunft erfuhren. Nach fünf Jahren Trennung sollte unsere Familie endlich wieder komplett sein. Während mein Onkel ihn am

Flughafen abholt, wartete unsere ganze Familie in dessen Wohnung auf das Wiedersehen mit unserem Vater.

Endlich stand er in der Tür. Nach der ersten, stürmischen Begrüßung betrachtete ich ihn voller Zärtlichkeit. Er war so vertraut – und doch auch ein wenig fremd geworden. Fünf Jahre sind eine lange Zeit in dem Alter, in dem ich meinen Vater entbehren musste. Als Vierzehnjährige, ein Kind fast noch, war ich gegangen. Nun war ich eine junge Frau von zwanzig Jahren. Da waren so viele einschneidende Erfahrungen gewesen, die wir nicht miteinander hatten teilen können. Es galt eine Menge nachzuholen, und wir wussten überhaupt nicht, wo wir beginnen sollten. Auch wenn wir regelmäßig telefoniert hatten – es war natürlich etwas anderes, als die wichtigen Ereignisse gemeinsam erlebt zu haben. So zum Beispiel die Krankheit unserer Nana und ihren Tod, und um dieses Thema drehten sich auch unsere ersten Gespräche.

Schließlich brachen wir auf und fuhren gemeinsam zu unserem Container im Flüchtlingsdorf. Als wir dort ankamen und ihm zeigten, wo wir zu Hause waren, wurde mir bewusst, wie schwierig diese Situation für meinen Vater sein musste. Alles war neu für ihn, und anders als früher, als er uns die Welt erklärt hatte, war er nun auf uns angewiesen, schon allein der Sprache wegen. Mein Vater war es gewohnt, für seine Familie zu sorgen, Schwierigkeiten aus dem Weg zu räumen und jede Situation zu meistern. Nun musste er sich von uns erst erklären und zeigen lassen, wie das Leben in Deutschland funktionierte. Denn hier war alles vollkommen anders als zu Hause.

Unsere Geschichte ist eine von vielen. In unzähligen Familien war der Vater daheimgeblieben und hatte Frau samt Kindern ins sichere Ausland geschickt. In den Flüchtlingsunterkünften trafen wir immer wieder Familien an, bei denen es ebenso war. Viele dieser Familien zerbrachen, nachdem sie wieder zusammengefunden hatten. Es sind ähnliche Geschichten wie die der Kriegsheimkehrer nach 1945 in Deutschland oder nach jedem Kriegsende, egal, in welchem Teil der Erde. Die Frauen haben notgedrungen gelernt, allein zurechtzukommen, und sich oftmals zu klugen und geschickten Familienoberhäuptern entwickelt. Ihre Männer, entwurzelt und bar der jahrelangen Erfahrung, die ihre Frauen in dem fremden Land hatten machen müssen, finden oft nicht mehr ihre Rolle innerhalb der Familie. Wenn dann noch Traumatisierungen durch Kriegserlebnisse hinzukommen, die der Partner nicht verstehen kann, weil er diese Erfahrung nicht teilt, ist es häufig nicht mehr möglich, an das Zusammenleben, das vor Jahren unterbrochen wurde, unter diesen völlig neuen Umständen anzuknüpfen.

In unserer Familie war das glücklicherweise anders. Ich denke, es war das starke Band ihrer Liebe, das dafür sorgte, dass meine Eltern diese schwierige Zeit gemeinsam unbeschadet überstanden und ihre Beziehung auch unter den neuen Vorzeichen glücklich weiterführen konnten. Auch der aufgeschlossene, stets lernbegierige Charakter meines Vaters mag dazu beigetragen haben, dass er sich den Herausforderungen in Deutschland stellte. Und Herausforderungen gab es ja, wie wir anderen schon wussten, genügend. Die erste bedeutete für ihn, beim Bundesamt Asyl zu beantragen, ehe sein dreimonatiges Besuchervisum ablief. Eine gute Woche lang musste er danach in einer Aufnahmeeinrichtung für Asylbewerber bleiben, knapp zwei Stunden von uns entfernt. Dann wurde er im Rahmen einer Familienzusammenführung unserer Unterkunft zugewiesen.

In Deutschland war es kaum zu vermitteln, dass sich auch nach Beendigung des Krieges im Kosovo die Situation der Minderheiten nicht etwa verbessert, sondern sogar noch zugespitzt hatte. Das Schicksal der Roma und Hashkali ging im allgemeinen Durcheinander regelrecht unter. Überhaupt gelangten die Nachrichten von Pogromen von welcher Seite auch immer gegen diese Gruppen so gut wie nicht in die westlichen Nachrichten. Ohnehin verstanden nur die wenigsten, was gerade auf dem Balkan tatsächlich passierte, man hatte längst den Überblick verloren, welche ethnische Gruppe gegen welche andere mit unvorstellbarer Grausamkeit vorging und warum. Aus westlicher Sicht war die Lage im Kosovo dagegen eindeutiger. Die Albaner waren die »Guten«, die Serben die »Bösen«. Dass da auch noch unvorstellbare Grausamkeiten an Roma und Hashkali begangen wurden, dafür war kein Raum mehr in den Nachrichten.

»Wir Roma kommen immer zuletzt«, pflegte meine Mutter zu sagen. »Sogar unter den Flüchtlingen rangieren wir ganz unten.«

Aus unserer Heimat drangen erschreckende Geschichten zu uns. Von Pogromen, die sogar unter den Augen der NATO-Soldaten stattfanden, war die Rede, von Vergewaltigungen und Vertreibungen. 1999 mochte wohl der Bürgerkrieg im Kosovo sein Ende gefunden haben, doch für die Angehörigen unserer Ethnie bedeutete dies noch lange keinen Frieden.

Meine ersten Studiensemester waren von dieser schrecklichen Atmosphäre, der Trauer um meine Nana und der wieder neu erwachten Angst vor einer Abschiebung geprägt. Inzwischen waren auch andere Verwandte unserem Beispiel gefolgt und nach Deutschland gekommen. Jeder von ihnen brachte Erzählungen mit, die mich entsetzlich belasteten. Da war die Geschichte von meinem Großcousin aus unserem Dorf. Eines Tages, als er bei seiner Tochter in Ferizaj zu Besuch war, klopfte es plötzlich an der Tür. Ein fremder Mann bat ihn unter einem Vorwand, zu ihm herauszukommen. Nichts ahnend ging mein Verwandter mit ihm ein paar Schritte die Straße entlang, da schoss der Fremde ihm in den Hinterkopf und verschwand.

Eine andere Geschichte, die mich nicht losließ, betraf einen Vetter meines Vaters und dessen Familie, die in unserer Nachbarschaft wohnten. Wir Kinder hatten früher oft auf deren Hof mit unseren Cousins und Cousinen gespielt. So auch an dem Tag, als meine Schwester Mirsade geboren wurde. Einer meiner Cousins war in meinem Alter gewesen und hatte eine Parallelklasse besucht. In jenen schlimmen Monaten kehrten er und sein Vater von einer Fahrt in die Stadt nicht mehr zurück. Lange hörte man nichts mehr von ihnen, bis man eines Tages ihre Leichen in einem Straßengraben fand.

Wenigstens, so sagte ich mir, hat meine Nana das alles nicht mehr erleben müssen. Sie war verstorben, bevor der Krieg unser Dorf erreicht hatte.

Wie durch ein Wunder bestand ich trotz all meiner Befürchtungen und der belastenden Nachrichten aus der Heimat die ersten Klausuren. Das gab mir neuen Mut und motivierte mich dazu, weiterzumachen. Ständig sah man mich mit meinen Büchern, ich arbeitete mich mit meinem ganzen Willen in diese neue Materie ein. Daneben stand ich am Wochenende hinter der Theke der Eisdiele. Als Studentin erhielt ich nämlich keine Leistungen nach dem Asylbewerberleistungsgesetz mehr, hatte aber gleichzeitig auch keinen Anspruch auf BAföG. Damals war nach diesem Gesetz eine Förderung von Studenten mit einer Duldung nicht vorgesehen. Jens habe ich es zu verdanken, dass in meinem zweiten Studienjahr das Amt für Soziales wenigstens die Kosten für meine studentische Krankenversicherung übernahm. Dennoch musste ich mir einen zweiten Job suchen. Ich fand einen als Verkäuferin in einer Trinkhalle. »Trinkhallen« werden im Ruhrgebiet Verkaufsbuden genannt, vergleichbar mit Kiosken. Eine praktische Sache, denn hier kann man Wasser, alkoholische und nichtalkoholische Getränke kaufen sowie Tabak, Süßwaren, Lebensmittel und viele andere Dinge des täglichen Bedarfs – ein Tante-Emma-Laden en miniature sozusagen. Nachdem der Eigentümer für mich die Arbeitserlaubnis erkämpft hatte, übernahm ich samstags die erste Schicht von acht bis fünfzehn Uhr, eilte dann zum Eiscafé, um bis spätabends dort hinter der Theke zu stehen, wo inzwischen auch meine jüngere Schwester Mirsade Arbeit gefunden hatte. Im Sommer hatte das Café sogar oft bis ein Uhr in der Nacht auf, und da wir um diese Zeit mit öffentlichen Verkehrsmitteln nicht mehr nach Hause kamen, erlaubten uns unsere Eltern, in einer leer stehenden Wohnung unserer Chefin in der Stadt zu übernachten. Damit ich für unseren Anwalt immer erreichbar war und meine beiden Jobs gut miteinander koordinieren konnte, hatte ich mir inzwischen ein Handy angeschafft.

Mit dem offiziellen Ende des Kosovo-Konflikts 1999 wuchs das Risiko für mich und meine Familie, in unsere frühere Heimat abgeschoben zu werden. Wir hatten uns nach unserer Ankunft in Deutschland schließlich als Bürger des Kosovo gemeldet und geltend gemacht, dass wir vor der Gewalt, die von den Serben ausging, geflohen waren. Unsere Volkszugehörigkeit zu Roma und Hashkali hatten wir damals nicht erwähnt, wohl wissend, dass die besondere Gefahr, die uns drohte, nicht bekannt war und die Tatsache, dass wir als Roma diskriminiert wurden, in den Augen der deutschen Flüchtlingsbehörde keinen Asylgrund bedeutet hätte. Jetzt aber war es an der Zeit, unsere wahre Volkszugehörigkeit zu enthüllen. Als zurückkehrenden Albanern wäre uns zu Hause wohl nichts geschehen – obwohl auch das nicht sicher war. Doch in ein Land, in dem Roma und Hashkali aktuell immer noch enteignet, vertrieben oder getötet wurden, konnten wir auf gar keinen Fall zurückkehren.

Meine Mutter litt besonders unter der Sorge, was geschehen könnte, falls die Ausländerbehörde tatsächlich ihre ständigen Drohungen wahrmachte und wir über Nacht abgeschoben würden.

In unserer Not suchten wir wieder Rat und Unterstützung bei unserem Anwalt. Dieses Mal sagten meine Eltern, da es meiner Mutter gesundheitlich nicht gut ging: »Niza, warum gehst du nicht allein hin? Schließlich studierst du das ja jetzt auch.« Und so fuhr ich zum ersten Mal allein zur Kanzlei.

An einem heißen Sommertag während meiner ersten großen Semesterferien machte ich mich auf den Weg nach Essen. Es dauerte zunächst eine ganze Weile, bis ich das Büro überhaupt fand, denn die Kanzlei war inzwischen in ein neues, modernes und weitläufiges Gebäude umgezogen. In einem Aufzug schwebte ich in die zehnte Etage, und als sich die Tür öffnete, stand ich schon mitten im Empfangsraum. Die junge Frau, die ich bei unserem ersten Besuch so bewundert hatte, begrüßte mich herzlich. Inzwischen wusste ich, dass sie Wera hieß und selbst noch Studentin war. Neben dem Studium jobbte sie hier in der Kanzlei als studentische Hilfskraft. Wera zeigte mir das neue Wartezimmer. Alles war viel großzügiger als in dem verwinkelten Altbau, in dem die Kanzlei vorher untergebracht gewesen war, und aus den Fenstern des Wartezimmers hatte man einen unglaublichen Blick über die Essener Innenstadt. Hier würde ich wirklich gerne arbeiten, dachte ich und beneidete Wera ein bisschen um ihren tollen Job.

Unser Anwalt Eberhard Haberkern strahlte wie immer eine ungeheure Ruhe und Zuversicht aus. »Keine Sorge«, sagte er, »das kriegen wir schon hin. Gegenwärtig werden Abschiebungen von Kosovaren aufgrund von ministeriellen Erlassen ohnehin ausgesetzt.«

Erleichtert lehnte ich mich zurück und erzählte, dass ich nun tatsächlich Jura studierte und bereits zwei Semester hinter mir hätte.

»Großartig«, meinte er nur, so als hätte er nichts anderes von mir erwartet.

»Könnte ich nicht vielleicht ein Praktikum bei Ihnen machen?«, fragte ich, einer plötzlichen Eingebung folgend.

»Klar«, meinte er. »Wann möchtest du anfangen?«

Noch am selben Tag begann ich mit meinem Praktikum.

Es war eine ganz neue Welt für mich. Endlich bekam das, was ich mir im Studium in der Theorie einpauken musste, einen realen Hintergrund, einen Sinn. Es war etwas völlig anderes, diese schwer verständliche Theorie zu lernen und Gesetzestexte zu pauken, als »echte« Menschen vor sich zu sehen, die ebenso wie unsere Familie auf der anderen Seite standen und dringend Hilfe suchten. Und das Werkzeug, um ihnen helfen zu können, waren nun mal all diese Paragrafen und die schreckliche juristische Fachsprache. Natürlich war mir das in der Theorie zuvor schon klar gewesen, schließlich standen auch ich, meine Eltern und meine Geschwister auf dieser anderen Seite. Doch wenn ich Akten heraussuchte, von denen jede einzelne ein Menschenschicksal enthielt, oder für die Hilfesuchenden übersetzte oder Monika, Eberhard Haberkorns Sekretärin, half, den Berg an Arbeit zu bewältigen, wurde mir das alles viel deutlicher bewusst. Die ganze Schinderei im Studium erhielt hier einen Sinn, auf einmal wusste ich wieder ganz genau, warum ich dieses Fach gewählt hatte und warum ich unbedingt Anwältin werden musste.

Die Arbeit im Sekretariat der Kanzlei gefiel mir dermaßen, dass ich, ohne zu zögern – auch ohne Bezahlung –, weitergemacht hätte. Doch das Semester begann, und ich stürzte mich mit noch größerer Überzeugung auf meine Bücher, nahm geduldig den nicht enden wollenden Weg von der Flüchtlingsunterkunft zur Universität auf mich, eilte von einem Vorlesungssaal zum anderen, von einem Seminarraum zum nächsten, schrieb meine Klausuren, für die ich gemeinsam mit meinen neuen Freunden lernte.

Im Oktober 1999 fand in D. die erste Gerichtsverhandlung zu unserem Fall statt. Ich begleitete unseren Anwalt, meine Eltern und meine Schwester Mirsade zum Gericht. Es war sehr deprimierend – unsere Klage wurde abgewiesen. Doch wir waren entschlossen, es nicht auf sich beruhen zu lassen.

Der Mensch ist so geschaffen, dass er sich an vieles einfach gewöhnt. Meine Geschwister und ich waren damit beschäftigt, uns ein Leben aufzubauen. Ich persönlich hatte immer schon die Gabe, alles Unangenehme so rasch wie möglich zu verdrängen, und so gewöhnten wir uns nach und nach an diesen unsicheren Status der Duldung. Doch meiner Mutter gelang das weniger gut, im Jahr 2000 meldete sich wieder ihre Schilddrüsenerkrankung und ihr Gesundheitszustand verschlechterte sich auf beunruhigende Weise. Auch die enge und provisorische Wohnsituation machte ihr zu schaffen.

Seit sechs Jahren lebten wir nun schon in diesem Container, in dem es im Sommer brütend heiß und im Winter schrecklich kalt war. Immer mehr Familien zogen in Privatwohnungen um, die Siedlung leerte sich, und wenn etwas kaputtging, wurde es oftmals nicht einmal mehr repariert. In einem Winter fror die Hauptleitung ein, die die gesamte Siedlung mit Wasser versorgte, und es kam zu einem Rohrbruch. Das Containerdorf war tagelang ohne Wasser. In unserer Not zogen wir für ein paar Tage zu unseren Verwandten.

Vom Amt für Soziales wurde nun gefordert, ich solle aus der Flüchtlingsunterkunft ausziehen oder einen Mietanteil bezahlen. Als Studentin hätte ich keinen Anspruch mehr darauf, dort zu leben, schließlich hätte ich auf die Leistungen nach dem Asylgesetz verzichtet. Doch wo hätte ich hingehen sollen? Mithilfe meiner beiden Wochenendjobs im Eiscafé und in der Trinkhalle schaffte ich es gerade so, mein Studium zu finanzieren. Außerdem hätte ich ohnehin wegen der sogenannten »Wohnsitzauflage«, mit der mir vorgeschrieben wurde, wo ich zu wohnen hatte, nicht ohne Zustimmung nach Bochum ziehen dürfen, was im Falle eines Auszugs natürlich der vernünftigste Schritt gewesen wäre. Glücklicherweise konnten wir die Sachbearbeiter bei der Behörde mit Jens' Hilfe davon überzeugen, dass es mir wirklich nicht möglich war, Miete zu zahlen.

2001 erkannte das Amt für Soziales und Wohnen endlich an, dass meine Mutter wegen ihrer gesundheitlichen Probleme nicht mehr länger in dem Containerdorf leben konnte, und genehmigte uns den Umzug in eine Privatwohnung. Auch dies hatten wir den Interventionen unserer Freunde Margrit und Jens zu verdanken. Allerdings berechnete das Amt die Mietkosten, die übernommen wurden, pro Kopf. Da ich als Studentin durch ihr Raster fiel, wurde ich nicht mit einberechnet.

Mirsade und ich machten uns trotzdem auf die Suche nach einer geeigneten und bezahlbaren Wohnung, was sich als schwieriger erwies, als wir gehofft hatten. Sobald die Vermieter die Worte »Sozialamt«, »Duldung« und »Flüchtlinge« hörten, stand die Wohnung plötzlich »nicht mehr zur Verfügung«.

Endlich fanden wir tatsächlich eine schöne, helle Wohnung. Allerdings lag die Miete über dem Satz, den das Amt zu übernehmen bereit war. Ich besprach mich mit meinen Geschwistern, ob wir die Mehrkosten irgendwie gemeinsam stemmen konnten. Und da wir alle der Meinung waren, dass es genau die richtige Wohnung für unsere Mutter war, um wieder gesund zu werden, beschlossen wir, unsere Eltern zu unterstützen. Ich würde einfach einige Stunden mehr im Eiscafé jobben, dachte ich. Selbst Faton mit seinen fünfzehn Jahren arbeitete neben der Schule schon dort mit.

Meine jüngere Schwester Mirsade konnte im selben Betrieb eine Lehre als Friseurin machen, in dem unsere älteste Schwester Miri bereits gelernt hatte. Doch bei ihr wurde die Sache mit der Arbeitserlaubnis noch komplizierter als bei unserer ältesten Schwester. Aufgrund des »Vorrangprinzips«, also der Bevorzugung deutscher Arbeitssuchender gegenüber geduldeten Flüchtlingen, schickte das Arbeitsamt damals über mehrere Monate hinweg andere potenzielle Auszubildende für die Stelle in den Frisiersalon. Einige von diesen Bewerbern hatten weder Talent noch Geschick, geschweige denn Interesse an der Lehrstelle, andere erschienen schon am zweiten Tag nicht mehr. Doch erst nachdem die Chefin dies dem Arbeitsamt wiederholt mitgeteilt hatte, konnte Mirsade schließlich ihre Beschäftigungserlaubnis bekommen. Um in der Zwischenzeit den Anschluss nicht zu verpassen, leistete meine Schwester fast ein halbes Jahr lang ein unbezahltes Praktikum in diesem Betrieb ab. Miri arbeitete inzwischen in einem eleganten Friseursalon im Centro, einem Einkaufszentrum, das in O. damals eröffnet hatte. Später arbeitete auch Mirsade dort.

Es gibt übrigens eine hübsche Fotografie aus der Zeit im Kosovo, auf der Miri und ich gemeinsam mit unserer Mutter abgelichtet sind. Obwohl wir damals erst fünf und drei Jahre alt waren, kann man auf diesem Bild gut erkennen, dass Miri einen außergewöhnlichen Sinn für Stil besitzt. Meine Mutter war noch eine junge Frau gewesen und sah mit ihrem selbst genähten, hellen Kleid aus wie eine Königin. Miri war vom Scheitel bis zu den Spitzen ihrer Ballerina-Schuhe elegant wie ein kleiner Filmstar, während ich eher wie ein kleiner Lausbub wirke, dem man in aller Eile ein Kleidchen übergezogen hat. An dem Tag, als die Aufnahme gemacht wurde, war einer meiner Onkel aus der Stadt gekommen und hatte seine neue Kamera mitgebracht. Er wollte sie an diesem Nachmittag ausprobieren, und ich erinnere mich, wie ich mehrmals vom Spielen weggeholt wurde, um in immer anderen Konstellationen für Fotos zu posieren. Statt niedlicher Ballerinas trug ich meine derben Halbschuhe, die ich immer beim Spielen anhatte, und meine kurz geschnittenen Haare waren wild verwuschelt wie die eines Jungen.

Miri ging also ihren Weg und fand in ihrem Beruf ihre Bestimmung. Und in gewisser Weise sollte die Tatsache, dass sie im Centro Arbeit gefunden hatte, auch meinen Lebensweg beeinflussen.

Eberhard Haberkerns Sekretärin hatte nämlich die Angewohnheit, immer freitagabends mit ihrem Mann in einem Restaurant im Centro essen zu gehen. Bei der Gelegenheit kamen sie stets bei dem Frisiersalon vorbei, und eines Tages entdeckte sie dort durch das Schaufenster hindurch meine Schwester bei der Arbeit. Kurz zuvor hatte Wera, die studentische Hilfskraft, gekündigt. Im Büro überlegte man nun, wer sie ersetzen könnte. Im ersten Moment kam sie nicht auf mich, denn seit meinem Praktikum in der Kanzlei war ja inzwischen einige Zeit vergangen. Bei Miris Anblick aber kam ihr die Idee, mich als Nachfolgerin von Wera vorzuschlagen.

Dies kam genau zur rechten Zeit, denn die Trinkhalle hatte den Besitzer gewechselt und ich diesen Job verloren. Das war umso schlimmer, als ich zu der Miete unserer Wohnung meinen Teil beitragen musste. Tatsächlich zerbrach ich mir gerade den Kopf, wie ich am besten eine neue Stelle, eine Arbeit finden könnte, die neben meinem Studium zu bewältigen war. In dieser Situation klingelte mein Handy.

»Weras Stelle ist frei geworden«, teilte mir Monika mit. »Möchtest du sie haben?«

Das war ein unglaublicher Glücksfall, denn die Stellen als studentische Hilfskräfte sind ungemein begehrt. Außerdem war diese Arbeit inhaltlich die ideale Ergänzung zu meinem Studium. Das Vorstellungsgespräch mit Axel Nagler, einem von Eberhard Haberkerns Partnern, der für die Personalentscheidungen zuständig war, verlief kurz und herzlich, schließlich kannte mich der Kollege aus der Zeit meines Praktikums.

»Wenn du willst«, sagte er, »kannst du sofort anfangen.«

Und das tat ich auch. So war es oft bei mir. Eine Tür schloss sich, eine neue ging auf.

7

LERNEN GEGEN
DIE VERZWEIFLUNG

Blättere ich heute die vielen dicken Ordner durch, die der Fall »Bislimi« über all die Jahre füllte, kann ich es noch immer kaum glauben. In regelmäßigen Abständen erreichten uns diese hässlichen gelben Umschläge, und sie enthielten nie etwas Gutes. Jedes Mal öffneten wir sie mit bangen Gefühlen, überflogen den Bescheid, um das eine Wort zu finden, das zählte: »abgewiesen«. Ohne den festen Willen meiner Eltern, diese Situation trotz der unsicheren Perspektive all die Jahre lang durchzustehen, und ohne ihre Ermutigung, niemals aufzugeben, wäre meine Geschichte mit Sicherheit anders ausgegangen. Und nicht nur meine: Alle meine Geschwister fanden durch sie die Kraft, sich jedem Hindernis zu stellen und es letztendlich zu überwinden.

Wenn ich heute von skandalösen Abschiebungsfällen höre – seien es Flüchtlinge aus den verschiedensten Krisengebieten dieser Erde oder beispielsweise jene kranke Romni im Januar 2015 in Freiburg, die man samt ihren sechs ebenso kranken Kindern nach Serbien abschob, wo statt ärztlicher Betreuung eine ungewisse Zukunft auf sie wartet, ja vielleicht der Tod –, dann macht mich das sehr traurig und ich weiß wieder, warum ich diesen Beruf gewählt habe. Ich mache weiter, so wie ich immer weitergemacht habe, und gebe mein Bestes, damit ich dieses Schicksal von meinen Mandanten abwenden kann. Und zum Glück stehe ich nicht alleine da, sondern kann mich mit meinen Kollegen und Kolleginnen jederzeit austauschen.

Bereits Anfang des Jahres 2000 wurde öffentlich darüber diskutiert, die Flüchtlinge aus dem Kosovo in ihre Heimat zurückzuführen, und zwar alle, ohne Unterscheidung der ethnischen Zugehörigkeit. Das geschah, obwohl bekannt war, dass zum Zeitpunkt des NATO-Einsatzes gegen die serbische Armee Vertreibungen und Misshandlungen der ethnischen Minderheiten im Kosovo, unter anderem auch der Roma, eingesetzt hatten.[7] Was wir von unseren Verwandten zu hören bekamen, wenn wir mit ihnen telefonierten, sprach Bände. Wir wussten also, dass der Kosovo für uns nicht sicher war, und die Situation machte uns Angst.

Hinzu kam, dass uns die Ausländerbehörde einfach nicht glauben wollte, dass wir Roma waren. Damals organisierten sich viele in Deutschland lebende Roma und Hashkali, die in derselben Lage waren wie wir, um etwas gegen die Gefahr der Abschiebung zu unternehmen und um Betroffenen die Volkszugehörigkeit zu bestätigen. Auch wir wandten uns an unsere früheren Nachbarn, Verwandte und Bekannte, die aus dem Kosovo stammten und wie wir inzwischen in Deutschland lebten. Wir baten sie, uns die geforderten Bescheinigungen auszustellen, die wir der Ausländerbehörde vorlegten. Das hätten wir aber genauso gut lassen können, denn die Ausländerbehörde erkannte diese Dokumente nicht an. Noch mehr als sonst waren wir von Abschiebung bedroht, sie hing wie ein Damoklesschwert über uns.

Ich befand mich damals in einer äußerst merkwürdigen Situation. Als studentische Hilfskraft bei Eberhard Haberkern, war meine Aufgabe in der Kanzlei, die ebenfalls von der Abschiebung bedrohten Flüchtlinge zu beruhigen – ich, die ich doch selbst dieser Angst ausgesetzt war. Hinzu kamen der Schmerz und die Trauer über das Schicksal von Verwandten und ehemaligen Nachbarn, die im Krieg ums Leben gekommen waren oder alles verloren hatten. Außerdem bedrückten mich meine finanziellen Sorgen – von dem schweren Stoff an der Uni ganz zu schweigen.

Konnte ich unsere Mandanten wirklich überzeugend beruhigen? Das finde ich heute fragwürdig. Meine Situation war so unglaublich grotesk. Keiner konnte verstehen, warum ich als Jurastudentin, die bei einem Anwalt arbeitete, noch »keine Papiere« hatte, wie unter Flüchtlingen oft die Aufenthaltserlaubnis genannt wird. Dann musste ich erklären, dass es für eine Studentin wie mich keinen Paragrafen gab, denn das Ausländergesetz sah für einen Fall wie meinem keine Anspruchsgrundlage für einen Aufenthalt vor. Immer wieder war es äußerst schwierig, diesen seltsamen Umstand irgendjemandem begreiflich zu machen – schließlich verstand ich es selbst am allerwenigsten.

Kam ich nach Hause, warteten meine Eltern schon gespannt, ob es »etwas Neues« in unserem Fall gab. Manchmal hatte ich keine Kraft dazu, ihnen zu erklären, was mir selbst nicht einleuchtete, und beließ es bei einer kurzen Antwort. Glücklicherweise verstanden meine Eltern meine schwierige Lage. Und ich war froh, dass meine Geschwister da waren, mit denen meine Eltern dann über unsere Situation sprechen konnten.

Umso schwerer war es für mich zu begreifen, dass meine jüngere Schwester Mirsade im Jahr 2001 eine Aufenthaltsbefugnis erhielt. Ich freute mich riesig für sie und war glücklich, dass ich dies gemeinsam mit Eberhard Haberkern hatte erreichen können. Die Aufenthaltserlaubnis wurde ihr aufgrund einer »Altfallregelung« gewährt, die im Jahr 2001 in Kraft trat.[8] Diese sah die Erteilung von Aufenthaltsbefugnissen für Flüchtlinge vor, die schon lange in Deutschland lebten, wenn sie ihren Lebensunterhalt selbst bestreiten konnten. Diese »Altfallregelung« war ein Kompromiss, denn im Gegenzug wurde die Rückführung von anderen Flüchtlingen, die noch nicht so lange in Deutschland lebten, nach Ex-Jugoslawien geregelt.

Auch meine Mutter wünschte sich seit Jahren, arbeiten zu dürfen, doch ihre Anträge auf Arbeitserlaubnis waren bislang alle abgelehnt worden. Das formale Prozedere dafür war äußerst kompliziert: Zunächst musste man als Geduldete selbst einen Arbeitgeber finden, der bereit dazu war, die Prozedur der Antragstellung auf sich zu nehmen. 2001 hatte meine Mutter durch die Vermittlung von Margrit und Jens eine Reinigungsfirma gefunden, die sie beschäftigen wollte, und der Antrag wurde gestellt. Er wurde abgewiesen, erneut gestellt und wieder abgewiesen. Es war der Hartnäckigkeit des Arbeitgebers zu verdanken, der unbeirrt einen dritten Antrag stellte, dem endlich stattgegeben wurde. Aber die Arbeitserlaubnis war nur für sechs Monate gewährt worden, danach musste ein neuer Antrag gestellt werden. Mit dem Ende der Arbeitserlaubnis lief auch die Duldung meiner Mutter aus, die normalerweise für drei Monate verlängert wurde. Dieses Mal erhielt meine Mutter allerdings nur eine Verlängerung von vier Wochen. Da ein Antrag auf Arbeitserlaubnis aber sechs Wochen benötigte, um bearbeitet zu werden, hatte das alles für den Arbeitgeber keinen Sinn – ob er nun gut bekannt mit Jens war oder nicht. Er kapitulierte. Damit stand meine Mutter wieder ohne Arbeit da.

Für meine Mutter bedeutete dies einen enormen Rückschlag. Zwar wurde ihr Gehalt auf die Sozialhilfe angerechnet, sodass wirtschaftlich gesehen eigentlich kein Grund bestand, unglücklich zu sein, doch das war nur eine Seite der Medaille. Meine Mutter wollte arbeiten, wollte unbedingt etwas Sinnvolles tun und nicht zu Hause sitzen und Sozialhilfeempfängerin bleiben. Sie war eine tatkräftige und tüchtige Frau und sah nicht ein, warum sie nach so vielen Jahren seit ihrer Ankunft in Deutschland immer noch die Hände in den Schoß legen sollte. Und dabei hatte sie einen Job und einen Arbeitgeber gefunden, der sie gerne weiterbeschäftigt hätte. Die bürokratischen Hürden allerdings waren nicht zu überwinden.

Ich halte das für eine gezielte Taktik, um Menschen mit dem Status einer Duldung aus der Gesellschaft auszuschließen. Wenn du nicht arbeiten darfst, gehörst du auch nicht dazu, so einfach ist es. Als Sozialhilfeempfänger hat niemand eine Chance, dem Stigma des »Sozialschmarotzers« zu entkommen. Dabei haben zahlreiche Studien bewiesen, dass Arbeit ein wichtiger Faktor im Hinblick auf die psychische Gesundheit ist, sie trägt zur Zufriedenheit und zum Selbstwertgefühl eines Menschen entscheidend bei. Ohne Arbeit oder eine sinnvolle Tätigkeit zu sein führt auf lange Sicht in die Depression. Und das Traurige ist: Die Taktik, eine Duldung immer nur für kurze Fristen zu verlängern, wird noch heute praktiziert, und das mit voller Absicht.

Die Jahre vergingen, und wir waren immer noch da. Das Leben ging weiter, und ich und meine Geschwister machten das Beste aus der Situation.

Während meine Schwestern ihre Ausbildungen absolvierten und meine Brüder die Schule besuchten, den Realschulabschluss und danach das Fachabitur machten, begann ich mich auf das Erste Staatsexamen vorzubereiten. Dafür belegte ich, so wie alle meine Kommilitonen, ein Repetitorium, in dem Jurastudenten gezielt auf die gefürchteten Prüfungsklausuren vorbereitet werden.

In der Zwischenzeit hatte ich an der Uni viele neue Freundschaften geschlossen. Im zweiten Semester hatte ich vom Lehramtsstudiengang zum Staatsexamen wechseln können, nachdem ich mich über die ZVS beworben und eine Zulassung erhalten hatte. Es war nicht zu übersehen, dass es viele meiner Kommilitonen einfacher hatten als ich. Dabei dachte ich nicht nur an die Sprache, sondern vor allem an die Unterstützung, die sie erhielten. Die meisten bezogen BAföG, anderen wurde das Studium von ihren Eltern finanziert. Kaum einer meiner Freunde kannte solche existenziellen Ängste wie ich.

Zu meiner Freude entschloss sich auch mein Schulfreund Marcello für ein Jurastudium an der Ruhr-Uni in Bochum, und so sahen wir uns wieder öfter. Mit ihm und seinen neuen Kommilitonen besuchte ich ein Seminar, zu dessen Abschluss uns der Dozent in die Kölner Niederlassung einer international tätigen Londoner Wirtschaftskanzlei einlud. Schon allein das imposante Bürogebäude beeindruckte mich. Meine Mitstudenten und ich wurden äußerst freundlich empfangen, dann durften wir uns umschauen. Ich überlegte mir, ob ich nach dem Studium vielleicht für eine solche Großkanzlei arbeiten sollte. Schnell wurde mir jedoch klar, dass dies nicht das Richtige für mich war. Schließlich hatte ich mich für das Jurastudium entschieden, um aus dieser Ohnmacht, die ich damals fühlte, herauszukommen und anderen Menschen in ähnlichen Situationen zu ihrem Recht zu verhelfen. Dazu würde ich aber den unmittelbaren Kontakt zu den Mandanten benötigen, um deren Ansprüche vor Gericht auch angemessen durchsetzen zu können. Ich war mir sicher, dass mir dies als Anwältin einer kleineren Kanzlei eher gelingen würde.

Um mich besser auf den Lehrstoff konzentrieren zu können, fuhr ich wieder und wieder nach Bochum zum rechtswissenschaftlichen Seminar, um in der dortigen Bibliothek zu lernen. Allerdings war der Weg dorthin ja immer sehr zeitaufwendig. Da sprach mich eines Tages in der Bahn eine junge Frau an.

»Entschuldige«, sagte sie, »bist du vielleicht die Schwester von Miri? Ich bin Maja, ein Freundin von ihr. Du siehst deiner Schwester so unglaublich ähnlich.«

Maja setzte sich zu mir und bald unterhielten wir uns angeregt. Als ich ihr erzählte, dass ich den weiten Weg auf mich nahm, nur um in Bochum zu lernen, meinte sie: »Geh doch mal an die Uni nach Essen. Ein Bekannter von mir studiert auch Jura. Er sagt, die Bibliothek dort sei gut bestückt. Das wäre doch viel näher für dich.«

Das klang nach einer guten Idee, schließlich war ja auch meine Arbeitsstelle in Essen. Gemeinsam mit einigen Freunden sah ich mir die Unibibliothek in Essen an. Die Atmosphäre dort gefiel uns gut, und wir gewöhnten uns an, dort zu lernen.

Wir waren nicht die Einzigen, die hier versuchten, sich für das Staatsexamen Paragrafen, Gesetzestexte, Fallbeispiele und vieles andere mehr einzupauken. In den Lernpausen trafen wir in der Cafeteria immer wieder dieselben Gesichter, und so wuchs mein Freundeskreis stetig an.

Meine beiden berufstätigen Schwestern waren ja inzwischen vor einer Abschiebung sicher. Doch für uns andere wurde die Situation immer bedrohlicher. Noch immer weigerte sich die

Ausländerbehörde, uns als Roma anzuerkennen. Was konnten wir denn noch tun, um sie zu überzeugen?

Es war schließlich einer unserer Mandanten, der mir von Nicolaus von Holtey erzählte. Dieser Mann arbeitete für die Internationale Katholische Friedensbewegung Pax Christi im Bistum Freiburg als Sachverständiger für Roma-Fragen. Er war mehrmals als Beobachter in den Kosovo gereist, um sich vor Ort ein Bild von den Misshandlungen und Vertreibungen der Roma und Hashkali zu machen, und hatte darüber in deutschen Medien berichtet, unter anderem in der Online-Ausgabe des SPIEGEL. Ausländerbehörden anderer Bundesländer hatten in einigen Fällen Bescheinigungen akzeptiert, in denen er Roma-Familien ihre Volkszugehörigkeit bestätigte. Ich telefonierte mit Herrn von Holtey, der in Heidelberg lebte, und bat ihn um Unterstützung für unseren Mandanten, wozu er gerne bereit war. Schließlich wandte ich mich auch wegen meiner eigenen Familie an ihn mit der Bitte, uns zu helfen.

Meine Eltern fuhren nach Heidelberg und führten ein Gespräch mit Nicolaus von Holtey. Und tatsächlich recherchierte er vor Ort über unsere Familie, fand unsere Angaben alle bestätigt und stellte uns schließlich die gewünschte Bescheinigung aus. Doch unsere Enttäuschung war groß, als auch dieses Dokument von der für uns zuständigen Ausländerbehörde nicht anerkannt wurde. Wir waren verzweifelt.

Es sollte noch ein weiteres halbes Jahr mit ständiger Angst und Sorge vergehen. Doch dann, im Dezember 2004, wurden wir endlich als Roma anerkannt. Wenn wir aber geglaubt hatten, dass uns das vor der Abschiebung schützen würde, dann hatten wir uns wieder einmal getäuscht. Inzwischen, so hieß es, gebe es für Roma im Kosovo keine Bedrohung mehr.

Und das, nachdem Tausende von Roma vertrieben oder getötet worden waren, ihr Eigentum konfisziert oder zerstört worden war. Was würde uns dort wohl erwarten?

Wenige Monate zuvor hatte SPIEGEL ONLINE eine Reportage unter dem Titel »Rassismus in Europa: Gnadenlose Jagd auf Minderheiten im Kosovo« über die Zustände in unserer alten Heimat veröffentlicht[9]: ›Magjupet jasht‹ – ›Zigeuner raus‹ hallt es am späten Nachmittag durch die Straßen der kleinen Stadt Vucitrn im Norden des Kosovo«, heißt es in diesem Artikel. »Der albanische Mob hat gerade die serbisch-orthodoxe Kirche niedergebrannt, jetzt macht er sich auf zu den Wohnvierteln der Aschkali. Die ›Zigeuner‹ sind unerwünscht in Vucitrn. Innerhalb weniger Stunden werden rund 250 Menschen aus der Stadt vertrieben.« Der Journalist Dominik Baur beschreibt hier eindrücklich, wie falsch die internationale Gemeinschaft die Lage im Kosovo einschätzt: »Trotz der ständigen Übergriffe hält die internationale Gemeinschaft an ihrer Fiktion vom multi-ethnischen Kosovo fest. Egal ob Serben, Roma oder Aschkali – stets drängen sie auf eine Rückkehr der Vertriebenen, obwohl die Chancen für ein Gelingen dieses Unterfangens sehr gering scheinen.«

Und dorthin sollten wir zurückkehren? Unter dieser unbeschreiblichen psychischen Belastung bereitete ich mich auf das Erste Staatsexamen vor. Der Druck war enorm, die Durchfallquote ist in diesem Fach extrem hoch. Dazu kamen die ständigen finanziellen Sorgen, statt zu arbeiten brauchte ich eigentlich meine Zeit und Kraft zum Lernen. Ich hörte mich nach Möglichkeiten einer Förderung um, und Nicolaus von Holtey stellte für mich den Kontakt zur Friedrich-Ebert-Stiftung her. Ich bewarb mich um ein Stipendium, erhielt aber leider eine Absage, was wahrscheinlich an meiner Duldung lag oder daran, dass ich mich nicht genügend sozial engagiert hatte, was eine Voraussetzung für ein solches Stipendium ist. Wann aber hätte ich dies auch noch machen sollen? Auch bei einer Stiftung der Partei Bündnis 90/Die Grünen bewarb ich mich ohne Erfolg. Schließlich hörte ich, dass das Akademische Auslandsamt der Ruhr-Universität ebenfalls Förderungen vergab. Ich sprach mit einem meiner Professoren.

»Würden Sie ein Gutachten für mich schreiben?«, fragte ich Professor Schreiber, und er stimmte gerne zu.

Tatsächlich erhielt ich ein Stipendium von zunächst 750 Euro, das ich in monatlichen Raten von 250 Euro ausbezahlt bekam. Am Ende wurde die Förderung noch um einen Monat verlängert, weil sie ihre Mittel nicht ganz ausgeschöpft hatten. Ich kann gar nicht sagen, welche Erleichterung mir dieses zusätzliche Geld brachte, auch wenn ich immer noch äußerst knapp kalkulieren musste. Auch eine Kirchengemeinde in Bochum, zu der ich Kontakt aufgenommen hatte, gewährte mir einen Zuschuss von einmalig 300 Euro.

Von einer Kommilitonin erfuhr ich außerdem, dass der AStA, der Allgemeine Studentenausschuss, in Härtefällen die studentischen Sozialbeiträge übernahm, was er in meinem Fall auch tat. Darin enthalten war auch das VRR-Ticket für den öffentlichen Nahverkehr, das zuvor jedes Mal ein großes Loch in meine Kasse gerissen hatte. Und so schaffte ich es mit der Unterstützung vieler, die letzten Semester meines Studiums und das Repetitorium zu finanzieren.

Doch die Angst vor einer baldigen Abschiebung setzte mir immer mehr zu. Ich konnte sie entgegen meiner sonstigen Gewohnheit nicht mehr verdrängen. In diesen Wochen und Monaten begann ich schlecht zu schlafen. In meinen wiederkehrenden Albträumen fand ich mich samt meiner Familie in unserer alten Heimat wieder. Die Erzählungen unserer Verwandten und Bekannten, die zu lange dort geblieben waren und die fürchterlichsten Dinge erleben oder mit ansehen mussten, wurden in diesen Träumen lebendig. Ich träumte von meinem Cousin, der mit seinem Vater in die Stadt gefahren war und tot im Straßengraben endete. Von anderen Verwandten, die Misshandlungen erlebt hatten. Ich träumte von Dingen, die ich selbst nie gesehen hatte, die in meiner Vorstellung jedoch präsent waren bis ins letzte Detail.

Was würde mir mein Abitur, mein angefangenes Jurastudium nützen, müssten wir wieder dorthin zurück? Welchen Sinn hatte meine Lernerei? Was würde aus mir werden, was aus meinen Brüdern und was aus meinen Eltern?

Denen ging es von Tag zu Tag schlechter. Es war klar, sie brauchten professionelle Behandlung. Die Diagnose lautete »Posttraumatische Belastungsstörung«. Der Arzt empfahl eine Gesprächstherapie. Doch das Amt für Soziales erteilte keine Kostenzusage, sodass wir die Finanzierung dieser Behandlung gerichtlich durchsetzen mussten. Meine Eltern erhielten damals Leistungen nach § 3 Asylbewerberleistungsgesetz, und darin ist nur eine eingeschränkte Krankenhilfe vorgesehen. Vor jedem Arztbesuch muss man sich erst einen Krankenschein beim Amt für Soziales holen. Im Falle von traumatisierten Flüchtlingen ist die Durchführung einer Psychotherapie nicht ohne Weiteres möglich. Zunächst muss ein aussagekräftiges ärztliches Attest vorgelegt werden, dann wird das Gesundheitsamt eingeschaltet, das beurteilt, ob die Durchführung einer Therapie medizinisch notwendig ist oder nicht. Aus meiner Praxis weiß ich inzwischen, dass es gewisse Gemeinden gibt, in denen solche Anträge regelmäßig abgelehnt werden, sodass man den Anspruch gerichtlich durchsetzen muss. Das kostet Zeit und Kraft. Und genau so war es auch im Fall meiner Eltern.

Ich weiß bis heute nicht, wie ich es fertigbrachte, mich bei all diesen Sorgen auf den immensen Lernstoff zu konzentrieren, und einfach weiterzumachen. Wie immer sprachen mir meine Familie und meine Freunde Mut zu. Aufgeben kam nicht infrage.

In dieser Zeit nahm ich mir fest vor: Sollte ich tatsächlich das Erste Staatsexamen schaffen und Referendarin werden, dann würde ich mein erstes Gehalt meinen Verwandten schicken, die im Kosovo geblieben waren.

8

DIE UNSICHTBARE
MAUER

Untersuchungen aus dem Jahr 2011 ergaben,[10] dass fast die Hälfte der befragten Deutschen der diskriminierenden Meinung sind, »Sinti und Roma neigen zur Kriminalität«. Und mehr als ein Viertel findet, »Sinti und Roma sollten aus den Innenstädten verbannt werden«. Nichts weist darauf hin, dass sich diese Haltung in den vergangenen vier Jahren geändert haben könnte. Im Gegenteil, die Haltung gegenüber Roma-Familien, die in Deutschland Zuflucht suchen, scheint noch ablehnender geworden zu sein, falls das überhaupt möglich ist.

Das ist unverständlich und schmerzlich, denn in Deutschland waren Sinti und Roma im Nationalsozialismus grausamen Verfolgungen ausgesetzt, Hunderttausende wurden getötet. Den Völkermord, der an ihnen verübt wurde, nennen wir Roma »Porajmos«, was »das Verschlingen« auf Romanes bedeutet.

Wenige überlebten den *Porajmos*, und so gab es auch nur spärliche Berichte, was in den Lagern tatsächlich passiert war. Im Nachkriegsdeutschland trafen die wenigen Überlebenden noch immer auf dieselbe ablehnende und rassistische Haltung wie unter den Nazis, und oftmals begegneten sie in den Behörden denselben Menschen, die ihre Familien einige Jahre zuvor in die Vernichtung geschickt hatten. So war es möglich, dass der Finanzminister von Baden-Württemberg am 22. Februar 1950 einen Erlass mit folgendem Inhalt veröffentlichte: »Die Prüfung der Wiedergutmachungsberechtigung der Zigeuner und Zigeuner-Mischlinge nach den Vorschriften des Entschädigungsgesetzes hat zu dem Ergebnis geführt, dass der genannte Personenkreis überwiegend nicht aus rassischen Gründen, sondern wegen seiner asozialen und kriminellen Haltung verfolgt und inhaftiert worden ist.«[11]

Romani Rose, Vorsitzender des Zentralrats Deutscher Sinti und Roma, hat anlässlich eines Besuchs beim Bundesgerichtshof in Karlsruhe im Herbst 2014 darauf hingewiesen, dass sich das Hohe Gericht nach all den Jahren noch immer nicht von diffamierenden Formulierungen eines BGH-Urteils vom 7. Januar 1956 distanziert habe. Damals hatte der Bundesgerichtshof entschieden, dass Sinti und Roma bis 1943 nicht aus rassistischen Gründen verfolgt worden seien. Die Richter hatten damals ganz ähnlich argumentiert wie der baden-württembergische Finanzminister sechs Jahre zuvor, Sinti und Roma seien nicht aus rassistisch motivierten Gründen von den Nationalsozialisten verfolgt worden, sondern diese Handlungen hätten »polizeiliche Gründe gehabt«. Dies hatte neben der tiefen Beleidigung der Opfer außerdem die Konsequenz, dass an die Überlebenden keine Entschädigungen gezahlt werden mussten. 1963 wurde dieses Urteil revidiert. Doch erst der Besuch Romani Roses beim Bundesgerichtshof mehr als ein halbes Jahrhundert später bewirkte eine offizielle Distanzierung dazu.

Am 12. März 2015 folgte die Präsidentin des Bundesgerichtshofs, Bettina Limperg, einer Einladung Romani Roses und besuchte das »Dokumentationszentrum der Sinti und Roma«

in Heidelberg. Die Onlineplattform *Juraplus* berichtete: »Nach dem Besuch zeigte sich Limperg tief beeindruckt sowohl von der Darstellung der nationalsozialistischen Verfolgung der Sinti und Roma als auch von dem reichen kulturellen Erbe. [...] Limperg wies darauf hin, dass es ihr als Präsidentin des Gerichts zwar nicht zustehe, Entscheidungen des Bundesgerichtshofs und deren Begründungen zu kommentieren. Angesichts der Tragweite des historischen Unrechts und der nicht hinnehmbaren Ausführungen in dem Urteil von 1956 könne man sich aber für diese Rechtsprechung nur schämen.«[12]

Diese klaren Worte kommen spät, und doch sind sie wichtiger denn je. Angesichts der diskriminierenden Äußerungen gegenüber Roma vonseiten Politikern der etablierten Parteien, von der Bevölkerung oder auch beispielsweise der Justiz, wünschte ich mir, dass es solche klaren Signale häufiger gäbe. Denn immer wieder kommt es zu schweren Gewalttaten, zu Brandanschlägen, Misshandlungen und Angriffen gegenüber unserer Minderheit.

Hintergrund ist der weit verbreitete Rassismus. Um die Mechanismen zu verstehen, die in unserer Gesellschaft sowohl offen als auch unterschwellig wirken, muss man sich zunächst einmal darüber klar werden, dass schon der Begriff der »Rasse« ideologisch geprägt ist, versucht er doch Menschen aufgrund ihrer Kultur und Abstammung zu »katalogisieren« und in Gruppen zu unterteilen.

Dafür bedienen sich Rassisten zahlreicher Zuschreibungen, indem sie Personen aufgrund von Verallgemeinerungen bewerten und verurteilen. Und so kommt es dazu, dass Menschen aufgrund ihres Aussehens oder ihrer Kultur und Abstammung anders behandelt werden als diejenigen, die in einer Gesellschaft die sogenannte »Norm« bilden.

In den ersten Jahren unserer Duldung, als wir noch im Container wohnten, machte ich eines Tages mit meiner Familie einen Großeinkauf für die nächste Woche. Wir hatten schon einiges besorgt und schleppten unsere schweren Taschen durch die Fußgängerzone unseres Dorfes. Während meine Eltern ein weiteres Geschäft aufsuchten, wartete ich mit unseren Taschen draußen auf sie. In der Nähe saßen ein paar Jugendliche auf einer Bank, die mir verächtliche Blicke zuwarfen. Ich schaute in die andere Richtung, doch als wir später auf unserem Weg zur Bushaltestelle dort vorbeigehen mussten, zeigte einer der Jugendlichen auf uns und sagte voller Abscheu: »Schaut euch bloß diese Asylanten an! Das sind alle Zigeuner!«

Was ich damals erlebte, war handfester Rassismus. In seiner Ausprägung ist er außerdem noch ein ganz spezifischer Rassismus, der in der neueren Forschung häufig mit »Antiziganismus«[13] bezeichnet wird – Rassismus gegenüber Roma. Die Jugendlichen hatten aus unserem Äußeren, der dunkleren Haut und unserem schwarzen Haar, geschlossen, dass wir keine Deutschen waren, und uns außerdem als Großfamilie wahrgenommen. Das allein genügte ihnen, sich zu dieser extrem beleidigenden und rassistischen Äußerung hinreißen zu lassen. Nicht nur werteten sie Asylbewerber generell ab. In der Rangfolge noch tiefer standen in diesem rassistischen Weltbild Angehörige der Volksgruppe der Roma. Aus der Verachtung der Jugendlichen sprach ein tief sitzendes, irrationales Ressentiment gegenüber unserer Minderheit.

Es gibt aber noch andere, weit subtilere Formen des Rassismus, und oftmals werden diese von Menschen praktiziert, die eine solche Gesinnung weit von sich weisen. Ich persönlich empfinde beispielsweise die große, positive Aufmerksamkeit, die man gemeinhin der Tatsache entgegenbringt, dass ich es geschafft habe, das juristische Studium zu bewältigen und Anwältin zu werden, ebenso als eine Form des Rassismus, denn diese Bewunderung und Anerkennung impliziert ja, dass man eine solche Karriere einem Flüchtlingskind und insbesondere einer Romni überhaupt nicht zutraut.

Schon allein die Frage »Wo kommen Sie eigentlich her?« beinhaltet automatisch das Statement: »Aus Deutschland sind Sie nicht, das sehe ich Ihnen an«, was mich verletzt, denn ich lebe inzwischen seit mehr als zwanzig Jahren in diesem Land und habe einen deutschen Pass. Außerdem ist diese Frage ziemlich indiskret, sie betrifft meine Privatsphäre, und ich möchte gerne selbst entscheiden, wem gegenüber ich wie viel von mir preisgebe. Einer Freundin von mir, die selbst auch keine gebürtige Deutsche ist, dem äußeren »Bild« einer Deutschen aber eher entspricht als ich, wird diese Frage nie gestellt.

Ich kann verstehen, woran das liegt: Mein Gegenüber hat das Bedürfnis, mich einzuordnen, eine passende Schublade für mich zu finden. Das gibt ihm Sicherheit, denn sobald er die Schublade gefunden hat, glaubt er zu wissen, mit wem er es zu tun hat. Und damit werden genau die Mechanismen bedient, die Rassismus erst möglich machen: Hört es »Kosovo«, stülpt es mir sein gesamtes Wissen diese Region betreffend über. Hört es »Roma«, wird sein Verhalten mir gegenüber von dem geprägt sein, was es über diese Volksgruppe weiß oder zu wissen glaubt und wie es dazu steht. All das sind Vorurteile, genauer gesagt: Vor-Verurteilungen, und selbst wenn er ein positives »Bild« von Roma hat, so ist auch dies meist nichts anderes als eine Schablone, eine vorgefertigte Meinung, die mit mir persönlich nichts zu tun hat.

Stattdessen wünsche ich mir wie alle anderen, als Mensch wahrgenommen zu werden, unabhängig von meiner Hautfarbe, meiner Herkunft, meiner Kultur und meiner Religion oder Weltanschauung – das würde das Gegenteil von Rassismus bedeuten.

Es gibt ein Kinderbuch[14], das mich sehr berührt hat, als ich es zum ersten Mal las. Es erzählt die Geschichte eines Jungen, der aufgrund seiner roten Haare von den anderen Kindern gehänselt wird. Um diesem Spott zu entgehen, reißt er sich seine roten Locken von Kopf. Nun wird er aufgrund seiner Glatze ausgelacht und weil seine Ohren zu sehr vom Kopf abstehen. Also reißt er sich die Ohren ab, und das nur, weil ihn die anderen Kinder als Außenseiter abstempeln. Nach und nach entledigt sich der Junge seiner Zunge, seiner Arme, seiner Beine, bis am Ende nichts mehr von ihm übrig ist. Diese Geschichte ist eine Parabel darüber, was passiert, wenn man anderen zu viel Macht über sich selbst einräumt. Denn dieser Junge begeht einen grundsätzlichen Irrtum: Je mehr man nämlich tut, um den anderen zu gefallen, desto mehr werden diese anderen darauf bestehen, dass man auf keinen Fall dazugehört. Es ist also eine Frage des Selbstbewusstseins, sich gegen diese Ausgrenzung zu behaupten. Doch wie soll man unter diesen schwierigen Umständen Selbstbewusstsein entwickeln?

Zum Glück gab es damals nicht nur Menschen wie die Jugendlichen in der Fußgängerzone, die uns mehr oder weniger offen mit ihrem Rassismus konfrontierten, sondern auch solche wie diejenigen, die uns damals im Dorf herzlich willkommen hießen und uns viele Jahre lang unterstützten. Diese Menschen wussten, dass wir Roma waren, und es kümmerte sie nicht.

Doch an der Haltung der Ausländerbehörde änderte sich all die Jahre nichts, meine Eltern, Brüder und ich blieben nach wie vor »ausreisepflichtig«. Dass die abgeschobenen Roma im Kosovo nach ihrer Rückkehr in Flüchtlingslagern hausten, weil ihre einstigen Häuser entweder zerstört oder annektiert worden waren, dass man ihnen in den Lagern oftmals das Überlebensnotwendigste vorenthielt, mit dem so rassistischen wie antiziganistischen Argument, dass »Zigeuner« seit Jahrhunderten daran gewöhnt seien, für sich selbst zu sorgen[15], wurde nicht berücksichtigt.

Darum fassten wir den Beschluss, unseren Fall vor eine Härtefallkommission zu bringen. Dies war ein Weg, der am 30. Juli 2004 durch den Paragrafen 23a des Aufenthaltsgesetzes geschaffen worden war. Mit diesem Paragraf wurden die Bundesländer dazu ermächtigt, Kommissionen einzurichten, um besondere Fälle prüfen zu lassen. Kommt diese Kommission zu dem Ergebnis, dass einem Betroffenen abweichend von sonst geltenden gesetzlichen Regelungen eine Aufenthaltserlaubnis erteilt werden sollte, kann sie die oberste Landesbehörde dazu ersuchen, auch wenn dessen Asylantrag bereits abgelehnt wurde.

Ausschlaggebend für die Härtefallkommission, die sich aus Vertretern der evangelischen wie der katholischen Kirche, der Wohlfahrtsverbände des Flüchtlingsrats und Vertretern von Pro Asyl, verschiedenen Ausländerbehörden und Ministerien zusammensetzt, ist die Frage, ob dringende humanitäre oder persönliche Gründe ein Verbleiben der Geduldeten in Deutschland rechtfertigen, sowie die Frage nach dem Grad der Integration der Betroffenen in Deutschland. Neben den humanitären Argumenten ist die wirtschaftliche Situation des Betroffenen von nicht geringer Bedeutung: »Die Anordnung kann im Einzelfall unter Berücksichtigung des Umstandes erfolgen, ob der Lebensunterhalt des Ausländers gesichert ist«[16], heißt es in dem Gesetzestext.

Wir waren der Ansicht, dass alle diese Kriterien auf uns zutrafen, und reichten unseren Antrag samt allen erforderlichen Belegen und Informationen ein. Wir legten dar, dass wir in der Lage waren, für uns selbst zu sorgen, und keine Sozialleistungen benötigten. Auch unsere sogenannten »Integrationsleistungen« benannten wir. Es berührt mich sehr, heute das Dokument zu lesen, in dem unser damaliger Anwalt und mein jetziger Kollege unsere Familie beschreibt und von »beispielhaften Integrationsleistungen« spricht. »Die Tochter Nizaqete hat ungeachtet ihres ungesicherten Aufenthaltsstatus die Hochschulzugangsberechtigung erworben und hier in Deutschland Rechtswissenschaften studiert. Das Studium ist abgeschlossen. Sie befindet sich gerade in der Prüfung zum ersten juristischen Staatsexamen.«

Während wir auf das Ergebnis warteten, wurde ich auf eine Informationsveranstaltung zu diesem neuen Paragrafen von Pro Asyl in Essen aufmerksam. Eingeladen waren Fachanwälte und Vertreter der Ausländerbehörde Essen und ein Mitglied der Härtefallkommission; moderiert wurde der Abend von einem Vertreter von Pro Asyl. Zunächst wurde das erst kürzlich eingeführte Verfahren von dem Mitglied der Härtefallkommission erläutert, dann eine Frage-Runde eröffnet. Diese Gelegenheit nahm ich wahr, um unseren Fall vorzutragen und unsere Situation zu beschreiben. Alle Anwesenden, selbst die Vertreter der Ausländerbehörde – allerdings leider für unseren Fall nicht zuständig –, waren einhellig der Meinung, dass meine Familie alle Voraussetzungen für einen Härtefall erfüllte.

Wir setzten also große Hoffnungen in diese Kommission. Damals wussten wir nicht, dass das Innenministerium des Landes Nordrhein-Westfalen, in dem wir lebten, in seinen schriftlichen Entscheidungsgrundsätzen festgelegt hatte, dass die Voraussetzung für einen Härtefall ein »atypischer Sachverhalt« sein müsse. Es müsse ein »strenger Maßstab« angelegt werden, weil diese Fälle ja bereits vor Gericht geprüft worden seien. »Die Einschätzungen, ob eine Familie als Härtefall zu betrachten ist, gehen zwischen Fachkräften vor Ort und den Kommissionen immer wieder auseinander«, heißt es dazu in der bereits zitierten UNICEF-Studie.[17]

Zum Glück wusste ich davon nichts, als ich mich auf mein erstes Staatsexamen vorbereitete. Und so konnte ich mich voll und ganz auf dieses große Ziel fokussieren. Ich hatte einen so starken Willen, diese nächste Stufe zu erreichen und Rechtsreferendarin zu werden, dass ich alles andere ausblendete. Ich stellte mir die Prüfungssituation immer wieder bildhaft vor, sah mich bereits die Klausuren und die Hausarbeit schreiben und ebenso die Fragen in der mündlichen Prüfung beantworten. Schon damals wusste ich: Schaffte ich erst einmal den schriftlichen Teil, wäre die mündliche Prüfung kein Problem mehr.

Mein Kollege Klaus Rothfahl gab mir damals einen wertvollen Tipp: »Wenn du dich morgens im Spiegel siehst«, sagte er, »dann sprich laut zu dir selbst: ›Das schaffe ich!‹ Das stärkt dein Selbstbewusstsein!«

Ich folgte seinem Rat und hatte tatsächlich in der Gegend meines Magens das sichere Gefühl, dass es klappen würde. Bis heute wende ich diese einfache Methode an und habe dieses »Bauchgefühl« immer mehr verfeinert. Wenn ich heute von einem Termin zum nächsten hetze und versuche, alles unter einen Hut zu bringen, sage ich mir immer wieder: »Das schaffst du!«, und atme einmal ganz tief ein und aus. Auf diese Weise lernte ich, mich immer hundertprozentig auf das zu konzentrieren, was als Nächstes ansteht. Mein Bauchgefühl wurde mir außerdem zu einer Art Kompass: Wenn ich an eine Sache denke und mein Magen sich anfühlt, als würde er sich »drehen«, dann kann ich sicher sein, dass daran etwas nicht stimmt. Doch als ich damals im Frühjahr 2005 an das Examen dachte, »drehte« sich mein Magen nicht.

In meinem Zimmer gab es kaum eine freie Stelle, überall stapelten sich Unterlagen. Jeden Morgen stand ich früh auf, fuhr zur Uni Essen und lernte dort bis spätabends. So vergingen die Tage. Mein Ziel hatte ich fest vor Augen. Und während dieser Zeit traf ich mich gezielt mit Menschen, die mir guttaten.

Schließlich war es so weit. Das juristische Staatsexamen abzulegen bedeutet, an mehreren Tagen direkt hintereinander stundenlange Klausuren zu schreiben. Damals blendete ich konsequent den Gedanken aus, wie verrückt es eigentlich war, dass ich das Rechtssystem eines Landes studierte und darin sogar eine staatliche Prüfung ablegte, das mich nun schon seit so vielen Jahren ablehnte.

So fuhr ich an fünf aufeinanderfolgenden Tagen mit der Bahn nach Düsseldorf. Jeder Prüfling erhielt eine Kennziffer, denn die Klausuren wurden anonymisiert geschrieben. Allerdings bedeutete das auch, dass wir uns jeden Morgen ausweisen mussten, um in den Klausurraum eingelassen zu werden und einen Schreibtisch zugewiesen zu bekommen. Meine Kommilitonen legten natürlich ihren Personalausweis vor, ich jedoch musste Morgen für Morgen meine Duldung vorzeigen. Jedes Mal hatte eine andere Person Aufsicht, und deshalb musste ich immer wieder aufs Neue erklären, was für ein Dokument das war. Von Tag zu Tag wurde mir das unangenehmer, ich wollte so schnell wie möglich an meinen Platz und mit der Prüfung beginnen.

Nach den Klausuren musste ich eine Hausarbeit schreiben. Dafür wählte ich ein Thema aus dem Öffentlichen Recht und beschäftigte mich in den nächsten Wochen intensiv mit dem Thema »Abgrenzung zwischen Gemeingebrauch und Sondernutzung von Fußgängerzonen«.

Alles hing nun von den Ergebnissen des schriftlichen Teils des Examens ab, denn nur mit der erforderlichen Punktzahl wurde man zur mündlichen Prüfung zugelassen. Es dauerte jedoch Wochen, bis wir das Ergebnis erhielten, und in der Zwischenzeit blieb uns nichts anderes übrig, als weiterzulernen und das Beste zu hoffen.

Während dieser angespannten Zeit erhielten wir die Antwort der Härtefallkommission – es war eine Ablehnung. Zu einer Begründung war die Kommission nicht verpflichtet. Und was noch schlimmer wog: Gegen eine negative Entscheidung ist kein Rechtsmittel vorgesehen.

»Wie ist das nur mit dem Selbstverständnis eines Rechtsstaats zu vereinbaren?«, fragte ich mich. »Da entscheidet eine durch die Landesbehörde eingerichtete Kommission, ohne dass diese Entscheidung gerichtlich überprüfbar ist!«

Diese furchtbare Enttäuschung hätte zu keinem ungünstigeren Zeitpunkt kommen können. Einmal mehr schien durch das ablehnende Schreiben alles, auch meine Staatsexamensprüfung, infrage gestellt.

An jenem Tag fuhr ich in die Kanzlei. Eberhard Haberkern, mit dem ich mich gerne beraten hätte, war nicht in seinem Büro. Die Kanzlei lag im zehnten Stock, und es gab dort auch einen kleinen, vergitterten Balkon. Dort stellte ich mich hin, hielt mein Gesicht in den Wind und sah durch die Stäbe hinunter auf die Stadt.

Was für ein Leben, dachte ich.

So sehr ich mich auch anstrengte, nie war es genug. Die Ablehnung der Härtefallkommission empfand ich ganz einfach als ungerecht. Wie um alles in der Welt konnte man besser beweisen, dass man in Deutschland vollständig integriert war, als dadurch, das juristische Staatsexamen abzulegen? Was konnte man denn *noch* tun? Aufgeben?

Als ich wenig später im Toilettenraum vor dem Spiegel stand, sah ich mir selbst fest in die Augen und sagte: »Du schaffst das!« Und damit meinte ich nicht nur die Prüfung.

Endlich kam der Tag, an dem die Ergebnisse veröffentlicht wurden. Ab sechs Uhr morgens konnte man diese online auf der Internetseite des Landesjustizprüfungsamts abrufen. Dort wurde eine Liste mit den Kennziffern jener Prüflinge veröffentlicht, die den schriftlichen Teil nicht bestanden hatten.

In dieser Nacht hatte ich kaum geschlafen. Noch vor sechs Uhr stand ich auf, startete den PC und wartete. Als es so weit war, rief ich die Liste auf und durchsuchte sie nach meiner Kennziffer. Sie war nicht dabei. Mein Herz begann zu rasen. Ich hatte also bestanden? Und wenn ich mich täuschte? Wieder und wieder ging ich die Liste durch in der Befürchtung, meine Kennziffer übersehen zu haben. Doch ich fand sie nicht. Ich war so aufgeregt, dass ich nicht wusste, was ich tun sollte. Schließlich schaltete ich den Computer aus, legte mich wieder ins Bett und versuchte, mich zu beruhigen. Zwei Minuten später sprang ich jedoch schon wieder auf, fuhr den Computer erneut hoch und suchte die Liste noch einmal nach meiner Kennziffer durch. Sie war tatsächlich nicht dabei. Da erst begriff ich, dass ich den schriftlichen Teil bestanden haben musste. Ich atmete tief durch. Eine große Erleichterung erfüllte mich. Geschafft!

Noch am selben Tag machte ich mich zusammen mit meinen Freundinnen an die Vorbereitung für die mündliche Prüfung.

Ein paar Tage später erhielt ich den Termin dafür, schon zwei Wochen später sollte sie stattfinden. In demselben Schreiben wurde mir auch mitgeteilt, wer meine Prüfer sein würden. Von diesem Moment an befanden wir uns alle in einer Art Ausnahmezustand. Jeder versuchte, Protokolle von früheren Examina dieser Prüfer zu bekommen, in der Hoffnung, ihre »Vorlieben« auszumachen, um dann diesen Stoff nochmals ganz genau durchzugehen. Es war so etwas wie ein Endspurt, jeder versuchte noch einmal alles zu geben. Zeit zum Essen und zum Schlafen blieb dabei kaum.

Bei der Anmeldung für diese mündliche Prüfung mussten wir neben vielen anderen Dokumenten eine Geburtsurkunde einreichen, die nicht älter als sechs Monate sein durfte. Eine solche aktuelle Geburtsurkunde besaß ich allerdings nicht. Unter den Unterlagen meiner Familie fand ich schließlich eine Urkunde, die einige Jahre zuvor von der UNMIK[18] ausgestellt worden war. Es war zwar nicht das Dokument, das gefordert war, doch ein aktuelleres besaß ich nicht. Sollte mein Staatsexamen womöglich an der fehlenden Geburtsurkunde scheitern?

In meiner Not wandte ich mich erneut an Professor Schreiber, der mir bereits behilflich gewesen war, das Stipendium zu bekommen. Auf meine Bitte hin fragte er beim Landesjustizprüfungsamt nach und setzte sich für mich ein. Zum Glück akzeptierte das Landesjustizprüfungsamt tatsächlich meine veraltete Geburtsurkunde, und soweit ich weiß, war ich die erste Geduldete, die in Nordrhein-Westfalen zum Ersten Juristischen Staatsexamen zugelassen wurde.

Außerdem musste jeder Prüfling einen handschriftlichen Lebenslauf einreichen, und dafür schrieb ich meine Geschichte auf. Am Tag meiner mündlichen Prüfung hatte ich, wie alle anderen, zunächst ein persönliches Vorgespräch mit dem Prüfungsvorsitzenden, einem Richter am Oberlandesgericht.

»Habe ich richtig gelesen?«, fragte er mich interessiert. »Sie besitzen tatsächlich nur eine Duldung? Und haben das ganze Jurastudium durchgezogen?«

»Ja«, sagte ich, »so ist es.«

Er stellte eine Menge Fragen und wir unterhielten uns angeregt. Ehe ich mich versah, war es Zeit für die Prüfung, und ich war überhaupt nicht mehr nervös. Als ich gemeinsam mit den anderen Kandidaten den Raum betrat, fiel mir auf, dass mein Kostüm dem einer der Prüferinnen sehr ähnlich war; auch sie bemerkte es, wir lächelten uns kurz an, und das Eis war gebrochen. Zunächst wurden uns Fragen zum Zivilrecht gestellt. Ich konnte sie alle beantworten und blühte richtig auf. Ich hatte Glück, die Prüfer waren mir offensichtlich wohlgesinnt und ich konnte mich von meiner besten Seite zeigen. Das Ergebnis wurde uns gleich nach der Prüfung mitgeteilt. Ich hatte eine gute Note herausholen können und war unglaublich erleichtert.

Tatsächlich war es einer der glücklichsten Tage meines bisherigen Lebens. Es war die Krönung einer langen Anstrengung, eine Belohnung nach einer ziemlichen Durststrecke. Diese Prüfung bedeutete mir ungeheuer viel. Ich hatte das Gefühl, nun mitten in Deutschland angekommen zu sein. Heute weiß ich, dass mich all die Jahre auch das Bestreben angetrieben hatte, mir und allen anderen zu zeigen, dass ich genauso viel zu leisten imstande war wie meine Kommilitonen. Das Erste Juristische Staatsexamen gab mir nun endlich dieses Gefühl des eigenen Selbstwerts, das mir so lange gefehlt hatte.

Meinen Eltern hatte ich den Termin überhaupt nicht genannt, denn ich wusste, dass sich vor allem meine Mutter immer große Sorgen machte. Nun aber rief ich zu Hause an und sagte zu ihr: »Jetzt kannst du der ganzen Welt sagen, dass ich mein Examen in der Tasche habe!«

»Weißt du, Niza«, sagte meine Mutter, nachdem sie mir gratuliert hatte, »auch wenn du nichts gesagt hast, so habe ich schon geahnt, dass heute der große Tag ist. Ich wollte nur nicht fragen und dich damit zusätzlich stressen. Ich bin so stolz auf dich! Ich wusste die ganze Zeit, dass du es schaffen würdest!«

Ich fühlte mich wie in einem Traum. War es nicht wunderbar, solche Eltern zu haben, die mich immer in dem unterstützten, was ich mir vornahm? Dachte ich an meinen allerersten Tag an der Uni zurück, als ich mich so verloren gefühlt hatte, konnte ich es selbst kaum glauben. Dieses Studium, an dem jedes Jahr Tausende von Studenten scheitern, hatte mich fast an meine Grenzen gebracht. Doch wer seine Grenzen nicht auslotet, der kennt seine eigene Stärke nicht.

Nun musste ich also »nur« noch erreichen, dass wir alle endlich das Bleiberecht bekamen. Und auch das nahm ich mir fest vor – nun mit Optimismus und jedes Ohnmachtsgefühl zur Seite schiebend.

Im Anwaltsbüro freuten sich meine Kollegen riesig mit mir über die bestandene Prüfung.

»So«, sagte Eberhard Haberkern, nachdem er mir gratuliert hatte, »und jetzt regeln wir deinen Aufenthalt!«

Mit meinem Hochschulabschluss hatte ich nämlich völlig neue Voraussetzungen geschaffen. Zwar gab es damals noch keine ausdrückliche Regelung zu hochqualifizierten Geduldeten, wie das heute der Fall ist, doch ehe ein Gesetz Standard wird, muss man dafür kämpfen.

»Wir könnten versuchen«, meinte Haberkern, »deinen Fall als Präzedenzfall durch alle Instanzen zu klagen.«

Tatsächlich überlegten wir uns das ernsthaft. Doch ich entschied mich letztendlich dagegen. Angenommen, wir hätten damit Erfolg und mein Fall würde zum Präzedenzfall, würde dies dann nicht bedeuten, dass das Juristische Staatsexamen als Messlatte für eine ausreichende Qualifizierung festgeschrieben wäre? Damit würden wir späteren Immigranten keinen Gefallen tun, fand ich. Auch eine gute Berufsausbildung bedeutet eine ausreichende Qualifizierung.

»Wir müssen das anders schaffen«, beschloss ich.

Also diktierte Eberhard Haberkern im Dezember 2005 einen neuen Schriftsatz in unserer Sache. Darin beantragten wir eine Aufenthaltserlaubnis für einen angemessenen Arbeitsplatz aufgrund des bestandenen Examens nach dem §16 Abs. 4 Aufenthaltsgesetz in Verbindung mit § 27 Ziffer 3 Beschäftigungsverordnung als Juristin. Denn bis ich mein Rechtsreferendariat antreten konnte, wollte ich als juristische Fachkraft in der Kanzlei arbeiten.

»Mal sehen, was passiert«, meinte Eberhard Haberkern.

9

DURCH
DIE WAND

Bereits im Januar 2005 hatten wir einen Antrag auf Aufenthaltserlaubnis nach § 25 Absatz 5 des Aufenthaltsgesetzes gestellt, kurz nachdem dieses in Kraft getreten war. Die Ausländerbehörde hatte unseren Antrag im August 2005 abgelehnt
mit der Begründung, die Verordnung, auf die wir uns bezogen hatten, gelte nur für neu einreisende Ausländer, während
ich ja seit 1993 mit der mit meiner Duldung verbundenen Ausreisepflicht in Deutschland lebte. Dagegen erhoben wir Widerspruch – damals musste man in Nordrhein-Westfalen erst noch
ein Widerspruchsverfahren durchlaufen, ehe die Zulässigkeits-
voraussetzung für eine Klage gegeben war. Im Januar 2006
wurde auch unser Widerspruch abgelehnt.

»Ich glaube«, sagte Eberhard Haberkern, »jetzt ist es an der
Zeit, zu klagen.« Denn im § 25 Absatz 5 heißt es: »Einem Ausländer, der vollziehbar ausreisepflichtig ist, kann eine Aufenthaltserlaubnis erteilt werden, wenn seine Ausreise aus rechtlichen oder tatsächlichen Gründen unmöglich ist und mit dem
Wegfall der Ausreisehindernisse in absehbarer Zeit nicht zu
rechnen ist. Die Aufenthaltserlaubnis soll erteilt werden, wenn
die Abschiebung seit 18 Monaten ausgesetzt ist.«[19] Außerdem
erhielten wir neue Argumente vom Europäischen Gerichtshof
für Menschenrechte (EGMR), der im Jahr 2005 erstmals entschieden hatte, dass sich auch geduldete Personen auf Artikel

8 der Europäischen Menschenrechtskonvention berufen können. Darin geht es um den Schutz des Privat- und Familienle-
bens eines jeden Menschen, und da dieser Artikel so wichtig
ist, möchte ich ihn an dieser Stelle vollständig zitieren:

> *Artikel 8 der Europäischen Menschenrechtskonvention: Recht auf*
> *Achtung des Privat- und Familienlebens*
> *(1) Jede Person hat das Recht auf Achtung ihres Privat- und Fa-*
> *milienlebens, ihrer Wohnung und ihrer Korrespondenz.*
> *(2) Eine Behörde darf in die Ausübung dieses Rechts nur ein-*
> *greifen, soweit der Eingriff gesetzlich vorgesehen und in einer de-*
> *mokratischen Gesellschaft notwendig ist für die nationale oder*
> *öffentliche Sicherheit, für das wirtschaftliche Wohl des Landes,*
> *zur Aufrechterhaltung der Ordnung, zur Verhütung von Straftaten,*
> *zum Schutz der Gesundheit oder der Moral oder zum Schutz der*
> *Rechte und Freiheiten anderer.*[20]

Nach diesem Artikel bedeutet eine Abschiebung einen unzu-
lässigen Eingriff in das Privatleben, weil man davon ausgeht,
dass ein Mensch nach längerem Aufenthalt in einem Land ver-
wurzelt ist. Auch juristisch ist der Begriff der »Verwurzelung«
von Bedeutung und wird mit einer »faktischen Integration« in
Verbindung gebracht[21]. Das beschreibt nichts anderes als das,
was meine Familie und ich über die Jahre in Deutschland durchlaufen hatten: Wir waren inzwischen in Deutschland verwur-
zelt und in einem Maße in die deutsche Gesellschaft integriert,
dass man uns »faktisch« als »Inländer« bezeichnen musste.

Dass unser Duldungsstatus über so viele Jahre hinweg wieder und wieder verlängert worden war, bezeichnet man als
»Kettenduldung«, ein Phänomen, von dem inzwischen rund
100.000 Menschen in Deutschland betroffen sind. Dieses Pro-

blem sollte ursprünglich mit der Einführung des § 25 Absatz 5 Aufenthaltsgesetz behoben werden, was jedoch bis heute nicht gelungen ist. Der Grund dafür ist, dass die meisten Ausländerbehörden »ergebnisorientiert« entscheiden – und das gewünschte »Ergebnis« sieht beispielsweise vor, Menschen aus dem Kosovo und vor allem Roma wieder loszuwerden.

Inzwischen ging ein Stöhnen durch die Büros der Ausländerbehörde von O., sobald der Name Bislimi auch nur erwähnt wurde. Ich hatte mich all die Jahre nicht entmutigen lassen, hatte unter dem tagtäglichen Druck, dem Geduldete ausgesetzt sind, nicht resigniert, wie das bei so manchen anderen der Fall war. Was gut nachvollziehbar ist, denn es liegt nahe, nach vielen Rückschlägen irgendwann aufzugeben. Wir aber gaben uns nicht geschlagen und kämpften einfach immer weiter.

Im Rahmen meiner Ausbildung kam nun der nächste Schritt, auf das Erste Staatsexamen folgt in der Regel das Rechtsreferendariat. Es war aber alles andere als klar, ob ich mit meiner Duldung dafür überhaupt zugelassen werden würde.

Wieder einmal stand alles auf Messers Schneide. War mein Ausbildungsweg hier womöglich zu Ende? Interessanterweise erhielt ich am selben Tag, an dem wir unsere Klage einreichten, vom Oberlandesgericht Hamm eine Zusage für mein Referendariat. Das nahmen wir zum Anlass, um Anfang März erneut einen Antrag bei der Ausländerbehörde nach Paragraf 16 Aufenthaltsgesetz einzureichen, damit ich in den juristischen Vorbereitungsdienst beim Landgericht Essen übernommen werden konnte. Mit der Frage, ob ich diesen tatsächlich antreten konnte, beschäftigte sich nun auch die Bundesagentur für Arbeit. Die Frage war: Benötigt eine Geduldete für das Rechtsreferendariat eine Beschäftigungserlaubnis?

Mitte April kam von der Ausländerbehörde erneut ein negativer Bescheid auf unseren Antrag. Die Begründung lautete wieder, ich sei 1993 ohne Visum eingereist. Doch offenbar hatte sich der damalige Fachbereichsleiter der Ausländerbehörde der Stadt O. mit einer Vertreterin der Härtefallkommission im Rahmen des damaligen Verfahrens besprochen, und gemeinsam kamen sie auf den Gedanken, mir einen Kuhhandel anzubieten. Weil dieser Vorschlag so ungeheuerlich ist, möchte ich die entscheidende Passage daraus wörtlich zitieren:

»Ergebnis des Gespräches war, dass für Nizaqete eine Vorabzustimmung für eine Wiedereinreise in die Bundesrepublik Deutschland in Erwägung gezogen würde, sofern 1. der Lebensunterhalt gesichert ist und 2. die übrigen Familienmitglieder ihrer Ausreiseverpflichtung nachkommen.«

Diese Menschen glaubten also tatsächlich, ich würde meine Familie in die Hölle schicken, um mich selbst zu retten? Ich konnte es nicht fassen, dass man mir ein derartiges Angebot überhaupt vorlegte.

»Eine Verknüpfung des Schicksals meiner Mandantin mit einer Ausreisepflicht anderer Personen kommt nicht in Betracht«, schrieb Eberhard Haberkern.

Nach Auskunft der Agentur für Arbeit brauchte ich keine Beschäftigungserlaubnis für meinen »juristischen Vorbereitungsdienst«, da dieser nicht als Erwerbstätigkeit gewertet wurde, sondern Teil meiner Ausbildung war. Das wertete ich als grünes Licht und trat mein Referendariat an.

Ähnlich wie das Referendariat eines Lehramtsstudiums dauert das Rechtsreferendariat rund zwei Jahre. In dieser Zeit durchläuft man nach den Einführungslehrgang verschiedene Stationen, um nach dem sehr theorieorientierten Studium praktische

Einblicke in die verschiedenen Rechtsberufe zu bekommen. So arbeitet man für einige Monate zunächst bei einem Amts- oder Landgericht, im Anschluss daran bei der Staatsanwaltschaft oder einem Strafgericht. Einen Eindruck von den Abläufen innerhalb einer Behörde kann man zum Beispiel in einem Regierungspräsidium, einem Landratsamt oder dem Schulamt erhalten. Schließlich folgt die sogenannte »Anwaltsstation« und am Schluss die »Wahlstation«, die man frei gestalten kann. Parallel zu diesen verschiedenen Ausbildungsphasen finden Arbeitsgemeinschaften statt.

Während des Einführungslehrgangs stand eine gemeinsame Reise der Referendare nach Prag auf dem Programm, an der ich nicht teilnehmen konnte. Wir hatten ohnehin so viele Schwierigkeiten mit der Ausländerbehörde, dass ich lieber darauf verzichtete, entsprechende Anträge auf Erteilung eines Reisedokuments mit einem Aufenthaltstitel zu stellen und zu begründen. So blieb ich zu Hause und erfüllte stattdessen mein mir selbst gegebenes Versprechen und schickte mein erstes Gehalt als Referendarin meinen Verwandten im Kosovo.

Meine Stelle als studentische Hilfskraft in der Anwaltskanzlei hatte ich vorübergehend aufgegeben, um mich voll auf mein Referendariat konzentrieren zu können, und das tat mir sehr leid, denn ich war mit meinen Kollegen dort sehr verbunden. Sie überraschten mich mit einer kleinen Abschiedsfeier, und ich sagte gerührt: »Ihr Lieben, wozu dieser ganze Aufwand? Ich komm ganz bestimmt bald zurück!«

Ich war mir tatsächlich ganz sicher, dass mein Weg mich immer wieder in diese Kanzlei führen würde, und mein Gefühl sollte mich nicht trügen. Bereits nach ein paar Monaten besorgte ich mir eine Erlaubnis für eine Nebenbeschäftigung durch das Gericht und kehrte ins Büro zurück.

»Na, da hätten wir uns ja den Ausstand sparen können«, lachte eine Mitarbeiterin, als sie mich das erste Mal im Aufzug wiedersah.

»Genau«, meinte ich, »ich hab es euch ja gesagt!«

Meine erste Station beim Amtsgericht Essen-Borbeck gefiel mir ausnehmend gut. Der Richter, der mich betreute, brachte mir eine Menge bei. Und doch war es seltsam für mich, neben einem deutschen Richter zu sitzen, Prozesse aus seiner Perspektive zu verfolgen und daran zu denken, dass ich wahrscheinlich selbst bald vor einem Gericht meinen Aufenthaltsstatus in diesem Land erkämpfen musste. Dann würde ich auf der anderen Seite sitzen, auf der Seite der Kläger, und wie die Sache ausgehen würde, war völlig ungewiss.

Von der Ausländerbehörde kamen inzwischen die unterschiedlichsten Vorschläge. 1993 war ich ohne Visum eingereist, und nun forderte man mich auf, dies nachzuholen. Obwohl ich bereits mit dem Referendariat begonnen hatte, sollte ich in meine Heimat zurückkehren und mir dort ein Visum nach Deutschland ausstellen lassen. Dann könne man prüfen, ob ich wieder einreisen könne, um mein Referendariat fortzusetzen. Die Frage, die wir uns zu Hause stellten, war: Wohin sollte ich denn überhaupt reisen? In den Kosovo oder nach Serbien, nach Prishtina oder Belgrad? 2006 stand der Kosovo noch unter der Verwaltung der UN, bemühte sich aber um seine Unabhängigkeit. Beide Optionen sorgten in meiner Familie für schlaflose Nächte, denn wir schätzten eine solche Reise für eine junge Romni aus dem Kosovo als nicht ungefährlich ein.

Obwohl mir nicht wohl bei der Sache war, erwog ich gemeinsam mit Eberhard Haberkern alle Vor- und Nachteile

Auf alle Fälle forderten wir eine Garantie für mich, wieder nach Deutschland zurückkehren zu können, in der juristischen Amtssprache heißt das: eine »Vorabzustimmung« zur Wiedereinreise und Wiederaufnahme des Referendariats. Tatsächlich stand ich kurz davor, diese Reise anzutreten, auch wenn ich gar nicht wusste, wohin genau ich hätte fahren sollen.

Noch während dieses Entscheidungsprozesses erhielten wir die Nachricht, dass ein baldiger Gerichtstermin anberaumt worden war, bei dem über das Schicksal meiner Eltern und meiner Brüder verhandelt werden sollte. Unter diesen Umständen verwarf ich meine Reisepläne. Wir fertigten eine umfangreiche Klagebegründung an und führten dezidiert die Integrationsleistungen meiner Brüder und meiner Eltern auf. Als Belege fügten wir ihre Zeugnisse und Zeugenbeweise bei. Eberhard Haberkern schlug vor, mich in dem Verfahren meiner Brüder als präsente Zeugin zur Verfügung zu stellen. In der Klagebegründung hatten wir auch meinen Fall skizziert.

Am Tag der Verhandlung hatte mein ausbildender Richter mündliche Sitzungen in mehreren Sachen terminiert, bei denen ich eigentlich hätte anwesend sein sollen. Ich erklärte ihm die Situation und fragte ihn, ob es in Ordnung sei, wenn ich an diesem Tag erst nach unserer Verhandlung zu den Sitzungen nach Essen-Borbeck käme, da ich im Fall meiner Brüder als Zeugin auftreten sollte.

»Klar«, sagte er und schien selbst neugierig, wie unser Fall nach all den vielen Jahren ausgehen würde.

Die Verhandlung war für den 8. Juni 2006 um zehn Uhr morgens anberaumt. Ich fuhr gemeinsam mit meinen Brüdern mit dem Zug nach Düsseldorf. Wir waren sehr nervös und fanden nicht gleich den Weg zum Gericht. Es war ein schöner Sommertag, und auf der Terrasse eines Cafés saßen zwei Männer. Ich fragte sie, wo es denn zum Verwaltungsgericht gehe.

Die Männer stutzten, lachten, dann wiesen sie uns den Weg. Und erst vor Gericht bemerkte ich, dass diese beiden von der Ausländerbehörde waren und die Gegenseite vertraten.

Unser Fall wurde aufgerufen, und wir betraten alle den Gerichtssaal. Unser Anwalt teilte dem Gericht mit, dass ich als präsente Zeugin für die Integration meiner Brüder zur Verfügung stünde. Wenn eine Person als Zeuge in Betracht kommt, darf diese der Verhandlung zunächst nicht beiwohnen, um ihre Unvoreingenommenheit zu wahren. Aus diesem Grunde wurde ich vom Gericht gebeten, vorerst vor dem Gerichtssaal zu warten. Von meinem Kollegen erfuhr ich später, dass der Vorsitzende Richter offenbar keinerlei Verständnis für die jahrelange Mauertaktik der Ausländerbehörde zeigte.

Nach einiger Zeit wurde die Verhandlung unterbrochen, denn der Richter hatte einen Vergleich vorgeschlagen, über den sich die Vertreter der Ausländerbehörde beraten wollten. Der Vorschlag lautete folgendermaßen: Meine Brüder sollten die Aufenthaltserlaubnis erhalten, sobald sie gültige Pässe vorlegten. Für meine Eltern schlug das Gericht vor, dass sie erneut formal die Härtefallkommission anrufen sollten, während die Ausländerbehörde zusagte, eine positive Stellungnahme dazu abzugeben.

Ich wurde in den Sitzungssaal gerufen und der Vorsitzende Richter erklärte mir die getroffene Einigung. Nachdem die Verhandlung offiziell beendet war, wandte sich der Richter an mich.

»Ich habe leider zu spät gesehen, dass Sie die Tochter sind, sonst hätte ich Ihren Fall heute gleich mitverhandelt. Sie sind also inzwischen Rechtsreferendarin und noch immer nicht im Besitz einer Aufenthaltserlaubnis?«

»So ist es«, antwortete ich. »Eigentlich müsste ich gerade selbst an einer Sitzung im Amtsgericht teilnehmen. Und doch habe ich nur eine Duldung.«

Der Richter blickte die beiden Vertreter des Ausländeramtes an. »Ich muss sagen, meine Herren, ich kann das Verhalten der Ausländerbehörde nicht nachvollziehen. Entweder Sie erteilen der Rechtsreferendarin die Aufenthaltserlaubnis, oder es wird ein entsprechendes Urteil geben.«

Meine Brüder und ich verließen das Gerichtsgebäude wie auf Wolken.

»War es das?«, fragte Faton.

»Was euch betrifft, ja«, antwortete ich.

Es war schwer, an das Glück zu glauben. Nach all den Jahren kannten wir die für uns Zuständigen bei der Ausländerbehörde gut genug, um mit dem Schlimmsten zu rechnen. Ich rief meine Eltern an und erzählte ihnen von dem guten Ausgang der Verhandlung.

»Wir sollen nochmals einen Antrag bei der Härtefallkommission stellen?«, fragte meine Mutter misstrauisch.

Ich konnte sie gut verstehen. Dennoch beruhigte ich sie und berichtete ihr, dass der Richter heute den bürokratischen Weg vorgezeichnet hatte.

»Die Erklärung der Ausländerbehörde wurde vom Gericht protokolliert«, sagte ich.

»Und sie müssen sich auch wirklich daran halten?«

»Ja«, sagte ich, »das müssen sie.«

Wenn nur schon alles vorbei wäre, dachte ich. Doch zu meiner Mutter sagte ich: »Du wirst sehen, alles wird gut. Aber jetzt muss ich los!«

Ich verabschiedete mich herzlich von meinen Brüdern und nahm die Straßenbahn nach Essen-Borbeck, wo der Sitzungstag noch in vollem Gange war. Während der Fahrt versuchte ich zu begreifen, was geschehen war. Jedes einzelne Wort des Vorsitzenden Richters ließ ich noch einmal Revue passieren. Alles kam mir so unwirklich vor. Ich konnte mein Spiegelbild in der Fensterscheibe sehen, genau wie damals vor dreizehn Jahren auf der Fahrt von Koblenz nach Essen. Ich fragte mich, was auch Faton hatte wissen wollen: War es das? Hatte ich mein Ziel tatsächlich erreicht? Obwohl mein Verstand diese Frage bejahte, konnte ich es noch nicht wirklich glauben.

Ich zog mein Handy aus der Tasche und rief meine Schwestern und Freundinnen an, erzählte, wie die Verhandlung gelaufen war. Alle freuten sich und gratulierten mir herzlich. Doch tief in meinem Innern fühlte ich – gar nichts. Ich wunderte mich, schließlich hatte ich mir das immer ganz anders vorgestellt. Dreizehn Jahre lang hatte ich nun auf dieses Ziel hingearbeitet, und nun, wo es so weit war, fühlte ich nichts als Leere. Dreizehn Jahre lang hatte ich so viel Hoffnung in dieses »Papier« gesetzt, und jetzt, da ich es endlich erhalten sollte, blieb das erhoffte Glücksgefühl aus.

Im Gerichtssaal angekommen setzte ich mich leise neben meinen ausbildenden Richter. Der sah mich kurz an, hob gespannt die Brauen.

»Und?«, fragte er leise.

Ich hob hinter dem Aktenberg meinen Daumen und strahlte ihn an. Er nickte zufrieden und fuhr in der Verhandlung fort.

Tatsächlich erhielten meine Brüder die Aufenthaltserlaubnis und kurze Zeit darauf ich ebenfalls. Die Begründung lautete: »aus humanitären Gründen«. Aufenthaltserlaubnisse sind immer befristet und müssen regelmäßig verlängert werden. Ich erhielt meine für sechs Monate, doch ich war entschlossen, nun endlich Nägel mit Köpfen zu machen, und rief bereits vier Wochen später bei der Ausländerbehörde an.

»Ich wollte Ihnen mitteilen«, erklärte ich dem Sachbearbeiter, »dass ich beabsichtige, eine unbefristete Aufenthaltserlaubnis, also eine Niederlassungserlaubnis, zu beantragen.«

»Wie bitte?«, meinte mein Sachbearbeiter am Ende der Leitung. »Sie haben doch gerade erst die Aufenthaltserlaubnis für ein halbes Jahr erhalten. Jetzt werden Sie nicht unverschämt!«

Ich musste fast lachen, als ich ihn so reden hörte. Vor Jahren, als ich noch Schülerin war und herausfinden wollte, ob ich studieren dürfte, hatten mich solche Worte noch zum Weinen gebracht. Diese Zeiten waren vorbei. Ich war nun selbst Rechtsreferendarin und kannte meine Rechte.

»Ich werde nicht unverschämt«, gab ich also ruhig zur Antwort. »Ich kenne nur die Gesetze. Ich erfulle sowohl die zeitlichen als auch alle sonstigen Voraussetzungen. Ich werde Ihnen im Einzelnen die Zeiten unseres Asylverfahrens und der ausgesetzten Abschiebung wegen des Kosovo-Krieges darlegen. Die können Sie dann anhand meiner Akte überprüfen. In den vergangenen dreizehn Jahren habe ich nachweislich sechzig Monate lang gearbeitet. Ich habe Steuern und Sozialabgaben bezahlt. Heute bin ich Rechtsreferendarin und kann durch die Bezüge meinen Lebensunterhalt eigenständig sicherstellen. Einer Niederlassungserlaubnis steht also rechtlich nichts im Wege.«

Da wurde es still auf der anderen Seite. Der Beamte wusste genau, dass ich recht hatte.

Es ist nicht so, als wäre es auf einmal furchtbar schnell gegangen, das Prüfungsverfahren bei der Ausländerbehörde dauerte noch einige Monate. Doch dann war es so weit. Am 27. Dezember 2006 hielt ich ihn endlich in Händen, meinen unbefristeten Aufenthaltstitel. So viele Jahre lang hatte ich darum gekämpft. Und nun hatte ich es endlich geschafft.

Ich hätte also allen Grund zum Feiern gehabt, doch meine Freude war nicht ungetrübt. Zum einen verspürte ich noch immer nicht das Glück, das ich mir dadurch erhofft hatte. Und zum anderen war die Situation meiner Eltern nicht geklärt, trotz des Vergleichs, der bei der Verhandlung im Juni 2006 geschlossen worden war. Wie vereinbart hatten wir für sie einen neuerlichen Antrag bei der Härtefallkommission eingereicht. Doch die Zeit verstrich und nichts geschah. Wieder folgten Monate der Unsicherheit und der Sorge. Wir fürchteten allen Ernstes, dass sich die Ausländerbehörde nicht an die gerichtliche Vereinbarung halten würde. Unverhofft löste jedoch eine politische Entscheidung unser Problem – auch ohne Härtefallkommission. Am 17. November 2006 tagte die Konferenz der Deutschen Innenminister und beschloss eine sogenannte »Bleiberechtsregelung«, nach der für einen Fall wie dem unsrigen eine Lösung gefunden werden konnte, um Ausländern, die seit vielen Jahren nur mit einer Duldung in Deutschland lebten, den Weg zur Aufenthaltserlaubnis zu ebnen. Meine Eltern erfüllten alle notwendigen Bedingungen, und wir stellten einen entsprechenden Antrag für sie. Und wenn sich auch dieses Verfahren nach unserem Geschmack noch viel zu lange hinziehen sollte, so waren wir am Ende doch erfolgreich.

Das Gefühl des Glücks stellte sich bei mir erst nach und nach ein. Ich lernte zu verstehen, dass sich eine dreizehnjährige innere Anspannung nicht von heute auf morgen auflösen kann, sondern Zeit braucht. Doch spätestens, als ich im Sommer darauf mit einer Freundin etwas tat, was vorher nicht möglich gewesen war, nämlich zum ersten Mal in meinem Leben im Ausland Urlaub zu machen, begann ich langsam mein Glück zu begreifen.

10

AUF DER SUCHE NACH
DER EIGENEN IDENTITÄT

Tatsächlich sorgte der lange Kampf um unser Bleiberecht dafür, dass ich mich unwillkürlich immer wieder mit meiner Herkunft auseinandersetzen musste. Lange verdrängte ich allerdings die Tatsache, dass ich nicht einfach »nur« Kosovarin war, sondern zwei verachteten Minderheiten angehörte. Schon als kleines Mädchen hatte ich ja versucht, mich dieser beunruhigenden Tatsache zu entziehen, meine Muttersprache war Albanisch, ich war unter albanischen Kindern aufgewachsen, das fühlte sich alles nicht fremd für mich an.

Als sich aber Ende der Neunzigerjahre in meiner alten Heimat Angehörige der beiden vorherrschenden Volksgruppen gegen Roma und Hashkali wandten und ich von grausamen Übergriffen gegenüber meinen Leuten hörte, war das alles nicht mehr so einfach. Jetzt konnte ich nicht mehr so tun, als spielte es keine Rolle, ob ich Albanerin oder Romni bin, und eigentlich wäre es nun an der Zeit gewesen, mich damit auseinanderzusetzen. Zu Hause, innerhalb der Familie, lebte ich natürlich ganz selbstverständlich unsere Kultur. Nur nach außen war es schwierig für mich, offen damit umzugehen, dass ich Romni bin. Während meiner Studienzeit offenbarte ich mich nur den Menschen, von denen ich genau wusste, dass sie mich um meiner selbst willen mochten und auf keinen Fall den Kontakt zu mir abbrechen würden, wenn sie hörten, dass ich halb Romni halb Hashkali bin. Diesen Menschen war es sowieso völlig egal, weil sie mich meinten, mich als Menschen, mich als Nizaqete, die sie bereits kannten und zu schätzen gelernt hatten, ganz gleich, welcher Volksgruppe ich angehörte. Und so antwortete ich damals auf die Frage nach meiner Herkunft immer häufiger: »Nein, ich bin keine Albanerin. Ich gehöre einer Minderheit an.« Das war umso einfacher, als die Tatsache, dass auf dem Balkan viele verschiedene Minderheiten lebten, inzwischen auch in Deutschland besser bekannt war.

Wie jeder andere Mensch hatte ich das Bedürfnis, akzeptiert zu werden, so wie ich war. Deswegen war auch der Tag, an dem ich mein Erstes Juristisches Staatsexamen bestand, so ungeheuer wichtig für mich, denn dieser Abschluss stärkte mein Selbstbewusstsein wie nichts zuvor. Ich hatte als Flüchtlingskind das deutsche Rechtssystem, das mir früher so viel Angst eingejagt hatte, »erobert«, und das bedeutete mir viel.

Heute denke ich, es wäre gut für mich gewesen, ich hätte schon früher die Kraft gefunden, mich mit meiner Identität als Romni positiv auseinanderzusetzen. Damals musste ich an so vielen Fronten gleichzeitig kämpfen, dass ich das Gefühl hatte, dafür keine Energie mehr übrig zu haben. Heute weiß ich, dass meine Persönlichkeit gerade wegen dieser ungeklärten Frage nicht ausreichend gestärkt war. Denn wenn man mit sich selbst im Reinen ist, wächst einem noch mehr Kraft zu. Ich empfand es als ein großes Glück, dass ich mich wenigstens in meinem Umfeld niemandem erklären musste. Gegenüber meiner Familie natürlich schon gar nicht, aber auch in der Anwaltskanzlei, die mehr und mehr mein Arbeits-Zuhause wurde, war meine Geschichte allgemein bekannt. Meine engeren Freunde wussten ebenfalls, dass ich Romni bin, alle anderen, so fand ich damals, ging es einfach nichts an. Das alles sollte sich ändern, als ich Köstan kennenlernte.

Es war während des Referendariats am Geburtstag eines Studienfreundes von der Uni Essen. Mit Hamid und meinen anderen Freunden traf ich mich noch immer in der Universitätsbibliothek, nun, um für das Zweite Staatsexamen zu lernen. Ich stand mit ihnen bei den Spinden, als zwei junge Frauen zu uns stießen.

»Das sind Köstan und Melek«, stellte Hamid mir die beiden vor. Sie waren mir auf den ersten Blick sympathisch. Während wir zur Cafeteria gingen, machte ich eine lustige Bemerkung, Köstan nahm den Ball schlagfertig auf und spielte ihn mir zurück, und da wusste ich, dass wir auf der gleichen Wellenlänge lagen.

Von da an sahen wir uns immer wieder, lernten zusammen und legten unsere Pausen so, dass wir sie gemeinsam verbringen konnten.

Köstan ist Kurdin aus dem Iran. Auch sie war mit ihrer Familie nach Deutschland geflüchtet und hatte eine leidvolle Geschichte hinter sich. Heute besitzt sie die deutsche Staatsbürgerschaft. Doch damals im Iran war auch sie Angehörige einer Minderheit gewesen und sie wusste, was es bedeutet, ausgegrenzt zu werden. Das ermutigte mich dazu, ihr meine Geschichte zu offenbaren. Es war das erste Mal, dass ich jemandem, der nicht zur Familie gehörte, so viel von mir preisgab, und das war möglich, weil sie mich aufgrund ihrer eigenen Geschichte verstehen konnte. Und tatsächlich entdeckten wir viele Gemeinsamkeiten, so verschieden unsere Lebenswege auch waren. Was mich aber an Köstan am meisten faszinierte: Sie stand felsenfest zu ihrer Identität. Auch unsere gemeinsame

Freundin Melek hatte dieses ungebrochene Verhältnis zu ihrer Abstammung, obwohl sie als Kurdin in der Türkei ebenfalls vielen Anfeindungen ausgesetzt gewesen war, ehe sie deutsche Staatsangehörige wurde. Das gab mir Stoff zum Nachdenken.

In der Nähe des Studentenwohnheims, in dem Köstan ein Zimmer hatte, befanden sich eine Schrebergartensiedlung und ein kleiner Wald. Dort gingen wir oft spazieren, und niemals ging uns dabei der Gesprächsstoff aus. Zwischen diesen blühenden Gartengrundstücken erzählten wir uns gegenseitig unsere Fluchtgeschichten. Es wurde Herbst und im Wald fielen die Kastanien von den Bäumen, von denen ich immer einige in der Manteltasche hatte und sie durch meine Finger gleiten ließ, ihre glatte Haut beruhigte mich. Köstan erinnerten die Kastanien an ihre verlorene Heimat, und es berührte mich, mit welcher Begeisterung sie von den Bergen im Norden des Iran erzählte und davon, wie wundervoll das Licht und die Luft dort seien. Eines Tages sagte sie: »Komm doch mal zu mir nach Hause. Meine Mutter würde sich freuen.«

»Meinst du wirklich?«, fragte ich.

»Na klar!«

Köstans Familie empfing mich aufs Herzlichste und vieles erschien mir vertraut. Als Köstan auf Kurdisch mit jemandem telefonierte, horchte ich auf einmal auf. Ich kannte diese Sprache nicht, doch ich glaubte, etwas zu verstehen. Das klang ganz wie die Zahlen auf Romanes. Nachdem sie ihr Gespräch beendet hatte, bat ich Köstan, mir die kurdischen Zahlen vorzusprechen, und wir stellten fest, dass es tatsächlich viele Ähnlichkeiten gab.

Als mir meine Freundin Fotos aus ihrer Heimat zeigte, entdeckte ich noch weitere Gemeinsamkeiten. Die traditionelle Tracht der Kurden zum Beispiel hat große Ähnlichkeit mit dem, was unsere Leute früher im Kosovo trugen. Auf anderen Bildern entdeckte ich das Kochgerät meiner Kindheit, den *saç*, und erfuhr, dass er auch im Iran benutzt wurde. Köstan beschrieb mir, wie sie zu Hause früher Brot gebacken hatten, und auch das war so wie bei uns. Außerdem wickeln viele Kurden so wie wir die Babys ganz eng in Tücher ein, ein Brauch, der in Deutschland wieder in Mode gekommen ist und »Pucken« genannt wird. Und als ich einmal zu einem Familienfest eingeladen war, konnte ich ansatzlos ihre traditionellen Tänze mittanzen, die wir »*Vallja*« nennen und die auf Kurdisch »*Halparke*« heißen. Dazu bilden Frauen und Männer jeweils eine Reihe, halten sich an den Händen und bewegen sich in festgelegten Schrittfolgen zur Seite. Meist hält der oder die Erste in der Reihe ein rotes Tuch in der Hand und führt den Tanz an, bestimmt das Tempo, die Schrittfolge, von denen es unzählige Varianten gibt, und die Tanzrichtung.

Immer wieder diskutierten wir über die Frage nach unserer Identität und darüber, was es genau ist, was uns ausmacht, woher wir unsere Stärke beziehen und was uns schwach macht. Köstan war in ihren Überlegungen viel weiter als ich. Dass sie Kurdin war, erfüllte sie mit Stolz. Sehr beeindruckt war ich außerdem, als ich Köstans persische Freundinnen kennenlernte. Sie hatte sogar Farsi gelernt, um sich mit ihnen in ihrer Sprache verständigen zu können. Zu sehen, wie uneingeschränkt diese Iranerinnen meine Freundin liebten und sie bedingungslos akzeptierten, löste etwas tief in mir aus.

Wenn das möglich ist, dachte ich, dann kann ich doch auch als Romni akzeptiert werden. Ich muss nur lernen, damit so wie Köstan umzugehen: absolut souverän und selbstverständlich.

Meine Freundschaft zu Köstan brachte mich also dazu, mich endlich der Frage zu stellen, wer ich eigentlich bin. Eine

Romni aus dem Kosovo, die nichts lieber wollte, als in Deutschland dazuzugehören. Dazugehören. Ist es nicht das, was sich jeder Mensch wünscht, egal, welche Hautfarbe, welche Kultur, welche Religion er hat, welche Sprache er spricht? Und ist es nicht widersinnig, dass ich mich gemeinsam mit meiner gesamten Familie nach Kräften darum bemüht hatte, von der Ausländerbehörde als Romni anerkannt zu werden, und mich außerhalb meines Freundeskreises noch immer scheute, mich dazu zu bekennen?

»Warum?«, wollte Köstan wissen. »Wir sollten zu unserer Herkunft stehen. Wenn wir uns von unserer eigenen Kultur abschneiden lassen«, fuhr Köstan fort, »dann berauben wir uns der wichtigsten Kraftquelle, die uns bleibt.«

Auch wenn ich Köstan zustimmte – allein die Erkenntnis half mir nicht, über Nacht voll und ganz zu dem zu stehen, was ich seit Kindesbeinen zu verbergen versucht hatte. Dennoch war etwas Wichtiges passiert: Der innere Prozess meiner Auseinandersetzung mit dem Thema hatte begonnen und war nicht mehr aufzuhalten.

Wie wichtig es war, diese Frage für mich zu klären und einen eigenen Standpunkt zu finden, das erfuhr ich immer wieder in meinem Alltag. Zum Beispiel werde ich nie eine bestimmte Gerichtsverhandlung während meiner Ausbildungsstation bei der Staatsanwaltschaft vergessen. Der Staatsanwalt, dem ich zugeordnet war, lieh mir für die Zeit dort freundlicherweise seine Ersatzrobe, damit ich mir nicht jedes Mal aufs Neue eine bei Gericht ausleihen musste. Sie war viel zu groß für mich, und ich musste die Ärmel hochkrempeln.

Eines Tages übertrug mir der Staatsanwalt einen Fall, der mich ziemlich beunruhigte. Es ging um zwei junge Männer, denen vorgeworfen wurde, sie hätten spätabends an einem Bahnhof Nazi-Parolen gebrüllt und damit andere Wartende belästigt. Die Bahnhofspolizei hatte die jungen Männer angezeigt, und nun sollte ausgerechnet ich, eine Romni, ihnen gegenüber die Staatsanwaltschaft vertreten. Zu meiner Erleichterung waren die zwei keine wirklich harten Burschen, auch wenn sie mit kahl geschorenen Köpfen und Lederjacken zur Verhandlung erschienen. Spätestens als mich einer von ihnen anflehte: »Bitte, Frau Staatsanwältin, seien Sie nicht so streng! Wir haben das gar nicht so gemeint!«, legte sich meine Nervosität. Ich merkte, dass diese Jungs, die unter anderen Umständen wohl nicht gezögert hätten, mich zu beschimpfen, Respekt vor mir hatten.

Aber galt dieser Respekt tatsächlich mir oder nicht doch viel eher der Robe der Staatsanwaltschaft? Wo war eigentlich hinter den vielen Existenzen, die ich lebte, mein wahres Ich verborgen? Mir wurde klar: Egal, was ich erreicht hatte, am Ende kam es darauf an, dass ich selbst eine Antwort auf diese Frage fand. Denn meine intellektuellen Fähigkeiten allein konnten mir nicht zu einem erfüllten und glücklichen Leben verhelfen.

Nach den drei Monaten bei der Staatsanwaltschaft erhielt ich im Zuge meiner Verwaltungsstation die Gelegenheit, etwas ganz anderes auszuprobieren. Meine Aufgabe war es, für die Folkwang Musikschule Essen die Satzung für eine Stiftung mit dem Titel »Jedem Kind ein Instrument« auszuarbeiten. Der damalige Bundespräsident Horst Köhler hatte die Schirmherrschaft für diese Initiative übernommen, die sich zum Ziel gesetzt hatte, jedem Erstklässler bis zum Jahr 2010, in dem das Ruhrgebiet unter dem Namen RUHR.2010 Kulturhauptstadt werden sollte, kostenfrei die Möglichkeit zu geben, ein Musikinstrument zu erlernen. Das Projekt wurde ein großer Erfolg, besteht bis heute und auch in anderen Bundesländern entstanden solche Initiativen. Meine eigene Nichte durfte sich übrigens im Zuge dieses Projekts vor Kurzem ebenfalls ein Instrument aussuchen, was mich sehr freute.

Nun folgte die neunmonatige Ausbildung bei einem Anwalt, und natürlich absolvierte ich diese wieder in der Kanzlei von Eberhard Haberkern und seinen Kollegen. Es war für mich wie ein Nach-Hause-Kommen. Mit diesen Menschen hatte ich schon so viel durchgestanden, all das gemeinsam Erlebte verbindet uns bis heute. Außerdem hatte ich schon längst beschlossen, nach dem Zweiten Staatsexamen selbst Anwältin zu werden. Und da ich als studentische Hilfskraft auch den Sekretariaten zugearbeitet hatte, waren mir die Abläufe innerhalb einer Kanzlei geläufig.

Meine Wahlstation dagegen war eine ausgezeichnete Gelegenheit, einmal die andere Perspektive kennenzulernen: Ich wurde nämlich dem Verwaltungsgericht einer benachbarten Stadt zugeordnet und bekam hier wertvolle Einblicke in die verwaltungsjuristische Seite. Meine Kammer war unter anderem auch für ausländerrechtliche Fälle zuständig, und ich fand es interessant zu beobachten, wie ein Gericht solche Fälle, die das Asyl- oder das Aufenthaltsrecht betrafen, betrachtete. Wie zuvor beim Landgericht war ich auch hier einem Richter zugeordnet. Er gab mir Fälle, und ich arbeitete mich in die Akten ein, bereitete das Verfahren und die mündliche Verhandlung samt der Urteilsentscheidung vor. Das war mitunter kompliziert, der Richter und ich waren nicht immer einer Meinung und diskutierten häufig miteinander, wobei ich eine Menge lernte. Jedes Mal, wenn wir die Kantine aufsuchten, übernahm der Richter großzügig meinen Kaffee mit den Worten: »Erst wenn Sie mir Ihren Steuerbescheid vorlegen, dürfen auch Sie mich mal zu einem Kaffee einladen.«

Tatsächlich sollten wir uns später wieder begegnen, da war ich Anwältin und vertrat Mandanten vor diesem Gericht.

Mein Referendariat war eine Zeit, die ich wirklich genießen konnte. Endlich war der jahrelange Druck der Duldung von mir genommen und damit auch die Angst, jederzeit abgeschoben zu werden. An dieser Front musste ich nicht mehr kämpfen, und das war eine unglaubliche Erlösung. Neben meiner Arbeit in den jeweiligen Ausbildungsstationen und den Arbeitsgemeinschaften traf ich mich so oft wie möglich mit Köstan, Melek und meinen anderen Freunden und holte ein bisschen von dem nach, was mir während des Studiums nicht möglich gewesen war: Ich genoss es, mit meinen Freunden abends auszugehen und das unbeschwerte Gefühl einer Studentin zu haben, von dem mein Französischlehrer uns damals so viel vorgeschwärmt hatte.

Trotzdem vergaß ich nie, dass noch eine weitere Hürde vor mir lag: das Zweite Staatsexamen, das von allen Referendaren so gefürchtet wurde. Ich wollte schließlich Anwältin werden, dazu brauchte ich eine ordentliche Note und eine Anwaltszulassung.

Wieder war der Stoff, den wir zu lernen hatten, immens. Gemeinsam mit Melek und Köstan lernte ich nicht nur, ich hatte auch begonnen, mit den beiden regelmäßig Sport zu treiben, was ein guter Ausgleich war. Außerdem wurde das Training für mich auch zu einem Mittel, mich in jene Stimmung zu versetzen, die ich brauchte, um den erfolgreichen Verlauf meiner Prüfung zu visualisieren. Ich erinnere mich noch genau, wie ich im Sportstudio auf dem Laufband trainierte, unermüdlich einen Fuß vor den anderen setzte, alles um mich herum vergaß und mir stattdessen meine Prüfungssituation vorstellte. Ich sah alles genau vor mir, meine Professoren, die Prüfer und mich selbst: ganz ruhig und selbstbewusst, vollkommen ohne Angst. In meiner Vorstellung kannte ich die Antwort auf jede Frage der Prüfungskommission. Und während ich lief und lief, bis ich meine Beine nicht mehr spürte, öffnete sich irgendwann diese Wand, die das Examen für mich bedeutete, und ich lief einfach durch sie hindurch. In solchen Momenten wusste ich, dass ich alles schaffen könnte, wenn es mir nur gelänge, diese innere Kraft, die ich in solchen Augenblicken fühlte, in den entscheidenden Stunden zu reaktivieren.

Als es so weit war, brachte mich meine türkische Freundin Nuray zum Gericht, wo wir die Klausuren schreiben mussten. Sie fuhr mich auch zur mündlichen Prüfung, die morgens früh um acht begann und den ganzen Tag dauerte. Hier war ich unter lauter Männern die einzige Frau, und wir mussten alle schmunzeln, wenn der Vorsitzende sagte: »Frau Bislimi, meine Herren ...« Die Prüfung verlief bestens, und als ich abends um sechs Uhr erfuhr, dass ich bestanden hatte, war ich unsagbar glücklich und gleichzeitig vollkommen erledigt. Meine Geschwister samt meiner kleinen Nichte, Köstan und Melek und ein paar andere Freunde hatten sich vor dem Eingang versammelt, um mich abzuholen, und jubelten, als sie von meinem guten Ergebnis erfuhren. Gemeinsam fuhren wir zu meinen Eltern, aßen dort eine Kleinigkeit – und dann fiel ich todmüde ins Bett.

»So etwas gibt es kein zweites Mal«, sagte mein Kollege Klaus Rothfahl, der in der Zwischenzeit ein guter Freund geworden war. »Kommt als vierzehnjähriges Flüchtlingskind hierher, und heute feiert sie mit uns ihr Zweites Staatsexamen.«

»Und?«, wollte Eberhard Haberkern von mir wissen. »Wann fängst du bei mir an?«

»Gleich nächste Woche«, antwortete ich wie aus der Pistole geschossen.

Eberhard lachte, dann schüttelte er den Kopf.

»Nein, nein«, sagte er dann ernst. »Du machst jetzt erst einmal drei Wochen Pause.«

Das Angebot, bei ihm als Anwältin einzusteigen, kam nicht ganz unerwartet. Schon ein paar Wochen zuvor hatte er mir erzählt, dass in der Kanzlei eine neue Stelle geschaffen würde.

»Es geht um Ausländer- und um Asylbewerberleistungsrecht«, hatte er gesagt. »Das wäre doch genau das Richtige für dich.«

Mein Examen hatte ich am 11. August abgelegt, eines dieser Daten mit meiner Glückszahl Elf. Am 1. September begann ich in jener Kanzlei als Anwältin zu arbeiten, die ich Jahre zuvor mit so vielen gemischten Gefühlen betreten hatte. Ein Traum ging in Erfüllung. Und doch hätte ich diesen Traum vielleicht niemals geträumt, wäre ich nicht so lange von der Abschiebung bedroht gewesen.

11

RÜCKKEHR INS
LAND MEINER KINDHEIT

Nun hatte ich also das Niederlassungsrecht in Deutschland, eine Deutsche war ich deswegen noch lange nicht. Und noch immer hatte ich für mich die Frage nach meiner eigenen Identität nicht wirklich geklärt. Ich war jetzt genauso lange in Deutschland, wie ich im Kosovo gelebt hatte, und etwas in mir wünschte sich, die alte Heimat wiederzusehen.

Im Februar 2008 hatte das kosovarische Parlament die Unabhängigkeit erklärt, inzwischen erkannten 109 der 193 Mitgliedsstaaten der Vereinten Nationen die unabhängige Republik Kosovo an. 2009 wurde das Land Mitglied im Internationalen Währungsfond. Auch wenn der völkerrechtliche Status der Republik bis heute nicht unumstritten ist, so nahm ich diese Nachricht doch mit Freude auf.

Es gab jetzt also die Möglichkeit, sich einen kosovarischen Pass ausstellen zu lassen, und ich hatte das Gefühl, dass dies zu meiner Selbstfindung dazugehörte. Denn ich fand es stimmiger, auf die Frage, welcher Nationalität ich angehörte, zu antworten: »Ich bin Kosovarin«, statt »Kosovo-Albanerin«.

Außerdem war in allen amtlichen Papieren, die ich besaß, mein Vorname falsch eingetragen: »Nizagete« mit »g« statt mit »q«. Das hatte mich schon lange gestört. Jetzt stand ich kurz vor der Anwaltszulassung, und in dieser Urkunde wollte ich endlich meinen Namen richtig geschrieben sehen. Nach den beiden Staatsexamina war mir dieser Schritt äußerst wichtig. Es war mir, als würde mit dieser Zulassung endlich mein neues Leben beginnen. Und in diesem neuen Leben wollte ich Nizaqete sein mit »q«. Auch wünschte ich mir, das Land meiner Kindheit wiederzusehen, und so unternahm ich im Oktober 2009 gemeinsam mit meiner Mutter eine Reise zurück zu meinen Wurzeln. Ich hatte ja keine Ahnung, wie schicksalhaft diese Reise für mich werden sollte.

Meine Mutter war schon vorausgeflogen. »Zehn Tage«, hatte sie gesagt, »musst du mindestens für die Ausstellung eines Passes einrechnen. Es kann eng werden, aber ich denke, es ist zu schaffen.«

Auf dem Flug nach Prishtina fragte ich mich, was mich wohl erwarten würde. Wir landeten gegen zehn Uhr morgens, kurze Zeit später passierte ich die Passkontrolle. Hinter den Kontrolleuren sah ich durch geöffnete Türen in kahle Räume mit Schreibtischen und harten Stühlen davor, und ich fragte mich unwillkürlich, was wohl mit mir geschehen wäre, wenn ich irgendwann in der Zeit zwischen unserer Flucht und meinem Niederlassungsrecht abgeschoben worden wäre. Hätte man mich in einem dieser Räume befragt? Heute jedoch wurden mir meine Papiere anstandslos wieder zurückgeschoben. Ein paar Fragen nach dem Zweck meiner Reise, die ich in fließendem Albanisch beantwortete. Und schon war ich durch.

Ich sah mich suchend nach meiner Mutter um, konnte sie nirgendwo entdecken. Schließlich verließ ich das Flughafengebäude und ging Richtung Parkplatz. Dort fand ich sie in der Gesellschaft eines Mannes. Es brauchte eine Weile, bis ich begriff, dass dies mein Cousin war. Er war eines der Kinder aus der Stadt gewesen, die damals die Ferien bei uns in Hallaç i Vogël verbracht hatten. Ich war erschrocken über seine Erscheinung und ahnte doch die Antwort auf die Frage, was ihn so sehr hatte altern lassen. Als wir uns begrüßten, lag die Distanz der getrennt verbrachten Jahre zwischen uns, wir waren uns fremd geworden, zu viel war inzwischen geschehen.

Auf dem Parkplatz, wo wir den Taxifahrer suchten, der irgendwie mit uns verwandt war und auf uns wartete, sah ich bettelnde Roma. Eine Romni kam mit einem Kleinkind auf dem Arm auf mich zu. Und während sie mich um Geld ansprach, fragte ich mich, ob diese Frau wohl abgeschoben worden war und ob man sie wohl in jenen Räumen, die ich vorhin gesehen hatte, festgehalten hatte, ehe man sie in die Hoffnungslosigkeit entließ. Ich gab der Frau einen Geldschein, und während wir weitergingen, überlegte ich, was wohl mit mir geschehen wäre, hätte die Ausländerbehörde eine ihrer zahllosen Drohungen ernst gemacht und uns bei Nacht und Nebel abgeschoben. Was wäre dann aus mir geworden? Wie wäre man hier mit mir umgegangen? Würde ich jetzt so wie sie auf dem Parkplatz um Almosen bitten?

Es brauchte also fünfzehn Minuten in diesem Land, und ich war zutiefst erschüttert. Im Taxi saß ich mit meiner Mutter auf der Rückbank und sah hinaus in die Landschaft. Alles erschien mir fremd. Ich musste daran denken, wie ich vor vielen Jahren meine Heimat durch das Fenster eines Reisebusses hatte entschwinden sehen. Jetzt kam ich zurück. Doch als wir durch die Dörfer fuhren, die mir eigentlich hätten vertraut sein sollen, erkannte ich auch hier nichts wieder. Alles sah so anders aus. Wie konnte das möglich sein? Tränen liefen mir über die Wangen, so sehr überwältigte mich diese Rückkehr in meine

Vergangenheit, in der nichts mehr so war, wie ich es erinnerte. Gleichzeitig schämte ich mich vor dem Taxifahrer, den ich überhaupt nicht kannte, auch wenn er verwandt mit uns sein sollte. Alles war unglaublich verwirrend.

»Als Erstes fahren wir zur Behörde«, sagte meine Mutter entschlossen. Sie drückte meine Hand, tat aber so, als bemerkte sie meine Verwirrung nicht. »Am besten stellen wir deinen Antrag sofort, damit dein Pass auch rechtzeitig fertig wird.« Natürlich hatte sie recht. Und doch ging mir an diesem Morgen alles viel zu schnell.

Ich war als Kind gegangen und kehrte als erwachsene Frau zurück, und die schmerzhafte Erkenntnis, dass nichts mehr so war wie in meinen Erinnerungen, begann in meinem Magen zu bohren, wanderte langsam weiter hoch und erfüllte mein Herz. Ich war unendlich aufgewühlt. Und während ich ein Taschentuch nach dem anderen vollheulte, vermied ich es, meine Mutter anzusehen.

Wir fuhren direkt vom Flughafen nach Lipjan zum Amt, um noch vor der Mittagspause meinen Antrag abzugeben. Dort legten wir alle Papiere vor, die ich mitgebracht hatte, darunter auch jene Geburtsurkunde, die von der UNMIK ausgestellt worden war und die man damals bei der Anmeldung für mein Erstes Staatsexamen in Deutschland akzeptiert hatte. Es war noch immer die aktuellste, die ich besaß.

»Diese Geburtsurkunde können wir nicht anerkennen«, meinte allerdings der Beamte. »Die wurde ja von den UN ausgestellt. Habt ihr keine von vor dem Krieg?«

Doch, das hatten wir. Die lag allerdings bei der Ausländerbehörde in O. Also machten wir uns auf den Weg zum Postamt. Ich wollte meine Schwester anrufen und sie bitten, sich bei der Ausländerbehörde eine Kopie geben zu lassen und mir diese per Eilpost zuzuschicken.

Hinter dem Postschalter, an dem man sich ein freies Telefon zuweisen lassen musste, saß eine junge Albanerin, die mich eingehend musterte.

»Bist du nicht Nizaqete Bislimi?«, fragte sie nach einer Weile.

»Ja«, antwortete ich verblüfft. Ich hatte keine Ahnung, wer die junge Frau war.

»Meine Schwester war in deiner Parallelklasse«, erklärte sie mir freundlich. »Ich kann mich noch genau an dich erinnern. Du warst immer so gut in der Schule«, fuhr sie fort, »und wir haben dich und deine Schwestern echt bewundert.«

Ich war vollkommen perplex. Ein warmes Gefühl der Freude breitete sich in mir aus. Das Mädchen erzählte, was aus ihrer Schwester geworden war, fragte nach Miri und Mirsade. Das tat mir so wohl, endlich war da so etwas wie ein Anker, der bis in meine Vergangenheit reichte und zu meinen Erinnerungen passte, auch wenn sich sonst alles verändert hatte.

Danach eilten wir zurück zum Amt, wo man uns wegen eines anderen Formulars zur Polizeidienststelle schickte. Ich war froh, dass ich meine Mutter an der Seite hatte, die diese Prozedur schon einmal hinter sich gebracht hatte und immer wusste, was als Nächstes zu tun war, und die stets leicht mit den Leuten ins Gespräch kam. So kam es auch, dass sich der Beamte erbot, für mich im Geburtenregister der Gemeinde nachzusehen und mir die nötige Bescheinigung auf diese Weise zu beschaffen, sodass wir auf die Geburtsurkunde verzichten konnten. Es verstand sich von selbst, dass diese zusätzliche Dienstleistung entsprechend privat vergütet werden sollte. Wir baten ihn, dies für uns zu erledigen, und gaben ihm alle dafür notwendigen Informationen.

Als die Behörden zur Mittagspause schlossen, atmete meine Mutter tief durch.

»Hast du Lust, *Qebapi* zu essen?«, fragte sie mich lächelnd, denn sie kannte meine Antwort. Natürlich hatte ich Lust. Ich liebe *Qebapi*, schon als Kinder hatten wir meine Mutter auch deswegen so gerne nach Lipjan begleitet, weil immer die Möglichkeit bestand, dass man diese leckeren gegrillten Hackfleischröllchen zu essen bekam. Der Geschmack von *Qebapi* ist für mich untrennbar mit Kindheit und Heimat verbunden. Außerdem war ich nach dem frühen Flug müde und ausgesprochen hungrig.

Nach dem Essen besuchten wir unsere Verwandten, bei denen wir während unseres Aufenthalts im Kosovo wohnen würden. Im Haus meiner Tante väterlicherseits sah ich meinen Cousin wieder und lernte dessen Frau und Kinder kennen. Es berührte mich tief, meine Verwandten endlich wiederzusehen. Dass wir allen Besuche abstatteten, wurde von uns selbstverständlich erwartet, das gehört sich auf dem Balkan so. Meine Mutter war also nicht nur damit beschäftigt, unsere Behördengänge zu organisieren, sondern auch damit, die Besuche zu planen.

Nach der Mittagspause gingen wir wieder zur Behörde. Jetzt erfuhren wir, dass es eine weitere Möglichkeit gab, zu beweisen, dass ich im Kosovo geboren worden war, nämlich anhand eines Schulzeugnisses. Vordrucke für dieses Formular gab es samt Stempel im örtlichen Gemischtwarenladen, und so eilten meine Mutter und ich dorthin, um ein solches Formular zu erwerben. Von dort ging es direkt zu meiner früheren Schule.

Mein Herz schlug höher, denn mit dieser Schule verband ich schöne Erinnerungen, hier hatte ich bis zum Ausbruch der

Konflikte gute Jahre verlebt, und ich freute mich riesig darauf, diesen Ort wiederzusehen. Doch wieder erschien es mir, als befände ich mich in einem Traum: Alles war so viel kleiner als in meinen Erinnerungen, so als wäre die Schule in den vergangenen Jahren geschrumpft: der Schulhof mitsamt seinen Bäumen und dem Brunnen, das Denkmal des Dichters Migjeni, selbst das Fußballfeld und die angrenzende Wiese mit dem Schuppen.

Als wir den Hof betraten, war gerade große Pause, und als ich die Kinder dort herumtollen sah, war mir, als wäre ich in eine Zeitmaschine geraten, die gleichzeitig alles verkleinerte. Wie in Trance folgte ich meiner Mutter in das zweistöckige Gebäude und die vertraute Treppe hinauf zum Sekretariat. Meine Mutter fragte nach meinen Lehrern, und tatsächlich waren noch einige da, die mich kannten. Der Lehrer, der früher meine Parallelklasse unterrichtet hatte, war inzwischen Schulleiter geworden.

»Nizaqete«, rief er mit einem großen Strahlen im Gesicht. »Natürlich erinnere ich mich, wie könnte ich die Schwestern Bislimi vergessen?«

Als meine Mutter ihm erzählte, dass ich in Deutschland als Anwältin arbeitete, war er mächtig stolz auf mich. Im Nu liefen Sekretärinnen und Lehrer von früher zusammen und konnten es kaum glauben, mich wieder zu sehen. Das notwendige Schulzeugnis zu bekommen war überhaupt kein Problem, und als die Klingel wieder zum Unterricht rief, verabschiedeten wir uns und gingen zurück zur Passbehörde.

»Zuerst stellen sie dir einen Personalausweis aus«, erklärte mir meine Mutter unterwegs, »und zwar im Schnellverfahren, weil du eine Bürgerin in der Diaspora bist. Das kostet zwar mehr, aber dafür bekommst du ihn auch innerhalb von drei

Tagen. Und mit dem Personalausweis kannst du dann den Pass beantragen.«

Die Wartezeiten zwischen diesen beiden Terminen wollten wir nutzen, um Verwandte zu besuchen, so oft wie möglich *Qebapi* zu essen und *Çaj*, also Tee, zu trinken.

In unserer westlichen Kleidung wurden wir fast überall respektvoll behandelt. Es war aber auch nicht zu übersehen, dass die meisten einheimischen Roma nicht gut behandelt wurden. Ich hatte den Eindruck, dass es der Mehrheit der albanischen Bevölkerung ganz gut ging, während die Angehörigen der Minderheiten sehr ärmlich wirkten.

Eines Tages mussten wir zur Bank, um eine Gebühr zu überweisen. Der Bankbeamte war in ein privates Gespräch mit dem Kunden vor uns vertieft, und obwohl er uns sehr wohl bemerkt hatte, machte er keine Anstalten, uns zu bedienen.

Das ging eine Weile so, bis eine Kollegin kam und für uns den Nachbarschalter öffnete. Als der Kunde uns bemerkte, fing er an, »Zigeunerwitze« zu erzählen. Mir gefror fast das Blut in den Adern, so unangenehm war mir die Situation.

Es gab noch andere Momente während dieses Besuchs, in denen ich das deutliche Gefühl hatte, dass man mich durchaus als Romni identifizierte und entsprechend kategorisierte. Zum Beispiel an einem Morgen auf dem Markt, als ich mit meiner Mutter und meiner Tante einkaufen war. Schon als kleines Mädchen fand ich es großartig, meine Mutter zum Markt zu begleiten. Das Spektrum an Farben, an Gerüchen und die Geräuschkulisse, das alles war mir lieb und vertraut. Doch dann fiel mir auf, dass besonders einige ältere Männer mich scharf beobachteten und mir Blicke zuwarfen, die mir äußerst unangenehm waren und die ich als durchdringend, verachtend und besitzergreifend empfand. Ich spürte, dass meine Mutter und meine Tante allein aufgrund ihres Alters ihre Position im sozialen Gefüge dieser Gesellschaft gefunden hatten und sich selbstsicher in diesem Umfeld bewegten. Ich aber hatte meinen Platz in dieser Gesellschaft noch nicht gefunden, und diese Männer schienen das zu spüren. Ich hatte den Eindruck, dass sie in mir eine fremde, attraktive, junge Frau sahen, eine *magjupe*, die im Ernstfall Freiwild wäre. Obwohl ich in meinem Mantel dick eingepackt war samt Schal und Mütze, wurde ich das Gefühl nicht los, dass diese Blicke mich auszogen. Und mir wurde einmal mehr klar, dass ich niemals mehr in einem Land leben wollte, wo man mich als einen Menschen zweiter Klasse einordnete.

Am wohlsten fühlte ich mich deshalb im Haus meiner Tante in Ferizaj. In der mir fremd gewordenen Heimat war mir ihre Wohnung ein Rückzugsort, wo wenigstens einiges noch so war wie früher: Hier roch es wie in meiner Kindheit nach frisch gebackenem Brot, das ich noch warm essen durfte und das auf der Zunge diesen unverwechselbaren Geschmack nach Geborgenheit und Kindheit entfaltete. Auch das Wohnzimmer meiner Tante war noch immer genauso eingerichtet wie früher, und so wie wir früher herumgetollt waren, taten dies nun ihre beiden Enkelsöhne. Oft saß ich einfach nur da, betrachtete meine Tante und versuchte, mir ihr Gesicht einzuprägen, denn mir war sehr wohl bewusst, dass ich sie möglicherweise nie wiedersehen würde. Ich liebte ihre Art, Geschichten zu erzählen. Und eines Tages begann sie auch von ihren Erlebnissen im Krieg zu sprechen.

Was sie erzählte, bewahre ich bis heute tief in meinem Herzen. Darüber schreiben möchte ich nicht. In der Nacht danach hatte ich Albträume, und diese sollten mich noch viele Jahre lang begleiten. Wieder träumte ich von Dingen, die ich nicht gesehen, von denen ich nur gehört hatte, für mein Unterbewusstsein reichte das aus, um Bilder entstehen zu lassen. Einmal fragte ich meine Tante, warum hier so viele Menschen über Zahnschmerzen klagten und in jungen Jahren bereits Kronen brauchten.

»Man vermutet«, sagte meine Tante, »dass das Blei aus den Geschossen ins Grundwasser gelangt ist und dass uns das langsam vergiften wird.«

Meine Mutter und ich nahmen den Bus nach Skopje in Mazedonien, wo mein Großvater inzwischen in der nördlich der Stadt gelegenen Siedlung *Shuto Orizari* wohnte. Hier lebten fast ausschließlich Roma, und die Siedlung wurde unter dem Namen *Shutka* durch zahlreiche Medienberichte auch im Westen bekannt als »Stadt der Roma«. Ich hatte meinen Großvater als großen, stolzen und erfolgreichen Mann verlassen, der eine gut gehende Werkstatt für Maschendraht gehabt hatte und außerdem ein ausgezeichneter Koch in einer Fabrikkantine gewesen war. Nun traf ich einen alten, gebeugten Mann an, der in einer feuchten Kellerwohnung leben musste. Es tat weh, ihn so zu sehen.

»Komm her, mein Kind, lass dich umarmen«, sagte er zärtlich und voller Rührung. Dann bedankte er sich so herzlich für die Geldgeschenke, die ich nach meinen bestandenen Examina geschickt hatte, dass ich verlegen wurde und mit den Tränen kämpfte.

Dass mein Großvater nun unter so ärmlichen und ungesunden Verhältnissen leben musste, damit musste ich erst einmal fertigwerden. Und doch: Zwar lebte er nicht mehr in seinem schönen großen Haus, war nicht mehr der kräftige und

Mai 1998: Geschafft! Mein Abiball!

Oktober 1998: Beginn
des Studiums; von
dieser Bushaltestelle aus
fahre ich jahrelang
nach Bochum.

11.08.2009: Mit meiner Freundin Köstan am Tag der mündlichen Prüfung für das Zweite Staatsexamen.

Mein »Empfangskomitee« nach der mündlichen Prüfung in Düsseldorf.

16.11.2009: In Hamm wird mir die Zulassungsurkunde
überreicht – nun darf ich als Anwältin arbeiten!

Mit meinen Eltern am Tag meiner Zulassung zur Rechtsanwaltschaft.

Oktober/November 2009: Meine Tante und ich während meiner ersten
Kosovo-Reise – Wiedersehensfreude nach 16 Jahren.

2009: Meine Mutter mit meiner Tante und meinen Cousinen.

Juni 2012: Meine Schwester und ich vor dem neu errichteten monumentalen Wahrzeichen auf dem Plostad Makedonija in Skopje, Mazedonien.

2012: Hochzeitsfeier in Skopje, ich, meine Nichte, Miri, meine Mutter und Ferid (v. l. n. r.).

2012: In der TV-Talkshow »Menschen bei Maischberger« zum Thema »Feindbild Sinti und Roma: Sind wir zu tolerant?«.

2014: Bei der Kundgebung zum 8. April, dem Internationalen Tag der Roma, in Berlin.

12.12.2013: Bei der Podiumsdiskussion »Integration ist Teilhabe« des
19. Forums Migration der Otto-Benecke Stiftung in Bonn.

8. April 2015: Wie im Jahr zuvor halte ich eine Rede am Brandenburger Tor und begehe diesen historischen Tag mit meinen Freunden und Mitstreitern.

Rede am Brandenburger Tor: Seit dem 8. April 1971 kämpfen die Roma gemeinsam gegen Diskriminierung.

einflussreiche Mann – seine außergewöhnliche Liebenswürdigkeit und seine persönliche Würde hatte ihm keiner nehmen können. Auch nicht seine Gastfreundschaft, die ihn trotz seines Alters in aller Herrgottsfrühe aufstehen ließ, um zum Markt zu gehen und für uns frisches Gemüse einzukaufen. Er hatte viele Jahre lang in der Fabrikkantine gearbeitet. Außerdem wusste er, wie gut mir sein Essen schmeckte, und darum überraschte er mich mit einem meiner Lieblingsgerichte. Er hatte auch nicht vergessen, wie gerne ich morgens *Burek* aß, und als ich um neun Uhr aufstand, wartete schon ein heißes Blech mit diesen köstlich duftenden Blätterteig-Quarkpasteten auf mich.

»Jetzt, wo du schon mal hier bist«, sagte meine Mutter, »sollst du auch deine Tante besuchen, die ebenfalls hier lebt.«

All diese Besuche machten einen tiefen Eindruck auf mich, denn nirgendwo konnte ich die alten Bilder in meinem Kopf mit dem, was ich hier antraf, in Einklang bringen. Und doch gab es immer wieder kleine Dinge, die in mir eine Erinnerungskaskade in Gang setzte, ein Bild an der Wand, ein besonderer Geruch, ein längst vergessener Ausdruck oder das Aroma einer schon lange nicht mehr gekosteten Speise.

Schließlich fuhren wir wieder zurück nach Ferizaj und unternahmen von dort aus einen weiteren Besuch bei einer Tante in Fushë Kosovë, heute ein Vorort von Prishtina. Hier fand ich den Kontrast zwischen Arm und Reich besonders offensichtlich. Moderne Gebäude mit Leuchtreklamen und prächtige Villen standen direkt neben kleinen, windschiefen und halb verfallenen Häusern, denen bisweilen die Dachrinnen abmontiert worden waren. Ich sah einen Mann, der die Mülleimer nach Brauchbarem durchsuchte, während gut gekleidete Geschäftsleute ungerührt an ihm vorübergingen. Diese Bilder prägten sich mir tief ein.

Auch das Haus meiner Tante gehörte zu der Sorte, von der man befürchten musste, dass sie nicht mehr lange Wind und Wetter standhalten konnte. Das Badezimmer hatte keine Tür mehr, der Boden warf Beulen unter dem Teppich, doch als wir alle zusammen um die *sofra* saßen, den traditionellen niedrigen runden Tisch, war das alles nicht mehr wichtig. Ich war sehr berührt von der Freude, die mein Besuch allerorts auslöste. Und niemals werde ich die köstlichen, mit Frischkäse gefüllten Paprika vergessen, die diese Tante so unvergleichlich lecker zubereitet, sodass ich einfach nicht anders konnte, als viel zu viel davon zu essen.

Diese Tante ist mir auch deswegen so lieb, weil sie die Erste in der Familie meines Vaters war, die damals meine Mutter akzeptierte und freundlich aufnahm, auch wenn sie keine Hashkali ist.

»Darf ich dich um etwas bitten, Hallë?«, fragte ich sie an jenem Abend.

»Aber sicher, mein Kind«, antwortete sie.

»Ich hätte so gerne etwas Persönliches von dir. Magst du mir eines deiner Kopftücher schenken?«

Ein großes Strahlen ging über das Gesicht meiner Hallë, wie wir die Tanten väterlicherseits auf Albanisch nennen. Sofort sprang sie auf und ging zu ihrer Truhe.

»Komm her, Nizaqete«, rief sie, »bitte, suche dir eines aus.«

Auch meine anderen Tanten schenkten mir jede eines ihrer Tücher, und noch heute trage ich sie und halte sie in großen Ehren. Ich hätte so gerne eine *dimije* von meiner Nana gehabt, jenes traditionelle Gewand mit den Pluderhosen, das sie immer getragen hatte. Ich hatte dies allerdings nie jemandem erzählt,

194

und so wurden ihre Sachen nach ihrem Tod unter den Verwandten aufgeteilt, die um sie gewesen waren. Nun freute ich mich umso mehr über die Tücher meiner Tanten. Und jedes Mal, wenn ich eines trage, fühle ich das Band meiner Zugehörigkeit zu meiner Familie und zu meiner Herkunft.

In Lipjan erhielt ich meinen brandneuen kosovarischen Pass, und endlich fand ich darin auch meinen Namen richtig geschrieben. Meine Reise ging nun zu Ende. Es waren die längsten, intensivsten zehn Tage meines Lebens. Der Abschied war schwer und voller Tränen. Jeder wusste: So bald würde ich nicht wiederkommen können. Für viele meiner älteren Verwandten war es ein Abschied für immer. Das tat weh. Diese Reise hatte mich aufgewühlt bis in mein Innerstes. Noch konnte ich die Eindrücke nicht sortieren. Es war viel Schönes dabei gewesen, wertvolle Begegnungen, die ich für immer als wichtige Erinnerungen in mir verwahren werde. Und doch war ich auch froh, wieder nach Hause, nach Deutschland fahren zu können.

Als ich gemeinsam mit meiner Mutter am Flughafen in Prishtina auf den Abflug unserer Maschine wartete, gingen mir viele Fragen durch den Kopf. Wo gehörte ich hin? Nach Deutschland, wo ich mir so hart das Recht erkämpft hatte, zu leben und zu arbeiten? In den Kosovo, wo man mit meiner Abstammung noch immer ein Mensch zweiter Klasse war und es auch immer bleiben würde? Insgeheim hatte ich mir erhofft, dass diese Reise mich bei der Suche nach meiner wahren Identität ein Stück weiterbringen würde. Tatsächlich aber hatte sie mich noch viel stärker verunsichert.

Am Flughafen hatte ich Zeit, die jungen Frauen des Bodenpersonals zu beobachten. Schon zuvor war mir aufgefallen, wie selbstsicher sich viele der jüngeren Albanerinnen auf den Straßen bewegten. Auch hier in der Wartehalle des Flughafens strahlten diese perfekt geschminkten jungen Frauen in ihren eleganten schwarzen Röcken und weißen Blusen ein großes Selbstbewusstsein aus. Und ich dachte: Ich habe wirklich etwas erreicht. Ich bin Anwältin. Und doch gehe ich bei Weitem nicht so selbstbewusst durch die Welt, wie ich das sollte. Wofür schäme ich mich eigentlich?

Und dann war sie da, die Erkenntnis: Ich war keine Albanerin und würde nie eine sein. Die junge Republik Kosovo brauchte mich nicht. Sie hatte ihre eigenen Leute, die stolz darauf waren, Albaner zu sein. Wir Roma waren hier Fremde, so wie wir es überall auf der Welt sind, solange wir uns selbst fremd bleiben.

Ich wollte aber keine Fremde bleiben, nicht in Deutschland und nicht in meinem eigenen Körper. Ich wollte dazugehören und dennoch die bleiben dürfen, die ich war. Dafür aber musste ich mich zunächst einmal selbst mit meiner Herkunft aussöhnen. Um irgendwann einmal mit demselben selbstverständlichen Stolz sagen zu können: Ich bin eine Romni, so wie diese jungen Damen vom Bodenpersonal des kosovarischen Flughafens stolz waren, Albanerinnen zu sein. Auch Köstan lebte es mir bereits vor. Aber diesen Weg muss jeder für sich alleine gehen. Nun kam es darauf an, dass ich endlich meinen eigenen fand.

12

ZEIT DER
FINDUNG

Diese Reise wirkte noch lange in mir nach. Viele der Begegnungen konnte ich erst im Nachhinein aufarbeiten. Ich hatte in diesen zehn Tagen so viele Eindrücke gesammelt, dass ich davon überfordert war. In dieser kurzen Zeit konnte ich sie gar nicht einsortieren. Vielleicht war es noch zu früh für mich gewesen für eine solche Konfrontation mit dem Thema Kosovo.

Was mich zunächst verwirrt und bestürzt hatte, war die Tatsache, dass ich mit drei verschiedenen »Kosovos« zu tun hatte: Zum einen mit dem meiner Kindheit, dem Kosovo meiner Erinnerungen, die hauptsächlich positiv waren, die ich allerdings kaum mehr wiederfand. Dann gab es die Geschehnisse, die nach meiner Flucht stattgefunden hatten, das dunkle Gesicht des Kosovo, die Ausschreitungen gegenüber den Roma nach dem Einmarsch der NATO, die ich nur vom Hörensagen kannte, die aber einen tiefen Eindruck in meiner Seele hinterlassen hatten. Und schließlich gab es noch die moderne Republik Kosovo der Gegenwart, die aufseiten der albanischen Bevölkerung voller Aufbruchsstimmung war, auf der Seite der Minderheiten allerdings von materieller Armut und nicht aufgearbeiteten Traumata geprägt zu sein schien.

Die innige Verbundenheit mit meinen Verwandten trotz so langer Trennung stand der eiskalten Ablehnung in den taxierenden und verächtlichen Blicken gegenüber, die ich zum Beispiel während des Marktbesuchs erlebt hatte. Der Nationalstolz und der neue Wohlstand eines Großteils der albanischen Bevölkerung standen in krassem Gegensatz zu dem Elend, in dem meine Verwandten, die vor dem Krieg zur Mittelschicht gehört hatten, nun leben mussten. Dass sie sich über mehrere Generationen hinweg einen gewissen Status und Besitz in der kosovarischen Gesellschaft erarbeitet hatten, spielte heute keine Rolle mehr. Man hatte ihnen genommen, was sie besaßen, denn sie waren ja nur *magjup*. Vielerorts hatte man die Frauen und Töchter von Roma geschändet, ihre Söhne nicht selten unter dem Vorwand der Kollaboration mit den Serben ermordet.

Und so kam es, dass ich mich in den Wochen und Monaten nach meiner Reise innerlich zerrissen fühlte. Ein Teil von mir, so schien es mir, war immer noch dort und versuchte zu begreifen, warum das alles so war und warum wir Roma, wo wir doch schon so lange in diesem Land heimisch gewesen waren, immer noch als Menschen zweiter Klasse behandelt wurden. Der andere Teil aber war nur zu gerne nach Deutschland zurückgekehrt und begann wieder, als Anwältin für Flüchtlinge aus allen möglichen Ländern zu arbeiten, die ihre Hoffnung auf mich setzten, genau so, wie wir damals unsere Hoffnung auf unseren Anwalt gesetzt hatten.

Bei meiner Rückkehr aus Prishtina fand ich die Einladung zur feierlichen Vereidigung als Rechtsanwältin in meiner Post. Der Termin war schon zwei Tage nach meiner Rückkehr, und so kam ich zunächst gar nicht dazu, die Reise in mir nachwirken zu lassen. Voller Freude bereitete ich mich auf diesen Tag vor, der für mich eine herausragende Bedeutung hatte, schließlich markierte die offizielle Zulassung als Rechtsanwältin das vorläufige Ende meiner berufsbildenden Anstrengungen.

»Ich gelobe, die verfassungsmäßige Ordnung zu wahren und die Pflichten eines Rechtsanwalts gewissenhaft zu erfüllen«, so sprach ich die Eidesformel und dachte dabei an meinen Großvater in Mazedonien, an meine Tanten und alle anderen Verwandten. Als ich die Zulassungsurkunde in Händen hielt, die mich dazu befähigte, als Anwältin zu arbeiten, war ich unendlich glücklich: Ich war am Ziel meiner Wünsche angelangt.

Doch wie es oft so ist, wenn man ein lange verfolgtes Ziel endlich erreicht hat, fiel ich in den Wochen danach in ein tiefes emotionales Loch. Alles, was sich während der vergangenen vierzehn Jahre in mir aufgestaut hatte und wofür mir immer die Zeit und die Kraft gefehlt hatten, um mich wirklich damit zu beschäftigen, brach nun auf. Nachts quälten mich erneute Albträume, deren Bilder mich auch am Tag verfolgten und niederdrückten.

Ich hatte alles erreicht, was ich mir in meinen kühnsten Träumen vorgenommen hatte. Wenn ich an den Teenager zurückdachte, der in der schmuddeligen Dusche gestanden und sich in seiner Vorstellung in ein sauberes, schönes Badezimmer versetzt hatte, konnte ich manchmal keine Verbindung mehr zwischen mir und diesem Mädchen finden. In den dunkelsten Stunden stellte ich alles infrage. Wofür hatte ich mich so gequält? Was nützten mir meine Qualifikationen, wenn ich am Ende nur noch Niedergeschlagenheit fühlte? Ich hatte immer geglaubt, dass mein eigentliches, mein glückliches Leben erst dann beginnen würde, wenn ich es geschafft hatte, Anwältin zu werden. Doch ausgerechnet ich, die von klein auf eine fröhliche Natur hatte, schnell Kontakte knüpfen konnte und es liebte, mit anderen Blödsinn zu machen, zu plaudern und zu lachen, schien alle Lebensfreude verloren zu haben.

Heute weiß ich: Diese Phase gehörte zu dem Prozess meiner Selbstfindung dazu. Ich bin nicht die Einzige mit einem Flüchtlingshintergrund, der es so erging. Was mir damals half, war eine meiner Charaktereigenschaften, die untrennbar zu mir gehören: die Fähigkeit, einfach weiterzumachen. Zum Glück war ich umgeben von verständnisvollen und wohlwollenden Menschen, sowohl in meiner Familie und meinem Freundeskreis als auch in der Kanzlei.

Meine Arbeit tat mir gut und vermittelte mir Selbstvertrauen, was in dieser Phase extrem wichtig für mich war. Ich hatte meine ersten großen Erfolgserlebnisse und viele positive Begegnungen, unter anderem auch mit albanischen Mandanten. Wenn sie mich fragten, woher ich sei, gewöhnte ich mir an zu antworten: »Ich stamme aus dem Kosovo, bin aber keine Albanerin, sondern halb Hashkali, halb Romni«. Das bedeutete einen großen Schritt für mich, doch es war mir schlichtweg nicht mehr möglich, anders mit meiner Herkunft umzugehen. Ich konnte die Halbwahrheit über meine Herkunft nicht mehr aufrechterhalten, es kostete mich zu viel Kraft und machte mich unglücklich. Anfangs war ich mir zwar nicht sicher, ob sich albanische Mandanten von mir nach dieser Auskunft überhaupt noch vertreten lassen wollten. Doch zu meiner Erleichterung reagierten diese Menschen ausnahmslos positiv, ja oft geradezu begeistert. Manche sagten sogar, sie seien stolz darauf, mich als Anwältin zu haben.

Einer meiner ersten Fälle führte mich mit meinem Mandanten zu jenem Verwaltungsgericht, in dem ich meine Wahlstation absolviert hatte. Ich war zugegebenermaßen ziemlich

aufgeregt, denn der Fall wurde von demselben Richter verhandelt, der mich während meines Referendariats dort aus-
gebildet und mit dem ich so manche Diskussion geführt hatte.
Auf der Fahrt zum Gericht wurde ich zu allem Überfluss auch
noch bei einer Verkehrskontrolle geblitzt, was mir sonst nie passierte und mich noch nervöser machte.

»Du schaffst das, Nizaqete«, sprach ich mir unentwegt
selbst Mut zu und atmete tief ein und aus, meine bewährte
Methode.

Im Gerichtssaal war ich plötzlich die Ruhe selbst. Ich fühlte
mich auf Augenhöhe mit dem Richter und argumentierte souverän. Ich war nicht mehr die Studentin, nicht mehr die Referendarin und auch nicht mehr das Flüchtlingskind, über dessen Wohl und Wehe vor Gericht entschieden wurde. Ich war
jetzt Anwältin und vertrat den Mandanten, der mir seinen Fall
anvertraut hatte, mit großer Selbstverständlichkeit. Ich gewann
den Fall, und in mir war ein unglaublicher Jubel. Es fühlte sich
so wunderbar an; die jahrelange harte Arbeit hatte sich, das
spürte ich jetzt ganz genau, wirklich gelohnt. Vor dem Gerichtsgebäude bedankte sich mein Mandant herzlich bei mir. Und
es tat mir sehr gut, ihm zu seinem Recht verholfen zu haben.

Solche Erfahrungen halfen mir dabei, mich allmählich wieder
aus dem tiefen emotionalen Loch herauszuarbeiten. Außerdem
begann ich mich in jener Zeit noch intensiver mit der Frage zu
beschäftigen, wie es eigentlich historisch dazu kommen konnte,
dass ausgerechnet die Roma zu einem derart verachteten Volk
wurden, sodass die Mehrheitsbevölkerungen in Europa nun
schon über Jahrhunderte hinweg Angehörige meines Volkes
nahezu reflexhaft ablehnen. Was ich erfuhr, fand ich hochin-
teressant. Denn im Grunde rühren Hass und Ablehnung nicht

ursprünglich daher, dass Roma mit den Mehrheitsbevölkerungen in Konflikt gerieten. Tatsächlich wurden die ersten Roma, die nach Deutschland kamen, genauso freundlich empfangen wie alle anderen Reisenden zu jener Zeit; es ist sogar überliefert, dass man ihnen Wein anbot, während man ihre Papiere prüfte – so geschehen 1407 in Hildesheim. Damals galten Roma nämlich als christliche Pilger und waren mit entsprechenden Schutzbriefen der Landesherren ausgestattet.

Erst rund hundert Jahre später wurde den Roma eine Geschichte angedichtet, die sozusagen ihr »Pilgertum« ins Gegenteil verkehrte: Nun hieß es auf einmal, die Roma seien zum Umherziehen verdammt worden, weil sich ihre Vorfahren geweigert hätten, der Heiligen Familie Hilfe zu leisten. Auf diese Weise erfand man eine pseudochristliche Legitimation, um Roma von nun an nicht nur aus der Gesellschaft auszuschließen, sondern sie auch ungestraft misshandeln und verjagen zu können. Dass dies an einem historischen Wendepunkt der mittelalterlichen Gesellschaftsordnung stattfand, am Übergang von der Agrar- zur Kapitalwirtschaft, und dass diese Diffamierung der Roma in einer Zeit, in der sich Territorialstaaten und Nationen bildeten, noch an Schärfe hinzugewann, ist kein Zufall. Hinzu kam, dass die östliche Flanke Europas schon lange als verletzlich galt, die Erfahrungen des Mongolen-Sturms, der im 13. Jahrhundert bis ins heutige Polen und nach Ungarn vorgedrungen war, waren ebenso wenig vergessen wie die Türkenkriege im 15. Jahrhundert. Die Roma kamen, so könnte man sagen, aus derselben Himmelsrichtung und galten aus diesem Grund vielerorts als »Ausspäher« der Feinde.

Doch diese Verleumdungen hätten wohl nicht ausgereicht, um die Roma auf so lange Sicht derart zu stigmatisieren. Dies konnte nur geschehen, weil im Zuge der Gesellschaftsumformung Roma ganz bewusst zur sozialen und politischen Gefahr stilisiert wurden, um gruppenspezifische Interessen durchzusetzen.

»Der Kaiser wollte sein Steuerpaket einschließlich Kriegssteuer durchbringen, als einende und schützende Kraft des Reiches gegen die Türken und deren vermeintliche ›uuspeer‹ auftreten und seinen Machtverfall aufhalten. Die aufstrebenden Fürsten versuchten ihre Hoheitsrechte, einschließlich Besteuerung und Kontrolle der Untertanen, gegenüber dem Kaiser zu stärken. Das ebenfalls aufstrebende, noch in Zünfte organisierte Bürgertum, das wie so viele Roma vom Handel und Handwerk lebte, war bestrebt, wirtschaftliche Konkurrenz auszuschalten und die Bauern auf städtische Märkte zu zwingen. Und auch die Kirche wollte sich der Wahrsagerinnen entledigen, einer beginnenden Säkularisierung vorbeugen und Zweifler zur Kanzel zurückführen«, schreibt Katrin Reemtsma[22] in ihrem lesenswerten Buch, das mir damals in die Hände fiel. Auf diese Weise wurde die mittelalterliche Bevölkerung – und ich war schockiert darüber, wie stark dieselben Mechanismen bis heute wirken – in eine Mehrheitsgesellschaft und in Minderheiten aufgeteilt. Die Angst vor dem Fremden wurde bewusst geschürt. So wird das Herrschaftsprinzip *divide et impera* – teile und herrsche – aufgegriffen, das bereits das Römische Reich so lange an der Macht gehalten hatte. Denn solange die Herrschenden verschiedene Bevölkerungsgruppen gegeneinander aufhetzen und auf diese Weise Sorgen, Ängste und daraus resultierende Aggressionen, die sich sonst gegen die Machthaber selbst gerichtet hätten, auf diffamierte Minderheiten lenken, können sie ungestört ihre eigenen Interessen wahren und ihre Macht konsolidieren. Ähnlich erfolgreich praktizierte die Britische Krone dieses Prinzip des Teilens und Herrschens in ihren Kolonien.

Europa erfindet die Zigeuner lautet der Titel eines Buches von Klaus-Michael Bogdal[23], in dem er *Eine Geschichte von Faszination und Verachtung* schrieb und zu ergründen suchte, was auch ich verstehen wollte. Wie der Titel des Buches feststellt, lautet eine seiner zentralen Thesen, dass das Bild, das über die Jahrhunderte in Europa von den Roma entstanden war, nichts weiter als eine gesellschaftliche Übereinkunft ist: »Sinti oder Roma werden geboren«, heißt es, »»Zigeuner‹ sind ein gesellschaftliches Konstrukt, dem ein Grundbestand an Wissen, Bildern, Motiven, Handlungsmustern und Legenden zugrunde liegt [...].«[24]

Schon immer hatte ich den Begriff »Zigeuner« abgelehnt, und jetzt verstand ich auch den tiefen Sinn meiner instinktiven Abwehr gegen dieses Wort: Es ist nämlich nicht einfach nur eine abfällige Fremdbezeichnung, sondern außerdem ein Instrument der Machtausübung, und zwar interessanterweise nicht allein gegen Roma, sondern auch gegenüber der Mehrheitsbevölkerung, also denjenigen, die die Roma ausgrenzen. Schon seit Jahrhunderten funktioniert dieses perfide Spiel, in dem Bevölkerungsteile gegeneinander aufgehetzt werden, nur um sie davon abzulenken, dass sie von den Herrschenden benutzt und übergangen werden. Dabei fungieren nicht nur die Roma als Sündenböcke, auch die Juden müssen beispielsweise immer wieder als solche herhalten oder ganz aktuell in Deutschland die Hartz-IV-Empfänger. In dieser Gesellschaftsspaltung ist außerdem immer auch eine gewisse Drohung enthalten, was passieren kann, wenn man die Spielregeln nicht einhält, wenn man nicht mit den Normen konform geht oder ganz einfach nicht »dazu«-gehört. »Der zu beherrschenden Mehrheit wird dabei vor Augen gehalten, wie es ihnen ergehen kann, wenn sie eines Tages zur Minderheit gehören. Gleichzeitig bietet die Erhöhung über die Minderheiten den Mehrheitsangehörigen eine Möglichkeit, ihren Frust nahezu ungestraft an ›minderwertigen‹ Menschen auszulassen. So wird die Motivation, sich gegen die Herrschaft aufzulehnen, minimiert.«[25] Dazugehören – das war es, was ich mir schon als kleines Mädchen im Kosovo wünschte und was jeder Mensch auf dieser Welt ebenso sehnlichst zu erlangen versucht. Doch um welchen Preis? Ich erinnerte mich wieder an das Kinderbuch, die Geschichte von dem rothaarigen Jungen, der ebenfalls unbedingt dazugehören wollte und buchstäblich alles dafür tat, mit der Konsequenz, dass er sich von all dem trennte, was ihn eigentlich ausgemacht hatte: von seinen roten Haaren, seinen Ohren, seinen Augen, seinem ganzen Dasein.

Das konnte keine Lösung sein. Und auf einmal begriff ich: Rassismus ist nicht das Problem derjenigen, die unter ihm zu leiden haben. Wir Roma sind nicht rassistisch, im Gegenteil. Wir respektieren jeden anderen, egal, welche Hautfarbe er hat oder welcher Religion er folgt. Wir sind offen und neugierig und interessieren uns für das, was andere Menschen bewegt. Wenn Rassismus ein Problem der Mehrheitsgesellschaft ist, dann muss sie sich selbst darum kümmern. Man kann andere Menschen nicht ändern, Menschen können sich nur selbst ändern. Was wir allerdings tun können, ist, auf das Problem zu verweisen, Mechanismen aufzudecken und bei der Bewusstwerdung der Vorurteile mitwirken. Was wir außerdem tun können und sogar müssen, ist, selbstbewusst zu unserer Herkunft zu stehen und unseren Teil zu der Gesellschaft, in der wir leben, beizutragen.

Das war es, was mir in jener Zeit emotional wieder den Boden unter den Füßen zurückgab. Außerdem machte mir meine Arbeit unglaublich viel Freude und ich spürte, wie ich mit jedem Kampf und mit jedem Sieg innerlich ein bisschen stärker wurde. Und jedes Mal setzte ich aufs Neue meine ganze Kraft für meine Mandanten ein.

Seit Langem hatte ich das Bedürfnis, noch mehr zu tun, mich über meine Arbeit als Anwältin hinaus zu engagieren, und dieses Bedürfnis wuchs, je mehr ich mich mit dem Thema Rassismus gegenüber uns Roma, dem Antiziganismus, beschäftigte. Köstan engagierte sich seit vielen Jahren, und eine meiner Kolleginnen arbeitete in ihrer Freizeit für Amnesty International.

»Niza«, sagte sie eines Tages zu mir, als ich sie darauf ansprach, »ich bin ohne Sorgen und in Frieden und Freiheit aufgewachsen, ich musste nicht so kämpfen wie du. Ist es dann nicht natürlich, dass ich mich für andere einsetzen möchte? Du wirst schon eines Tages ein Betätigungsfeld finden, das zu dir passt.«

Und damit sollte sie recht behalten.

13

DER SCHRITT IN DIE ÖFFENTLICHKEIT

Am 19. Dezember 2009 fand eine Liberalisierung der Visa-Bestimmungen für Serbien und Mazedonien statt. Danach nahm die Zahl der Asylanträge aus diesen Ländern in den Mitgliedsstaaten der Europäischen Union und in der Schweiz zu. Ich beobachtete diese Entwicklung mit großer Aufmerksamkeit. Nach meiner Einschätzung waren es viele Roma, die vermehrt aus ihrer Heimat flüchteten, weil sie dort massiv diskriminiert wurden.

Als Anwältin für Ausländer- und Asylrecht besuchte ich immer wieder Fachtagungen, und wenn ich dort Kollegen kennenlernte, dann wurde ich meistens gefragt, woher ich denn komme. Ich erzählte freimütig, dass ich aus dem Kosovo stamme und Romni bin, was durchweg positiv aufgenommen wurde. Doch natürlich besuchen auch nur solche Menschen diese Art von Fachtagungen, die sich von Berufs wegen ohnehin mit dieser Thematik auseinandersetzen und mehrheitlich aufgeschlossen sind.

Bei einer solchen Gelegenheit lernte ich einen Kollegen aus Köln kennen, mit dem ich mich hin und wieder austauschte. Einige Zeit danach fand in Straßburg ein deutsch-französischer Anwaltstag statt, zu dem ich gerne gefahren wäre, denn einer der Programmpunkte beschäftigte sich mit Roma-Fragen. Doch wegen einer Terminüberschneidung musste ich leider absagen. In der Woche danach erhielt ich einen Anruf. Es war der Kollege aus Köln.

»Schade, dass du nicht da warst«, sagte er. »Ich hab auf der Tagung einen Vortrag gehalten, der dich und deine Geschichte zum Inhalt hatte. Du glaubst nicht, wie positiv die Reaktionen waren.« Ich war vollkommen überrascht. Nie wäre ich auf die Idee gekommen, dass meine Geschichte zum Thema einer Rede werden könnte.

Ein paar Tage später rief der Redakteur einer Zeitschrift des Deutschen Anwaltsvereins an. Er wollte gerne einen Artikel über mich schreiben und fragte mich, ob ich mit ihm dafür ein Gespräch führen wolle. Da er äußerst sympathisch klang, sagte ich, ohne zu zögern, zu. Doch bald vergaß ich dieses Telefonat wieder. Meine Arbeit holte mich ein und nahm mich vollkommen in Anspruch. Ich hatte so viele Fälle, hinter jedem einzelnen stand ein eigenes Schicksal. Und ich tat mein Bestes, um diesen Menschen zu helfen.

Außerdem machte mir die politische Entwicklung in Deutschland große Sorgen. Die im Jahr 2009 in Kraft getretene Visa-Liberalisierung brachte für serbische und mazedonische Staatsangehörige, die im Besitz von biometrischen Reisepässen sind, die Möglichkeit, visumsfrei in die sogenannten Schengener Vertragsstaaten einzureisen und sich dort für eine Dauer von neunzig Tagen innerhalb einer Sechsmonatsfrist aufzuhalten. Zu den Schengener Vertragsstaaten gehören die Mitgliedstaaten der Europäischen Union – ausgenommen Großbritannien, Irland, Zypern, Rumänien, Bulgarien – sowie Island, Norwegen, Schweiz und Liechtenstein. Serbien und Mazedonien wurden durch diese Verordnung auf die »weiße« oder »positive Schengen-Liste« gesetzt, sodass deren Staatsbürger automatisch ein sogenanntes »C«-Visum für kurze Aufenthalte erhalten konnten.

Damit diese Visa-Erleichterungen möglich wurden, mussten Serbien und Mazedonien eine Reihe von administrativen Reformen durchführen. Dazu gehörten die bilateralen Rückübernahmeabkommen, die die Bundesregierung bereits im Jahr 2002 mit Serbien und Mazedonien schloss, um unter anderem die Rückkehr der Kriegsflüchtlinge möglich zu machen. Dass die beiden Staaten solche Rückübernahmeabkommen unterschrieben, war der Europäischen Union äußerst wichtig, denn sie erleichtern bis heute die Abschiebung von Flüchtlingen aus diesen Ländern, ermöglichen sie doch die Festlegung von Bearbeitungsfristen – möglichst kurze nämlich – und die Festschreibung bestimmter Kategorien für den Schutzbedarf der Personen, die von den jeweiligen Staaten wieder aufgenommen werden müssen.

In einem Rückblick des Budapester Roma Rights Center zum Thema »Zehn Jahre Abschiebung mazedonischer Roma aus Deutschland«[26] las ich allerdings, dass die Umsetzung des Abkommens nicht für alle Betroffenen gleichermaßen gegolten hatte, sondern hauptsächlich Roma und andere Angehörige von ethnischen Minderheiten betraf, und dass die Bundesrepublik Deutschland Roma gezielt abgeschoben hatte. Diese These bestätigte sich im Austausch mit meinen Kollegen, mit denen ich mich mit der Zeit bundesweit vernetzt hatte. Außerdem erfuhr ich aus einer Erhebung vom März 2006 am Belgrader Flughafen, wo Abgeschobene in Empfang genommen werden, dass in den Vorjahren 87 Prozent aller Abgeschobenen Angehörige ethnischer Minderheiten gewesen waren, und davon allein 59 Prozent Roma[27]. Es war also kein Wunder, dass diese bereits einmal Abgeschobenen nach der Visa-Liberali-

sierung 2009 die Gelegenheit suchten, in das Land zurückzukehren, in dem sie entweder geboren und aufgewachsen oder
wohin sie vor den Schrecken des Krieges in der Hoffnung auf
ein besseres Leben geflohen waren. Denn die Lebensbedingungen in ihren Ursprungsländern hatten sich in den Jahren nach
dem Krieg vor allem für Roma erheblich verschlechtert. Viele
Roma kommen also visumfrei erneut nach Deutschland und
beantragen hier Asyl. Und hauptsächlich für diese Menschen
wurde nun ein »priorisiertes« Verfahren eingeführt, um sie
möglichst schnell ein zweites Mal abschieben zu können.

Ich beschäftigte mich täglich mit diesen politischen Themen,
betrafen sie doch in direkter Weise meine Arbeit. Und wenn
ich mich selbst inzwischen auf der »sicheren Seite« befand, so
war die Erinnerung an meinen ungewissen Status noch ausgesprochen lebendig. Es waren vor allem die bestürzenden Berichte, die aus Serbien, Mazedonien und insbesondere aus dem
Kosovo über die dortigen Lebensbedingungen der abgeschobenen Roma zu mir gelangten, die mich empörten. Ich hatte
ja bei meinem Besuch im Kosovo mit eigenen Augen gesehen,
unter welch ärmlichen und diskriminierenden Umständen meine Verwandten inzwischen leben mussten. Und doch schien
es ihnen noch gut zu gehen im Vergleich zu denen, die nach
Jahren in Deutschland abgeschoben wurden und das buch-
stäbliche Nichts vorfanden. In Serbien gibt es beispielsweise
593 Roma-Siedlungen, von denen fast drei Viertel nicht lega-
lisiert sind, allein in Belgrad existieren 137 solcher Lager. Rund
ein Drittel dieser Siedlungen hat keine Wasserversorgung und
70 Prozent sind nicht an ein Abwassersystem angeschlossen.
So ist es kein Wunder, dass auch die gesundheitliche Situation
der Roma als besorgniserregend gilt, vor allem Frauen, Kin-

der und alte Menschen haben unter den schlechten Wohnver-
hältnissen zu leiden.[28] Roma verfügen in den meisten Fällen
nicht über die notwendigen Papiere, die ihnen den Zugang zu
medizinischer Versorgung ermöglichen würden. Laut einer Studie des Kinderhilfswerks der Vereinten Nationen, UNICEF, ist
die Kindersterblichkeit unter Roma mindestens viermal höher
als die des Landesdurchschnitts. Gelingt es Roma trotzdem,
einen Arzt aufzusuchen, dann haben sie meist nicht die finanziellen Mittel für die verschriebenen Medikamente. So ist es
kein Wunder, dass die durchschnittliche Lebenserwartung von
Romnija, also von Roma-Frauen, in solchen nicht genehmig-
ten Siedlungen deutlich niedriger liegt als die des Landesdurchschnitts, nämlich bei 48 Jahren im Gegensatz zu 74 Jahren bei
Frauen der Mehrheitsbevölkerung.

Diese Realitäten holten mich täglich bei der Arbeit ein. Mö-
gen diese Informationen für andere bloße Zahlen darstellen,
ein weiteres Elend auf dieser Welt, so hatte ich es mit Menschen zu tun, die von der Abschiebung in solche Zustände direkt betroffen und entsprechend verzweifelt waren. Denn zu
den genannten Missständen kommt noch die ständige und be-
rechtigte Furcht vor gewalttätigen Übergriffen hinzu. Roma
sind ja nicht nur in Deutschland unerwünscht, sie sind es noch
viel mehr in jenen Ländern, die auf dem Papier viele Zuge-
ständnisse machten, um einige Voraussetzungen für eine even-
tuelle Aufnahme in die Europäische Union zu erfüllen, aber
ganz offensichtlich nicht in der Lage sind, menschenwürdige
und gesicherte Bedingungen für diejenigen zu garantieren, die
sie laut Abkommen bereit sind, in ihren Ländern aufzunehmen.
Oder es auch ganz einfach nicht wollen.

Es empörte mich mehr und mehr, mit welcher Gleichgül-
tigkeit das Schicksal der Roma hier wie dort verhandelt wurde.

Man will in Deutschland möglichst überhaupt keine Flüchtlinge haben, und Roma-Flüchtlinge will man schon gar nicht.

Diese Fakten beschäftigten mich sehr. Gleichzeitig lernte ich andere Roma kennen, die es ähnlich wie ich geschafft hatten, in diesem Land anzukommen, einen Beruf und eine gute Arbeitsstelle hatten und, genau wie ich es lange Zeit getan hatte, ihre Herkunft verheimlichten. Kann man es ihnen verübeln? Bei der öffentlichen Polemik, die in diesem Land gegenüber Roma weiterhin stattfindet? Der Grund, nicht darüber zu sprechen, liegt ja nicht nur darin, dass man sich schämt, sondern auch in der Furcht, diskriminiert und abgelehnt zu werden, sollte es einmal nicht mehr so gut laufen.

Gerade erst hatte unser damaliger Innenminister Hans-Peter Friedrich gegenüber der Tageszeitung *BILD* ein Interview zum Thema Flüchtlinge gegeben. »Was tun Sie gegen Asyl-Missbrauch?« lautete die Überschrift. Seine Antwort begann mit dem unglaublichen Statement, das sich auch auf die gestiegene Zahl von Asylbewerbern aus Mazedonien und Serbien bezog: »Erstens müssen die Asylverfahren so schnell wie möglich durchgeführt werden und zweitens müssen die Unberechtigten schnell wieder in ihre Heimatländer zurückgeschickt werden. Und drittens müssen wir auf europäischer Ebene dafür sorgen, dass wieder eine Visumspflicht für Bürger aus beiden Ländern[29] eingeführt wird.«[30]

Dieses Interview entfachte eine große öffentliche Diskussion zum Thema Asyl- und Flüchtlingspolitik, und dies ausgerechnet kurz vor der Einweihung des Denkmals für die im Nationalsozialismus ermordeten Sinti und Roma Europas in Berlin, worum zwanzig Jahre lang durch die Bürgerrechtsbewegung der Sinti und Roma hart gerungen worden war. Denn wenn er es auch mit keinem Wort erwähnte, so erwartete ich doch angesichts meiner Erfahrung als Anwältin, dass von diesen angekündigten Verschärfungen die Roma am schlimmsten betroffen sein würden.

Im Herbst 2012 entdeckte ich in einer Rundmail aus diversen Verteilern zum Thema Flüchtlingsfragen, in die ich mich aufgrund meiner Arbeit schon länger eingetragen hatte, dass die Redaktion, die die Talkshow »Menschen bei Maischberger« betreute, einen Diskussionsteilnehmer für eine Sendung suchte zum Thema »Feindbild Sinti und Roma: Sind wir zu intolerant?«. Die Sendung sollte schon bald darauf stattfinden.

Das könnte interessant sein, dachte ich spontan, auch wenn ich die Formulierung des Titels ziemlich daneben fand. Dennoch überlegte ich kurz, ob ich mich auf diesen Aufruf hin melden sollte, denn natürlich hatte ich zu diesem Thema eine Menge beizutragen.

Ich kämpfte zu diesem Zeitpunkt gerade mit einer schweren Erkältung, andere Aufgaben forderten meine Aufmerksamkeit, und wenn ich ehrlich bin, war ich mir auch nicht so ganz sicher, ob ich in einer Fernseh-Talkshow mit einer solchen Einschaltquote überhaupt auftreten wollte. Ein solcher Schritt, so fand ich, musste wohlüberlegt sein. Außerdem wusste ich ja überhaupt nicht, welche Gäste sonst noch vorgesehen waren.

Ich musste mich für die nächste Woche krankschreiben lassen, denn aus der Erkältung war eine handfeste Grippe geworden. Nach ein paar Tagen erhielt ich einen Anruf von der Kanzlei.

»Die Redaktion von Sandra Maischberger hat angerufen«, erklärte mir die Sekretärin. »Sie erwarten deinen Rückruf. Und sie sagten, es sei dringend.«

Ich war nicht wenig überrascht. Wie um alles in der Welt war der Redakteur auf mich gekommen? Später erfuhr ich, dass mein Kollege aus Köln, der meine Geschichte bereits zum Thema eines Vortrags gemacht hatte, der Redaktion den Tipp gegeben hatte, mich zu fragen. Nun stand ich vor der Entscheidung: Sollte ich an dieser Talkshow teilnehmen oder nicht?

Ich beriet mich mit meinen Kollegen in der Kanzlei, die ich immer um Rat fragte, wenn wichtige Entscheidungen anstanden.

»Du wirst viel bewegen können«, sagten sie zu mir. »Wenn du diesen Schritt tust, wirst du vielleicht vielen Menschen helfen können.«

Dieses Argument gab für mich schließlich den Ausschlag. Wenn es mir gelingt, dachte ich, das Bewusstsein der Öffentlichkeit in dieser Frage zu sensibilisieren, und wenn ich auch nur einem einzigen Flüchtling dadurch helfen kann, dann hat sich das Ganze schon gelohnt.

Obwohl ich immer noch krank war, rief ich bei der Redaktion an und erkundigte mich, wer außer mir noch eingeladen war. Ich erfuhr, dass bislang Romani Rose, der Vorsitzende des Zentralrats Deutscher Sinti und Roma, Bayerns Innenminister Joachim Herrmann, die Grünen-Chefin Claudia Roth und Philipp Gut, der Chefredakteur der Schweizer *Weltwoche* angefragt worden waren.

»Wir würden uns freuen, Sie dabeizuhaben«, sagte der Redakteur. »Allerdings sollten Sie sich bis heute 15 Uhr entscheiden, ansonsten laden wir jemand anderes ein.«

Da entschloss ich mich, ins kalte Wasser zu springen, und sagte zu.

Ich war sehr gespannt darauf, wie alles verlaufen würde, schließlich war es mein erster Fernsehauftritt. Im Vorfeld sprach man mit uns den Ablauf ab und ich erfuhr, dass Sandra Maischberger den letzten Block der Sendung für meine Redezeit vorbehalten wollte. Und doch kam in der hitzigen Diskussion am Ende alles ganz anders.

Die Moderatorin eröffnete die Runde mit der provokanten Frage an mich: »Haben Sie eigentlich etwas dagegen, wenn man Sie ›Zigeunerin‹ nennt? Stört Sie das?«

»Frau Maischberger«, antwortete ich, »allein die Frage stört mich schon. Ja, es tut mir weh. Es stört mich nicht nur, es tut mir weh, weil das für mich immer etwas Negatives impliziert.«

Die Sendung ist noch im Internet abrufbar.[31] Es würde hier zu weit führen, die Diskussion im Einzelnen zu schildern. In der Frage, ob Deutschland Wirtschaftsflüchtlinge aufnehmen könnte, versuchte ich darzulegen, dass Diskriminierung und Ausgrenzung, der Ausschluss von Bildung und Arbeit natürlich zu existenzieller Armut führen und somit das eine vom anderen nicht zu trennen ist. Meine Redezeit am Ende musste ich mir allerdings hart erkämpfen, besonders der Bayerische Innenminister Herrmann hörte nicht damit auf, mir ins Wort zu fallen. Doch das ließ ich mir nicht gefallen.

Nach der Sendung war ich zunächst sehr aufgewühlt. Auch als ich die ersten positiven Rückmeldungen erhielt, dachte ich, meine Freunde meinten es einfach nur gut mit mir. Erst als mir am nächsten Tag ein Link zur aktuellen Ausgabe von SPIEGEL ONLINE geschickt wurde, hielt ich inne. Hier war nämlich gegen Ende des Artikels zu lesen: »So wäre es denn insgesamt ein ziemlich trostloser Abend geblieben, hätte in der Runde nicht auch Nizaqete Bislimi gesessen, der es vorbehalten war, gewissermaßen den einzigen Lichtblick zu verkörpern.«[32] Da wurde mir klar, dass mein Auftritt offenbar tatsächlich einen Sinn gehabt hatte.

In der Folge erhielt ich viele Zuschriften, positive, aber auch negative. Es gab viele Menschen, die auf das, was ich zu dieser Diskussionsrunde beigetragen hatte, nachdenklich und zustimmend reagierten, und das freute mich sehr. Es gab aber auch Briefe und E-Mails, in denen ich beschimpft oder sogar offen bedroht wurde. Diese Briefe landeten ausnahmslos im Papierwolf. Es war mir im Vorfeld bewusst gewesen, dass mein öffentliches Auftreten Reaktionen auslösen und wahrscheinlich polarisieren würde. Aus diesem Grund hatte ich mir diesen Schritt ja auch so gründlich überlegt. Nun nahm ich das Echo auf meinen Auftritt gelassen hin.

14

ICH BIN
NICHT ALLEIN

Schon zuvor war mir das Engagement des Roma Centers Göttingen e. V.[33] aufgefallen, und vor allem sein kämpferischer und kluger Kopf Kenan Emini. Seine Initiative »alle bleiben!«[34] imponierte mir. In dieser schlossen sich bundesweit verschiedene Organisationen zusammen, die das Bleiberecht für Roma in Deutschland durchsetzen wollen. Ich hatte schon seit einer Weile vor, Kontakt mit ihm aufzunehmen. »Nicht die Roma sollten sich ändern, sondern die Europäer sollten lernen, mit Minderheiten umzugehen« ist ein Satz, der die Problematik meiner Meinung nach auf den Punkt bringt.

Insgesamt befinden sich rund 10.000 Roma in Deutschland, die nach wie vor von der Abschiebung bedroht sind. So wie ich früher sind auch sie nur geduldet und können jederzeit in ein Flugzeug verfrachtet und »nach Hause« geflogen werden. Darunter sind Menschen, die teilweise seit mehr als fünfundzwanzig Jahren in Deutschland mit diesem Duldungsstatus leben.

Anders als die Abgeschobenen, die der jeweiligen Mehrheitsbevölkerung angehören, erwarten die Roma in ihrem Herkunftsland noch stärkere Diskriminierung und Verfolgung als vor dem Krieg. Und darum plädiert Kenan Emini dafür, dass diese 10.000 Roma in Deutschland ein Bleiberecht und gesellschaftliche Teilhabe erhalten: »alle bleiben!« – und damit Schluss.

Nach meinem Auftritt in der Maischberger-Sendung wurde ich zu einer Podiumsdiskussion an der Universität Göttingen im Rahmen einer Veranstaltung zum Thema »Rassismus« eingeladen. Da ich wusste, dass Kenan in Göttingen aktiv ist, rief ich ihn an und verabredete mich mit ihm.

Es war meine erste Podiumsdiskussion – und dann noch zu diesem schwierigen Thema. Ich war sehr nervös. In Göttingen angekommen traf ich mich vor der Veranstaltung mit einer befreundeten Anwältin, die Kenan Emini ebenfalls kannte. Sie begleitete mich zu der Podiumsdiskussion und stellte mich im Anschluss Kenan vor. Seine ersten Fragen an mich waren: »Wo bist du untergebracht? Hast du was gegessen? Hast du schon eine Schlafmöglichkeit?« Das ist typisch für unsere Kultur. Ich war in seine Stadt gekommen, also war es für ihn selbstverständlich, sich um mein Wohlergehen zu kümmern. Da ich nach der Veranstaltung sehr müde war, verabredeten wir uns für den nächsten Vormittag auf einen Kaffee.

Am nächsten Morgen sagte er: »Als wir dich bei Maischberger sahen, haben wir uns alle gefragt: Wer ist diese Frau? Warum kennen wir sie nicht? Ich bin froh, dass wir uns jetzt endlich begegnen.«

Wir verstanden uns vom ersten Augenblick an, und die Zeit verging wie im Flug. Kenan erzählte mir von seinen Plänen und Visionen, und ich war beeindruckt von seiner Energie. Besonders seine Idee, einen Dachverband für die unterschiedlichsten Roma-Vereine und -Aktivitäten zu gründen, einen Bundes-Roma-Verband, fand ich großartig.

»Das ist eine tolle Sache«, sagte ich. »Was mein Engagement betrifft, muss ich allerdings schauen, wie ich das mit meiner Arbeit unter einen Hut kriege.«

Doch Kenan war alles andere als fordernd.

»Mach dir keine Sorgen«, meinte er. »Du entscheidest natürlich selbst, in welchem Ausmaß du dich engagierst.«

»Okay«, sagte ich schließlich erleichtert. »Wenn ihr etwas für Jugendliche vorhabt, dann sprecht mich an. Dieser Bereich liegt mir persönlich besonders am Herzen.«

Als ich nach Hause fuhr, war ich ganz erfüllt von all diesen neuen Ideen. Kenans Energie und seine Visionen waren ansteckend, und ich merkte, wie gut es mir tat, Menschen wie ihn kennenzulernen, die nicht verzweifeln, sondern den schwierigen politischen Umständen, mit denen wir Roma uns konfrontiert sehen, etwas entgegensetzen.

Und tatsächlich wurde es immer dringlicher, auf die Situation der von der Abschiebung bedrohten Roma in Deutschland aufmerksam zu machen. Denn 2012 war bereits der erste Vorstoß aus dem Innenministerium gekommen, Serbien und Mazedonien als sogenannte »sichere Herkunftsstaaten« einzustufen. Das bedeutet, dass man jederzeit Flüchtlinge aus diesen Ländern dorthin zurückschicken kann, da sie ja »offiziell« in ihrer Heimat »sicher« sind. Was für Roma ganz bestimmt nicht zutrifft.

Außerdem wurde ein sogenanntes »Direktverfahren« angeordnet, das es erlauben soll, Asylanträge aus den Ländern Serbien, Mazedonien, Kosovo und Bosnien in einem beschleunigten Verfahren zu bearbeiten. In diesem Verfahren soll die Anhörung des Asylbewerbers möglichst noch am Tag der Antragstellung, spätestens am nächsten oder übernächsten Tag stattfinden. »Zudem zeitnahe Entscheidung und Zustellung, d. h. möglichst binnen einer Woche.«[35]

Im September 2014 stimmte der Bundesrat dieser umstrittenen Änderung des Asylrechts zu. Möglich wurde dies übrigens letztendlich nur durch die Zustimmung des baden-württembergischen Ministerpräsidenten Winfried Kretschmann von der Partei Bündnis 90/Die Grünen, was mich persönlich sehr enttäuschte. Einer der wenigen Politiker, die diesem Beschluss entschieden widersprachen, war Torsten Albig, Ministerpräsident von Schleswig-Holstein. In seiner Rede im September 2014 vor dem deutschen Bundesrat sagte er: »Viele kleinere Länder als wir nehmen im Vergleich mehr Flüchtlinge auf, Malta und Schweden zum Beispiel. Ich finde es zynisch, Auswanderer und Kriegsflüchtlinge gegeneinander auszuspielen.« Und an anderer Stelle: »Statt das Ziel zu verfolgen, Menschen faktisch vom Asylverfahren auszuschließen, sollte Deutschland lieber über die EU Druck machen auf diese Länder, um Diskriminierung und Korruption dort zu verhindern. Dann müssen wir uns keine Sorgen machen, dass dort Roma-Dörfer überfallen werden. Dann müssen wir uns keine Sorgen machen, dass dort Menschen auf Müllhalden leben. Dann müssen wir uns keine Sorgen machen, dass man Kinder nicht zur Schule schickt aus Angst vor Diskriminierung.«[36]

Anhörung am selben Tag und eine Entscheidung innerhalb einer Woche – wenn ich an meine eigene Geschichte zurückdenke oder an die meiner Mandanten, so finde ich es mehr als fraglich, ob eine faire Überprüfung der individuellen Situation der Betroffenen so schnell überhaupt möglich ist. Oder spielt Fairness in diesem Fall gar keine Rolle?

Dabei kann schließlich nicht berücksichtigt werden, ob der Antragsteller vielleicht nicht aus einem einzigen, »offiziell anerkannten« Grund asylwürdig ist, aber doch aus mehreren individuellen, die zusammen genommen allerdings so schwer wiegen wie eine Verletzung der fundamentalen Menschenrechte.

Man nennt dies in der Fachsprache »kumulative Verfolgungs-gründe«, und eine solche Anerkennungsmöglichkeit besteht sowohl nach der Genfer Flüchtlingskonvention als auch nach Europäischem Recht. Diese »kumulativen Verfolgungsgrün-de« können etwa aufgrund von verschiedenen Formen der Dis-kriminierung vorliegen; auch wenn sie einzeln für sich betrach-tet keine Anerkennung rechtfertigen würden, können sie im Gesamtbild und in den Auswirkungen auf die Betroffenen ins-gesamt dennoch den Charakter einer Verfolgung haben. Die Prüfung und Anerkennung solcher »kumulativen Verfolgungs-gründe« können unmöglich innerhalb von einer Woche vollzo-gen werden.

Man macht es sich zu einfach, stempelt man Roma, die in Deutschland Zuflucht suchen, als »Wirtschaftsflüchtlinge« ab. Die Diskriminierung besteht in ihrem Fall meistens aus der Ausgrenzung aus der Gesellschaft. Das bedeutet gleichzeitig, dass sie nicht nur von humanitären Lebensbedingungen ab-geschnitten sind, sondern auch von jeder Form von Bildung, von Wohnraum, Krankenversorgung, sozialen Leistungen oder der Möglichkeit zu arbeiten. Die Folge davon ist natürlich eine große wirtschaftliche Not. Das wäre allerdings anders, hätten die Roma in ihren Heimatländern faire und gleichgestellte Le-bensbedingungen. Außerdem müssen sie in vielen dieser Län-der, in denen der Rechtsradikalismus auf dem Vormarsch ist, auch um ihr körperliches Wohl, wenn nicht um ihr Leben fürchten. Menschen vor diesem Hintergrund in eine Unge-wissheit ohne Chancen zu schicken, widerspricht völlig dem humanistischen Weltbild unseres Landes.[37]

Keiner ahnt, wie schwer mir manchmal mein Beruf fällt, auch wenn ich keinen anderen ausüben möchte. Oft bekomme ich

zu hören: »Sie sind ja so engagiert!« Was soll denn das heißen?, frage ich mich dann. Schließlich ist es mein Beruf. Sollte
nicht jeder Anwalt engagiert sein?

Und doch habe ich oft das Gefühl, dass ich noch immer
mehr tun muss als andere. Es kommt vor, dass Mandanten,
seien es Syrer, die hier um Asyl bitten, Albaner oder Roma, zu
mir sagen: »Frau Bislimi, ich übertrage Ihnen mein Leben.«

»Nein«, antworte ich dann, »ich trage nicht die Verantwortung für Ihr Leben.« Doch in ihren Augen ist das der Fall.

Zu einem deutschen Anwalt würden sie so etwas wahrscheinlich nicht sagen. Doch sie wissen: Auch ich war einmal
ein Flüchtling, ich bin so etwas wie eine von ihnen. Und darum gehen sie davon aus, dass ich sie besser verstehe als jeder
andere und mehr für sie tun werde. Schließlich habe ich es
geschafft. Trage ich deswegen mehr Verantwortung für sie als
meine Anwaltskollegen? Muss ich ein schlechtes Gewissen haben, dass ich bleiben darf, wenn sie abgeschoben werden? Denn
das kommt in der Berufspraxis leider viel zu häufig vor. Dann
bin ich immer dankbar dafür, von meinen Kollegen eine »dritte Meinung« zu bekommen, um mir sicher zu sein, dass ich
alles getan habe, was in meiner Macht stand. Möglicherweise
fühlt sich ein Arzt, dessen Patient während einer Operation
verstirbt, ähnlich.

Wer zu mir kommt, der bringt natürlich einen schwierigen
Fall mit; diejenigen, bei denen alles glatt geht, brauchen keinen Anwalt. Diesen schwierigen Fall tragen wir dann vor Gericht, und die Richter erhalten auf diese Weise meist nur einen einseitigen Eindruck von der Situation der Flüchtlinge in
Deutschland. Vielleicht ist es das, was die Sichtweise vieler
Richter prägt, die über ausländerrechtliche Fälle zu entscheiden haben. Jahrelang haben sie über komplizierte und manch-

mal auch problematische Fälle zu entscheiden. Da ist es offenbar schwierig, empathisch zu bleiben. Hinzu kommt, dass man Ausländerrecht weder im Studium noch im Referendariat vermittelt bekommt. Erst in der Praxis muss man sich alles selbst aneignen und auch stets auf dem neuesten Stand bleiben. Denn das Ausländerrecht wurde nicht in einem Guss geschaffen, sondern Stück für Stück ergänzt. Das macht es so schwierig, es zu durchschauen.

Besonders einen Paragrafen empfinde ich als äußerst problematisch, auch wenn er im Ansatz sicher gut gemeint gewesen ist: der »Paragraf 25a Aufenthaltsgewährung bei gut integrierten Jugendlichen und Heranwachsenden« aus dem Jahr 2012. Er kommt zum Tragen, wenn ein geduldeter Ausländer, der in Deutschland geboren wurde oder vor dem 14. Lebensjahr eingereist ist, besonders gute schulische Leistungen oder eine gute Berufsausbildung vorweisen kann. In einem solchen Fall kann nicht nur dem Jugendlichen selbst das Aufenthaltsrecht zugesprochen werden, sondern auch seiner ganzen Familie. Unserer Familie hätte diese Regelung geholfen, wenn es sie schon früher gegeben hätte, denn meine schulischen Leistungen oder die meiner Geschwister entsprachen den Anforderungen. Und ich bin kein Einzelfall, immer wieder gibt es junge Menschen, die ihre Chancen nutzen können und damit nicht nur ihre Zukunft, sondern die der gesamten Familie retten.

Auf der anderen Seite stelle man sich den enormen Druck vor, der auf einem Jugendlichen lastet, von dessen Schulnoten das Schicksal der gesamten Familie abhängt! Leider habe ich mehrere Fälle miterlebt, in denen dieses Gesetz zu menschlichen Tragödien führte. Bekommen die Jugendlichen auf einmal schlechte Noten und »versagen« in ihren eigenen Augen und in denen der Familie, werden sie abgeschoben und erhalten dort, wo sie landen, keinerlei Unterstützung, diese seelische Wunde aufzuarbeiten. Die Brutalität, die hinter diesem Paragrafen liegt, wird deutlich, wenn wir uns klarmachen, wie hoch die Hürden für ein nicht muttersprachliches beziehungsweise »zweisprachiges« Kind sind, gute Noten überhaupt erreichen zu können. Ohne Hilfe von außen ist das meiner Meinung nach schwer möglich – auch ich hätte dies ohne die Unterstützung vor allem durch Margrit, Jens und all die anderen Menschen der evangelischen Kirchengemeinde unseres Dorfes nicht schaffen können. Mein eigener Werdegang zeigt ja, dass schon die Information, welche die passendere Schule für ein Kind ist, für den späteren schulischen Erfolg ausschlaggebend sein kann. Die gescheiterten Fälle füllen Aktenordner: intelligente junge Menschen, die auf Förderschulen geschickt werden, weil sie sich nicht verständlich machen können, und die ironischerweise gerade auf der Förderschule keine adäquate Förderung erhalten, sondern dort »vergessen« werden. Nach der Schule müssen diese Menschen unqualifizierte Arbeitsstellen annehmen, und schließlich sagt man ihnen: »Tut uns leid, du hast dich nicht genügend integriert, für dich ist kein Platz in unserer Gesellschaft.«

Doch was bedeutet eigentlich der viel gebrauchte Begriff »Integration« in der Praxis? In der Migrationsforschung haben sich inzwischen vier Punkte etabliert, die die unterschiedlichen Dimensionen der Integration beschreiben. Da ist zum einen die sogenannte »strukturelle Integration«, die darstellt, inwieweit eine Gruppe Zugang zu wichtigen Institutionen der Gesellschaft gefunden hat: zu Bildungs- und Qualifikationssystemen, zum Arbeitsmarkt, Wohnungsmarkt und zur politischen Gemeinschaft.

Die »kulturelle Integration« meint die kulturellen Orientie-
rungs- und Verhaltensmuster eines Menschen, während die »soziale Integration« die gesellschaftlichen Kontakte abbildet, wie
zum Beispiel Freundschaften, Nachbarschaftsbeziehungen und
Mitgliedschaften in Vereinen. Ein wichtiger Punkt ist auch die
»identifikative Integration«, die das Selbstbild der Zuwanderer und ihr Zugehörigkeitsgefühl zu ethnischen, nationalen, regionalen oder lokalen Bezugsgruppen umreißt.[38] Betrachtet
man die Situation von Flüchtlingen, so stellt man fest, dass ihnen in den meisten Fällen sowohl die strukturelle als auch die
soziale Integration unmöglich gemacht wird. In der genannten UNICEF-Studie heißt es deshalb weiter: »Das Modell bezieht sich auf Arbeitsmigranten mit langfristiger Perspektive
im Zielland. Auf geduldete Flüchtlinge ist es nur eingeschränkt
anzuwenden, da der Rechtsstatus eine Eingliederung ursprünglich nicht vorsah und in mancher Hinsicht gezielt verhinderte – etwa durch lange geltende Restriktionen beim Zugang
zum Arbeitsmarkt.«[39]

Und so muss man leider in vielen Fällen statt von einer gelungenen Integration von Integrationsbarrieren oder -hinder-
nissen sprechen, die bewusst aufgebaut werden, denn die Integration von Geduldeten ist, wenn man die Situation nüchtern
betrachtet, nicht gewollt. In meinen Augen ist es also unfair,
den Betroffenen den Mangel an Integration zum Vorwurf zu
machen. Es wäre eine Kleinigkeit, diese Kinder sinnvoll zu unterstützen. Stattdessen werden Vorurteile geschürt, wie zum
Beispiel jenes, Flüchtlings- und insbesondere Roma-Kinder
seien weniger intelligent und kämen mit dem deutschen Bil-
dungssystem nicht zurecht. Dass dem nicht so ist, das beweisen jene Roma, die »es« trotz der schlechten Ausgangsposition
schaffen, sich in allen vier genannten Dimensionen zu inte-

grieren, die aber aus gutem Grund lieber anonym bleiben wollen. Denn in der Skala der Anerkennung rangieren unter den Hartz-IV-Empfängern die Flüchtlinge, darunter die Asylsuchenden und an letzter Stelle noch immer die Roma.

Im Januar 2014 trat im EU-Ministerrat eine Verordnung in Kraft, die allgemein »Visumschutzklausel« genannt wird. Damit wurde auf Betreiben der bundesdeutschen Regierung die Möglichkeit geschaffen, die im Jahr 2009 in Kraft getretene Visa-Liberalisierung wieder einzuschränken. Vor allem gegenüber den Ländern Serbien und Mazedonien kann mithilfe dieser Klausel die Visumsfreiheit unter besonderen Umständen wieder außer Kraft gesetzt werden. Argumentiert wurde damit, dass im Einreiseland erhebliche Probleme durch die Zuwanderung aus diesen Ländern entstünden – bis hin zu einer »Notlage«. Deutschland reichte diesen Antrag in Brüssel ein, und innerhalb der Bundesrepublik war es die Landesregierung des Freistaats Bayern, die das Ganze maßgeblich anstieß. Es steht zu befürchten, dass es auch die deutsche Regierung sein wird, die als Erste der Europäischen Kommission einen entsprechenden Antrag übermitteln wird, um diese Visumschutzklausel, die informell als »Roma-Schutzklausel« bezeichnet wird, für serbische und mazedonische Staatsangehörige wirksam zu machen – gemeint sind allerdings die von dort stammenden Roma.

Ein solcher Antrag muss allerdings auch hinlänglich begründet werden. Der Umstand, dass diese Länder im Herbst 2014 als »sichere Herkunftsstaaten« deklariert wurden, ist ein wesentlicher Schachzug der deutschen Regierung in diese Richtung. Dies geschah, obwohl die *UN Refugee Agency*, kurz UNHCR genannt, »grundsätzliche Bedenken«[40] äußerte, Serbien, Ma-

zedonien und Bosnien-Herzegowina zu »sicheren Herkunftsstaaten« zu erklären. Außerdem bemängelt die UNHCR, dass
die deutsche Gesetzgebung in Artikel 16a Absatz 3 Grundge-
setz und in § 29a Asylverfahrensgesetz nicht den europarecht-
lichen Vorgaben entspricht. Dabei ist das europäische Recht
dem nationalen Recht übergeordnet, was leider viel zu oft vergessen wird.

Zwei Monate nachdem ich Kenan Emini in Göttingen kennengelernt hatte, im Mai 2013, tagte die Innenministerkonferenz
in Hannover. Parallel dazu veranstaltete die Initiative »Jugendliche ohne Grenzen«[41] eine Gegen-Konferenz mit einer Demonstration unter dem Motto »alle bleiben!«, die vom Roma
Center Göttingen e. V. unterstützt wurde. Ich nahm an den
Veranstaltungen teil und traf bei dieser Gelegenheit natürlich
auch Kenan und einige andere Aktivisten wieder und schloss
viele neue Freundschaften.

»Jugendliche ohne Grenzen« wurde von jungen Flüchtlingen gegründet, die beeindruckende Aktionen auf die Beine stellen. Beispielsweise kürt diese Gruppe jedes Jahr den »Abschie-
beminister des Jahres«. Auf dieser Konferenz im Mai 2013
erhielt der Bayerische Landesinnenminister Joachim Herrmann
diese zweifelhafte »Auszeichnung«, auch er war ein Diskussionsteilnehmer bei der Sendung »Menschen bei Maischberger«.

Während dieser Tage arbeiteten wir auch an dem Konzept
für die Gründung des Bundes Roma Verbands. Dabei erwähnte Kenan beiläufig, dass er es gut fände, wenn an der Verbands-
spitze eine Frau stehen würde. Damals fühlte ich mich überhaupt nicht angesprochen, denn ich arbeitete noch nicht lange
mit.

Auf der Heimfahrt war ich ganz erfüllt von all den Gesprächen und Aktionen. Das Zusammensein mit diesen Menschen, die ich gerade erst kennenlernte und mit denen ich doch so viel gemeinsam hatte, das Engagement der jungen Flüchtlinge, die selbstbewusst ihre Anliegen vorbrachten – all das hatte mir so richtig gut getan. Obwohl ich kaum geschlafen hatte, war ich voller Energie. Dies war eine ganz andere Art von Arbeit als meine Anwaltstätigkeit, und ich fühlte, dass es richtig war, mich hier weiterhin zu engagieren.

Im selben Monat erhielt ich eine Mail von einer Anwältin, die den *Feministischen Juristinnentag* mit organisierte. Sie fragte mich, ob ich Interesse hätte, bei einem Workshop zu Asylverfahren von Romnija mitzuwirken. Ich erfuhr, dass mich eine Romni namens Isidora Randjelović empfohlen hatte, die sich wünschte, den Workshop mit mir gemeinsam zu gestalten. Ich wurde neugierig und rief Isidora an. Wir merkten sofort, dass wir auf einer Wellenlänge lagen, und unser erstes Gespräch dauerte mehrere Stunden, so viel hatten wir uns zu sagen.

Isidora hatte mich in der Sendung von Sandra Maischberger gesehen und mich empfohlen, ohne mich persönlich zu kennen. Aus dem ersten Treffen entstand über die Jahre eine wichtige persönliche Freundschaft. Von Anfang an faszinierte mich ihr kompetentes und einfühlsames Wesen und ich schätze die Arbeit, die sie leistet. Ich reiste einen Tag vor dem Workshop nach Berlin, und obwohl wir uns vorher noch nie getroffen hatten, war es ein Leichtes, uns darüber abzustimmen, wie wir den Workshop gemeinsam gestalten wollten: Isidora sprach über die Geschichte der Romnija und die besonderen Begrifflichkeiten, während ich die rechtlichen Aspekte übernahm.

Isidora Randjelović ist unter anderem die Mitgründerin von IniRromnja.[42] Diese Initiative, in der auch ich inzwischen

Mitglied bin, ist ein Zusammenschluss von Berliner Roma- und Sinti-Frauen, die nach eigener Aussage »nicht länger hinnehmen wollen, dass die Ablehnung von Roma und Sinti, Feindseligkeiten und Gewalt gegen Roma und Sinti verschwiegen, bagatellisiert oder gar gerechtfertigt werden. Antiziganismus jeglicher Form muss benannt und bekämpft werden – dafür setzen sich die Frauen dieser Initiative ein.«[43] Außerdem beschäftigt sich Isidora mit dem »RromaniPhen«, der literarischen und filmischen Wissensproduktion von Romnija, und ist mit anderen Roma-Frauen dabei, ein entsprechendes lebendiges Archiv aufzubauen. Dieses Archiv will die kreative, wissenschaftliche und politische Arbeit von Romnija wertschätzen und bekannter machen. Besonders schön ist in meinen Augen der Ansatz des Archivs, Wissen nicht elitär zu horten, sondern es durch Veranstaltungen und didaktisches Material zu verbreiten und möglichst vielen Menschen zugänglich zu machen. Über all dies unterhielten wir uns bei unseren ersten Treffen, und ich war begeistert von diesem Ansatz und dem Elan meiner neuen Freundin.

Im September 2013 fuhr ich zu einem Gründungstreffen des Bundes Roma Verbandes nach Berlin. Es war für die Jahreszeit viel zu warm, deshalb meldeten sich wieder meine starken Kopfschmerzen, unter denen ich von Zeit zu Zeit leide. Ich versuchte trotzdem, mich auf die lebhafte Diskussion zu konzentrieren. Wir waren eine große Runde, und alle unterschrieben die Satzung, die wir gemeinsam erarbeitet hatten. Dann sprachen wir über den Vorstand.

»Ich würde gerne eine Frau als erste Vorsitzende vorschlagen«, hörte ich Kenan sagen. Inzwischen war mein Kopfweh so stark geworden, dass ich alles nur noch wie durch einen dichten Nebel wahrnahm.

»Wer schwebt dir denn da vor?«, hörte ich jemanden fragen.

»Nizaqete«, sagte Kenan.

»Wie bitte?«, schreckte ich auf. Plötzlich war ich hellwach. »Meinst du das ernst?«

»Ja, natürlich!«, antwortete Kenan.

»Aber«, versuchte ich einzuwenden, »das schaffe ich doch gar nicht neben meiner Arbeit!«

»Wir helfen dir«, beruhigte mich Kenan.

Und während ich noch im Stillen Argumente und Gründe suchte, warum ich das unmöglich machen konnte, begannen die anderen bereits mit der Abstimmung. Im Nachhinein denke ich, meine Freunde wollten mir gar keine Zeit lassen, darüber nachzudenken, weil sie fürchteten, ich würde dann einen Rückzieher machen. Und schon stand das Ergebnis fest: Ich war gewählt worden, und zwar so schnell, dass ich gar nicht hinterherkam.

Als mich die Wahlleiterin fragte: »Nizaqete, nimmst du die Wahl an?«, stand meine Entscheidung fest: Sie lautete Nein. Dann öffnete ich meinen Mund, und zu meiner eigenen Überraschung hörte ich mich »Ja« sagen.

Die anderen freuten sich, und schnell wurde alles protokolliert, ehe ich es mir womöglich anders überlegen konnte. Dann gratulierten sie mir und wir brachen auf, um ein Erinnerungsfoto zu machen, während ich mich fragte: Oh mein Gott, was war das denn eben?

Es war eine Bauchentscheidung gewesen. Mein Kopf hatte etwas anderes gesagt. Doch am Ende war es ein Ja.

Wieder galt es, mit kühlem Kopf und klopfendem Herzen einen Sprung ins kalte Wasser zu tun. Ich habe es bis heute nie bereut. Ganz im Gegenteil. Durch den Verband lernte ich so viele neue, spannende Menschen kennen, Roma und Nicht-Roma, die sich für unsere Sache engagieren. Ich schloss viele wertvolle Freundschaften. Und das Beste ist: Wenn es wieder einmal besonders schlimm kommt, wenn ich mit meinen Mandanten auf Richter stoße, die unsere Anträge ablehnen, wann immer sie die Möglichkeit dazu sehen, wenn mich die politische Lage in Deutschland zur Verzweiflung treibt und ich mich mit dem, was ich tue, angesichts der Jahrhunderte währenden Ablehnung gegenüber Roma klein und ohnmächtig fühle, dann habe ich hier einen Kreis von Menschen, die mich verstehen und in deren Runde ich wieder Kraft sammeln kann.

Unsere Arbeit ist alles andere als einfach. Wir haben weder eine Lobby noch Gelder. Alles, was wir auf die Beine stellen, entsteht durch unsere eigene Kraft und unsere eigene Finanzierung. Daran muss sich etwas ändern. Wir brauchen Unterstützung, und zwar auf vielen Ebenen. Mir ist klar: Gemeinsam sind wir auf einem wichtigen Weg. Unsere Ziele sind die Anerkennung der Roma als gleichberechtigte Bürger in diesem Land und die Entscheidung darüber, dass die zehntausend Langzeit-Geduldeten endlich ein Bleiberecht erhalten. »alle bleiben!« – so wie es Kenan Eminis Initiative schon seit Jahren fordert.

15

WOFÜR
ICH EINTRETE

Ich lebe in verschiedenen Welten und komme damit wunderbar zurecht. Vor ein paar Jahren beispielsweise nahm ich als Anwältin an einer Fachtagung in Brüssel zu den Themen Arbeitsmigration, Familienzusammenführung, Unionsbürgerschaft und Grundrechtcharta teil, und am nächsten Morgen flog ich meiner Familie nach Shutka in Mazedonien nach. In dieser sogenannten »Stadt der Roma«, einem Stadtteil von Skopje, in dem auch mein Großvater lebt, feierten wir die Hochzeit meines Bruders, und unter freiem Himmel tanzte ich mit den anderen bis spät in die Nacht. Ja, dachte ich damals, genau das ist mein Leben. Ich bin hier wie dort zu Hause.

Ich denke, ein Grund, warum sich die uralten Vorurteile noch immer in den westlichen Gesellschaften halten können, ist ein Umstand, den man »das Problem der Sichtbarkeit« nennen kann. Denn nur diejenigen werden von der Öffentlichkeit wahrgenommen, die sich zeigen oder auf die der Fokus gerichtet wird und die auf diese Weise zum »Thema« gemacht werden: Flüchtlinge in den ihnen zugewiesenen speziellen Unterkünften, in denen sie abgesondert von der Mehrheitsbevölkerung leben müssen. Mietshäuser, in denen mehrere Großfamilien zugewanderter Roma aus Bulgarien wohnen, die von der Mehrheitsbevölkerung mit Argwohn betrachtet werden.

Hier tragen die Medien eine große Verantwortung, der sie nicht immer gerecht werden. Eine Untersuchung zum Thema »Antiziganismus in der deutschen Öffentlichkeit – Strategien und Mechanismen medialer Kommunikation« kommt zu dem Ergebnis, dass Antiziganismus in den Medien weit verbreitet ist und vielerlei Formen annimmt. »Dabei muss für die deutsche Medienlandschaft insgesamt davon ausgegangen werden, dass kaum Sensibilität für antiziganistische Aussagen und Darstellungen vorhanden ist und dass durchgängig – häufig unbewusst und ungewollt – bestehende Stereotypen reproduziert, ethnozentralistische Positionen eingenommen und antiziganistische Diskurse fortgeführt werden«, heißt es in dieser Studie von Markus End.[44]

Auf der anderen Seite sind viele positive Beispiele eines gelungenen und gelebten Miteinanders nicht sichtbar. Denn es gibt viele Menschen mit Flüchtlingshintergrund, darunter zahlreiche Roma, die Großartiges leisten. Viele von ihnen haben sich aber dazu entschlossen, ihre Herkunft lieber zu verschweigen. Gerade die integrierten Roma verschweigen oft in ihrem Arbeitsumfeld sowie in ihrem sozialen Umfeld ihre Herkunft. Dadurch kann ihr positives Beispiel nicht zum Abbau von Vorurteilen in der Mehrheitsbevölkerung dienen. Eine große Zahl derjenigen allerdings, die sich durchaus zeigen, wird oft als Einzelbeispiele wahrgenommen, als Ausnahmen von der Regel. Oder sie werden von der Öffentlichkeit einfach ignoriert. Darunter sind Wissenschaftler, Künstler, Aktivisten und viele andere mehr. Meine Entscheidung, dieses Buch zu schreiben, beruht auch auf dieser Überlegung: Wenn wir uns nicht zeigen, können wir auch nicht wahrgenommen werden.

Am 8. April jedes Jahres begehen wir den Internationalen Roma-Tag. Weltweit machen an diesem Tag Roma und Nicht-

Roma durch Solidaritätsaktionen auf die Lebensumstände unserer Minderheit aufmerksam. Historisch gesehen ist dies eine noch recht junge Entwicklung: Erst nach dem Ende des Zweiten Weltkrieges begannen Roma in den verschiedenen europäischen Ländern verstärkt für ihre Bürgerrechte zu kämpfen und sich politisch zu organisieren. Seit Ende der 1960er-Jahre entstanden außerdem in den westlichen und östlichen Ländern Europas verschiedene Protestbewegungen für grundsätzlich mehr Demokratie, für persönliche Freiheit und eine kritische Auseinandersetzung mit der jüngsten Vergangenheit. Menschenrechtsgruppierungen begannen, sich mit dem Thema der sozialen Ungerechtigkeit allgemein und im konkreten Fall mit der Situation der Roma auseinanderzusetzen. Die Folge war eine gewisse politische Unterstützung für die Roma, mit deren Hilfe sie ihre Forderungen öffentlich bekannt machen konnten. Das große Ziel war es, die einzelnen Initiativen der unterschiedlichen Länder unter einem Dach zusammenzufassen, um mit einer Stimme sprechen zu können und von transnationalen Gremien wie beispielsweise dem Europarat und der UNO wahrgenommen zu werden.

Am 8. April 1971 war es so weit: Beim ersten Welt-Roma-Kongress in London kamen Delegierte von nationalen Roma-Bürgerrechtsorganisationen aus vierzehn Ländern zusammen. Sie alle einte das Ziel, gemeinsam gegen die Diskriminierungen zu kämpfen und die Bürgerrechte zu stärken.

Auf diesem Kongress wurden wesentliche Konzepte und Strategien für die Zukunft der internationalen und nationalen Bürgerrechtsbewegungen der Roma entwickelt. Besonders wichtig war die Übereinkunft, als Überbegriff für alle Angehörigen der Minderheit die Bezeichnung »Roma« zu verwenden.

In den Folgejahren fanden in Deutschland zwei historisch wichtige Kundgebungen statt, die internationales Aufsehen erregten. Die eine fand 1979 im ehemaligen Konzentrationslager Bergen-Belsen statt, die andere ein Jahr später als Hungerstreik im früheren KZ Dachau. Über diese Proteste berichteten internationale wie nationale Medien, und prominente Politiker wie zum Beispiel der damalige Bundesjustizminister Hans-Jochen Vogel solidarisierten sich mit der Bewegung.

1981 fand der dritte Welt-Roma-Kongress in Göttingen statt, und ein Jahr später wurde die nationale Dachorganisation Zentralrat Deutscher Sinti und Roma ins Leben gerufen. Wenige Monate danach erkannte Bundeskanzler Helmut Schmidt den Völkermord an den Sinti und Roma unter den Nationalsozialisten endlich offiziell an. Doch es sollte noch bis 1995 dauern, bis Sinti und Roma als nationale Minderheiten in Deutschland gesetzliche Anerkennung fanden.

Dennoch sind Antiziganismus und die Ausgrenzung unserer Minderheit weiterhin ein Problem in ganz Europa. Ein Grund mehr, den 8. April als historisches Datum zu begehen und immer wieder auf unsere Sache hinzuweisen.

Für mich persönlich ist der 8. April ein wichtiges Datum. Ich betrachte es als selbstverständlich, nach Berlin zu fahren und diesen historischen Termin gemeinsam mit meinen Freunden und Mitstreitern zu begehen. Im Jahr 2014 hatte ich bei dieser Gelegenheit ein sehr bewegendes Erlebnis: Am Abend nach der Demonstration besuchte ich ein Theaterstück, das Jugendliche eines Berliner Vereins aufführten. Schon Monate zuvor hatte mich die Regisseurin auf den Abend hingewiesen. »Wir führen ein Theaterstück auf«, hatte sie gesagt, »und du kommst darin vor. Wenn du an diesem Abend Zeit hättest, zu uns zu kommen, würden wir uns sehr freuen.« Selbstverständlich besuchte ich die Aufführung.

Die Jugendlichen waren mit Herzblut bei der Sache und ich hatte großen Spaß an ihrem Spiel. Trotz Vorwarnung der Regisseurin erschrak ich, als ich eine der jugendlichen Schauspielerinnen laut und deutlich meinen Namen sagen hörte. Das Spielgeschehen auf der Bühne wurde unterbrochen, und ein Mädchen von vielleicht zehn oder elf Jahren erzählte eine kurze Zusammenfassung meiner Lebensgeschichte. Gleichzeitig wurde ein Foto von mir über den gesamten Bühnenhintergrund projiziert. Dieses Mädchen strahlte so viel Energie und Leidenschaft aus, während es von meinem Werdegang erzählte, dass mir fast die Tränen kamen. Es wurden noch andere Beispiele genannt, doch ich war offenbar die Einzige, die persönlich anwesend war.

»Ich bin dein größter Fan!«, erklärte mir dieses Mädchen mit leuchtenden Augen, als ich die Akteure später hinter der Bühne besuchte.»Darf ich dich umarmen?« Dann gestand mir die Kleine, dass es ihr größter Wunsch sei, Anwältin zu werden, so wie ich. Diese Begegnung berührte mich tief. Doch sie machte mich auch ein klein wenig traurig. Für diese Jugendlichen war ich tatsächlich so etwas wie ein Star, und dabei tat ich in meinen Augen doch gar nichts Besonderes. Ich bin Anwältin, na und? Es gibt so viele Anwältinnen in Deutschland. Andere junge Mädchen nehmen sich »echte« Stars zum Vorbild wie zum Beispiel Rihanna oder Shakira, aber doch nicht mich.

Diese Begegnung bedeutete mir viel, und die Begeisterung und Energie des Mädchens, das so werden wollte wie ich, gab mir Antrieb und Kraft für die folgenden Wochen und Monate. Ich wollte dafür kämpfen, dass es für dieses Mädchen und für andere Flüchtlingskinder ebenso selbstverständlich werden sollte, Anwältin als Berufsziel zu haben, wie für ein deutsches Kind.

Auch im Jahr 2015 wurde der 8. April ein besonderes Erlebnis für mich. Dieses Mal sollte ich selbst auf der Bühne stehen, auch wenn ich das vorher gar nicht eingeplant hatte. Ich hatte mir eine Woche freigenommen, und wie immer musste ich mir die freie Zeit im Vorfeld durch Mehrarbeit am Abend und am Wochenende »erkaufen«, damit auch in meiner Abwesenheit im Büro alles rund lief und ich guten Gewissens in Berlin sein konnte.

Wir vom Bundes Roma Verband hatten schon Monate zuvor an einem Programm für diesen Jahrestag gearbeitet. Allerdings fehlte uns die notwendige finanzielle Unterstützung zum Beispiel von Stiftungen oder sonstigen Institutionen. Zwar hatten wir frühzeitig entsprechende Förderanträge gestellt, doch die waren entweder ganz abgelehnt worden oder wir erhielten Beträge, die man als »symbolisch« bezeichnen muss. Erst Mitte März hatten wir eine Crowdfunding-Aktion gestartet, um wenigstens die allernotwendigsten Kosten, zum Beispiel für die Technik oder Reisekosten für die Künstler, die aus Belgrad anreisen sollten, zu organisieren.

Wie so oft gewährte mir meine Freundin Isidora Randjelović »Asyl«. Jedes Mal, wenn ich in Berlin bin, erfreue ich mich ihrer Gastfreundschaft und fühle mich ausgesprochen wohl bei ihr. Wir setzten uns an ihren Küchentisch, auf dem wie immer eine Schale mit frischem Obst stand. Während mir Isidora begeistert von der performativen Lesung erzählte, die sie gemeinsam mit anderen Künstlerinnen und Aktivistinnen für den Abend des 10. April plante, nahm ich eine Orange in die Hand und schnupperte an ihrer Schale.

»Es wird eine Veranstaltung der Initiativen IniRromnja und RromaniPhen, unserem feministischen Archivprojekt«, erklärte Isidora. »Diese Lesung soll Leben und Werk von Melanie Spitta ehren. Hättest du Lust mitzumachen?« Lust hatte ich schon, keine Frage. Die Sintezza, Bürgerrechtlerin und Filmemacherin Melanie Spitta ist eines der vielen Beispiele faszinierender Sinti und Roma-Künstler. Doch ich zögerte zuzusagen, weil ich eigentlich bereits nach der Demonstration am 8. April zurück nach Hause fahren wollte, wo viel Arbeit auf mich wartete.

»Aber wir haben dich bereits fest eingeplant und dir eine Rolle ins Stück geschrieben«, wandte Isidora ein.

Als ich das hörte, war meine Entscheidung getroffen – ich würde bleiben und bei der performativen Lesung mitwirken. Ich erfuhr, dass ich ein Gedicht des Roma-Schriftstellers Sefedin Jonuz vortragen sollte, den ich sehr schätze und dessen Tochter Elizabeta, eine promovierte Diplom-Sozialpädagogin, ich ebenfalls kenne. Ich war begeistert, und nun begann eine intensive Vorbereitungs- und Probenphase. Viel Zeit hatten wir nicht mehr, bis zur geplanten Aufführung blieben drei Tage voller Veranstaltungen und Treffen.

Am Morgen des 8. April machte ich mich mit Isidora auf den Weg zum Denkmal für die in Europa im Nationalsozialismus ermordeten Sinti und Roma in Berlin gegenüber dem Reichstagsgebäude. Ich war als Rednerin geladen worden und ziemlich nervös. Zu unserem Pech fiel auch noch eine S-Bahn aus, und wir trafen gerade noch rechtzeitig ein. Ich nahm in der ersten Reihe Platz, auch wenn ich eigentlich lieber bei den anderen geblieben wäre. Der Gedanke, an diesem bedeutenden Denkmal, um das so lange gekämpft werden musste, eine Rede zu halten, bewegte mich sehr. Die Rede selbst hatte ich gemeinsam mit Isidora, Elizabeta und einigen anderen Freundinnen und Mitstreiterinnen in den Tagen zuvor erarbeitet:

Liebe Schwestern und Brüder,

sehr geehrte Damen und Herren,

als Vorsitzende des Bundes Roma Verbandes stehe ich heute hier in Berlin, am 8. April 2015, dem Internationalen Tag der Roma. Ich stehe hier am Mahnmal für die in Europa ermordeten Sinti und Roma. Als Rechtsanwältin müsste ich im Hier und Jetzt eigentlich in meiner Kanzlei sein. Ich müsste den für den 9. April 2015 terminierten Abschiebungen von geflüchteten Roma-Familien entgegenwirken. Familien, die zum Teil seit cirka zwanzig Jahren in der Bundesrepublik leben, werden zum Beispiel in den vermeintlich sicheren Herkunftsstaat Kosovo abgeschoben.

Seit der Entscheidung für das Gesetz zu den sicheren Herkunftsstaaten sind monatlich Hunderte Roma von Sammelabschiebungen aus Deutschland bedroht und werden auch tatsächlich abgeschoben. Die nächsten Abschiebungen stehen bereits fest. Es war nicht glaubwürdig, als am 12. Oktober 2012 Frau Bundeskanzlerin Angela Merkel in ihrer Rede zur Einweihung des Mahnmals der im Nationalsozialismus ermordeten Roma und Sinti gedachte und von Verantwortung sprach. Denn wenige Zeit später löste ihr Bundesinnenminister Friedrich erneut die Debatte über Asylmissbrauch von Roma aus.

Unter den Abgeschobenen sind die Nachkommen der Opfer der im Nationalsozialismus ermordeten Roma und Sinti in der zweiten und dritten Generation.

Wir sprechen uns gegen ein leeres Erinnern und ein kaltes Vergessen aus.

Die Bürgerrechtsbewegung der Sinti und Roma hat die Errich-

240

tung des Mahnmals in einem langen und schwierigen Prozess erkämpft und damit einen Grundstein für eine würdevolle Erinnerungspolitik gelegt. Nun sind wir alle aufgefordert, eine würdevolle und verantwortungsvolle Menschenrechtspolitik zu gestalten.

Insbesondere ist hier die Bundesregierung gefordert, eine an Menschenrechten orientierte Minderheitenpolitik für die Roma und Sinti zu betreiben. Es ist höchste Zeit, zu handeln! Es ist Zeit, den Nachkommen der im Porajmos ermordeten Sinti und Roma eine menschenwürdige Zukunft zu ermöglichen. Vielen Dank!

Auch auf der Kundgebung am Nachmittag hielt ich eine Rede, in der ich meine Mitstreiter daran erinnerte, was wir bereits alles erreicht hatten. »Dass wir hier stehen, ist auch ein Erfolg«, sagte ich. Ein Erfolg, der auf dem Engagement und den Lebenszeugnissen vieler bemerkenswerter Roma aufbaut: beispielsweise auf dem der Dichterin Papusza[45], der Malerin und Chronistin Ceija Stojka[46], des zeitgenössischen Bürgerrechtlers Trifun Dimic und vieler anderer mehr.

Und dann hieß es, alle Kräfte für die Aufführung zu bündeln. Es machte riesigen Spaß, gemeinsam mit meinen Bekannten und unter der Anleitung der Regisseurin Sandra Selimović aus Wien die Performance zu gestalten, auch wenn die Proben bis tief in die Nacht dauerten.

Ein gutes Zeichen sollte es sein, dass unsere Generalprobe überhaupt nicht gut lief, dafür gelang uns die Aufführung am Freitagabend umso besser. Das Gedicht, das ich in einer Übertragung ins Deutsche durch den Dichter selbst vortrug, bewegte mich sehr. Und als ich die Zeilen rezitierte, fühlte ich wieder die Begeisterung, die mich als kleines Mädchen erfüllt hatte, wenn ich gemeinsam mit meinem Vater Gedichte auswendig gelernt hatte.

In dem Gedicht von Sefedin Jonuz, »Die namenlosen Gedanken«, spricht das Ich über seine tote Mutter, die vor vielen Jahren deportiert wurde und nie wiedergekehrte. Es spricht von Schmerz und Verlust und davon, wie sich das Schicksal der Roma immer zu wiederholen scheint:

[…] Du sollst wissen, mein Sohn, dieser böse Wolf,
der alle Roma gefressen hat, er war nicht tot, er schlief.
Vor fünfzehn Jahren erwachte er,
schlüpfte in einen Schafspelz und zeigte sich als frommes Lamm.
Dieser Wolf ist jetzt noch grausamer geworden.
Er frisst die Menschen heimlich, sodass ihn keiner sehen kann.
Und wenn sie ihn sehen, stellen sie sich blind.
Sie lassen ihn weiterfressen,
so wie er uns vor fünfzig Jahren gefressen hat.[47]

Die Aufführung war ein großer Erfolg. Für mich war es aber vor allem das tiefe Gefühl von Verbundenheit mit den mitwirkenden Künstlerinnen, dem Publikum und mit jenen, die vor uns ihren Beitrag zu unserer reichen Roma- und Sinti-Kultur geleistet hatten, was mir einmal mehr Energie und Kraft schenkte für meine alltägliche Arbeit. Es sind diese starken Momente der Gemeinschaft, die mir helfen, immer wieder über mich hinauszuwachsen und meinen eigenen Beitrag für eine bessere Zukunft zu leisten.

Es gibt noch so viel zu tun. Denn das Klima für die Anerkennung von Flüchtlingen in Deutschland hat sich in den vergangenen zehn Jahren deutlich verschärft. Flüchtlingspolitik wird von vielen westeuropäischen Regierungen als »Gefahrenabwehr« verstanden. War es damals schon alles andere als einfach gewesen, hat die jahrelange Unsicherheit meine Eltern zermürbt und krank gemacht, so ist die Situation für die in Deutschland geduldeten Menschen heute noch schwieriger. Die zahlreichen Krisenherde machen viel zu viele Menschen zu Flüchtlingen, Tausende von Menschen brauchen Hilfe und eine Zuflucht. Dass wir durch Waffenexporte oder wirtschaftliche Ausbeutung von abhängigen Staaten, um nur zwei Beispiele zu nennen, für diese Fluchtbewegungen mitverantwortlich sind, wird hier nur selten gesehen.

Schon als Studienanfängerin fragte ich mich, wieso eigentlich die Ausländerbehörden beim Ordnungsamt und dem Gefahrenrecht eingegliedert sind. Das heißt doch nichts anderes, als dass ein Mensch, der aus welchem Grund auch immer nach Deutschland kommt und hier Asyl beantragt, als Gefahr begriffen wird, die es abzuwenden gilt. Auch die Existenz von Sondergesetzen bedeutet eine Ungleichbehandlung. Und diese Haltung deckte sich exakt mit der Art und Weise, wie wir vonseiten der Ausländerbehörde behandelt wurden: stets als Bedrohung, als Zumutung, lästig und auf jeden Fall abzuwenden. Warum?, fragte ich mich. Welchen Grund hatten diese Sachbearbeiter, uns zu behandeln, als wäre unser Ersuchen um Aufenthalt in Deutschland eine Zumutung?

In meinen Augen wird die Debatte um die Flüchtlinge viel zu sehr im Hinblick auf die wirtschaftlichen Aspekte geführt, und das auch nur einseitig – als ob das Recht auf ein menschenwürdiges Leben in Zahlen auszurechnen sei. Ist es nicht eine Frage der Humanität, ob man Menschen aufnimmt oder ob man sie zurück in ihr Verderben schickt? Und selbst wenn man unbedingt eine Rechnung aufmachen möchte, so belegt eine Studie zu Migration des Mannheimer Zentrums für Europäische Wirtschaftsforschung aus dem Herbst 2014[48], dass die 6,6 Millionen Menschen, die ohne deutschen Pass in unserem Land leben, im Jahr 2012 einen Überschuss von insgesamt 22 Milliarden Euro erwirtschaftet haben. Der Studie zufolge zahlt »jeder Ausländer pro Jahr durchschnittlich 3.300 Euro mehr Steuern und Sozialabgaben, als er an staatlichen Leistungen erhält«. In der allgemeinen, aufgeheizten Diskussion in Deutschland, wo ein beträchtlicher Teil der Mehrheitsbevölkerung der Meinung ist, »Fremde« nähmen ihnen alles Mögliche weg, müssen diese Tatsachen, die die meisten ignorieren, auch einmal genannt werden.

Es gibt darüber hinaus eine Menge Pauschalierungen und Missverständnisse in Bezug auf uns Roma. Auch in den Medien wird vorwiegend ein undifferenziertes Bild unserer Minderheit gezeichnet, das von negativen Klischees durchsetzt ist. Da ist von Diebesbanden und von Bettlerclans die Rede, wobei absichtlich ignoriert wird, dass es ebenso deutsche Bettler und Flaschensammler gibt, wie auch Einbrüche von deutschen Staatsbürgern verübt werden. Ich persönlich glaube nicht, dass unter den Roma, die in Deutschland Asyl beantragt haben, und denen, die mit einer Duldung leben müssen, jemand ist, der sich in eine Fußgängerzone setzt, um zu betteln, oder der Raubzüge plant und durchführt. Diese Menschen haben völlig andere Ziele und Pläne, sie kämpfen ernsthaft darum, sich in Deutschland eine Existenz aufzubauen. Darüber muss in Deutschland ein Reflexionsprozess in Gang gesetzt werden, damit nicht heute noch dieselben gesellschaftsspaltenden Mechanismen wirken wie schon im Mittelalter. Es muss ein Bewusstsein darüber geschaffen werden, dass diejenigen Roma, die aus den Ländern des ehemaligen Jugoslawien zu uns flüchten und um ein Bleiberecht kämpfen, tatsächlich in ihren Heimatländern bedroht und verfolgt werden und dass im Sinne der kumulativen Verfolgungsgründe mehrere Faktoren zusammen genommen eine echte Bedrohung an Leib und Leben bedeuten.

Wir vom Bundes Roma Verband fordern, dass die rechtliche Situation der Roma in Deutschland verbessert wird und dass Roma dieselbe Behandlung erfahren wie Flüchtlinge aus anderen Ländern. Torsten Albig, Ministerpräsident in Schleswig-Holstein, fand dazu in seiner Rede deutliche Worte, als er im Zusammenhang mit der Einstufung von Serbien, Mazedonien und Bosnien-Herzegowina als sichere Herkunftsstaaten vor dem deutschen Bundesrat sagte: »Tatsächlich geht es hier nicht um Anerkennungsquoten, tatsächlich geht es hier um die Frage, ob wir Flüchtlinge in gute Flüchtlinge und schlechte Flüchtlinge aufteilen.«[49] Ebenso darf es nicht mehr sein, dass unsere Gesellschaft Menschen nach ihren Nationalitäten beurteilt oder gar verurteilt. In einer mehr und mehr globalisierten Welt müsste diese Forderung eigentlich bereits Realität geworden sein. Roma müssen als europäische Bürger mit den gleichen Rechten wie jeder andere Europäer anerkannt und behandelt werden – und dies in allen Ländern der EU.

In Deutschland leben fast hunderttausend Geduldete. Meine Geschichte und die meiner Familie zeigt exemplarisch, welche Härten die Flüchtlingspolitik in Deutschland für den Einzelnen mit sich bringt. Es dauert Jahre, bis Flüchtlinge anerkannt werden, wenn es ihnen überhaupt je gelingt. Ich fordere, dass alle diese hunderttausend Geduldeten, nicht nur die Roma unter ihnen, die zumeist schon seit vielen Jahren hier sind, endlich eine Aufenthaltserlaubnis bekommen. Dass diese Menschen hierbleiben können, ist ein Gebot der Menschlichkeit. Unsere Gesellschaft hat größere und schwerwiegendere Sorgen als die Aufnahme dieser Menschen, die zumeist inzwischen bestens integriert oder auf dem besten Weg dazu wären, wenn man ihnen nicht länger Hindernisse vor die Füße legte. Gerade Deutschland hat aufgrund seiner NS-Vergangenheit und den unzähligen, noch längst nicht aufgearbeiteten Morden an Sinti und Roma eine moralische Verpflichtung, innerhalb von Europa in dieser Frage mit gutem Beispiel voranzugehen. Darüber hinaus fordere ich von unseren Politikern, auf die Regierungen von Serbien, Mazedonien und dem Kosovo einzuwirken, damit dort die Akzeptanz und die Lebensbedingungen für Roma nachhaltig verbessert werden und auch dort eine Integration unserer Minderheit stattfinden kann. Auf diese Weise könnten endlich langfristig derartige Bedingungen geschaffen werden, dass die dort lebenden Roma in ihrer Heimat bleiben können, ohne um ihre Sicherheit und Gesundheit fürchten zu müssen.

Als Vorsitzende des Bundes Roma Verbandes spreche ich mich dezidiert für die Anerkennung von Roma als Kontigentflüchtlinge in Europa aus. Dieses Verfahren könnte den Kreislauf von Flucht, Abschiebung und erneuter Flucht durchbrechen. Hierfür müssen Lösungen auf europäischer Ebene gefunden werden, um die Roma als die größte Minderheit Europas vor Abschiebung zu schützen und Bleiberechtsperspektiven zu eröffnen. Als Bundes Roma Verband entwickeln wir für die Umsetzung dieser Forderung Strategien und vermitteln diese an die Politik.

Innerhalb Deutschlands müssen Roma mehr Teilhabe am politischen Geschehen und aktiven Zugang zu Institutionen und Behörden erhalten. Dringend überfällig ist außerdem eine seriöse wissenschaftliche Aufarbeitung des Völkermords während des Zweiten Weltkrieges. Es ist erschreckend, wie wenig Forschung zu diesem Themenbereich betrieben wurde. Dieses Nichtwissen spiegelt sich in beängstigender Weise in der pädagogischen Arbeit in Deutschland wider.

Ein weiteres wichtiges Thema ist die Förderung von Roma-Kindern, denn der gesamte Bildungssektor befindet sich in dieser Hinsicht in einem desolaten Zustand. Um die Bildungschancen von Roma zu verbessern, müssen Lehrer sensibilisiert sowie Unterstützungsmaßnahmen getroffen werden, die den Schulerfolg von Roma-Kindern fördern. Auch dafür wirken wir an der Entwicklung von Handlungsempfehlungen für eine bessere Teilhabe von Roma an deutschen Schulen mit. Zunächst einmal müssen allerdings der latente Rassismus und Antiziganismus erkannt und abgebaut werden, die bei vielen Lehrern und Mitschülern als äußerst wirksame Bildungsbarriere vorhanden sind. Ein wichtiger Aspekt dabei ist es, den *Porajmos*, den Genozid an den europäischen Sinti und Roma, zum Bildungsstandard zu machen. Außerdem müssen die Lehrinhalte von antiziganistischen Stigmatisierungen befreit werden. Auch hier sind spezielle Sensibilisierungs-Fortbildungen für das pädagogische Personal notwendig und überfällig.

Wir Roma bilden keine homogene Gruppe, das ist schon anhand meiner eigenen Familiengeschichte gut erkennbar. Darum wünschen wir uns, dass man uns auch in unserer Heterogenität wahr- und ernst nimmt. Denn verallgemeinernde Aussagen über uns sind ebenso hinderlich wie die Erwartungshaltungen an eine homogene Einigkeit, an einheitliche Kulturen oder an Alleinvertretungsansprüche einzelner Sprecher.

Die Bekämpfung von Rassismus und Antiziganismus muss allerdings nicht nur auf kommunaler und regionaler Ebene stattfinden, sondern zum nationalen Anliegen werden, denn nur so kann die Bildungsteilhabe von Sinti und Roma auch tatsächlich verbessert werden.

Wir dürfen Kinder, die aus anderen Kulturen kommen, wie zum Beispiel die der Roma, nicht als Defizit begreifen. Die Kinder sollten sich nicht erst an die Gesellschaft anpassen müssen, um Regelklassen besuchen zu dürfen, sondern ganz im Gegenteil als Bereicherung gesehen werden. In diesem Sinne wünsche ich mir, dass diese neu zugewanderten Kinder respektiert werden und Raum erhalten, damit sie in Fächern wie Geschichte und Ethik beispielsweise in den Unterricht eingebunden werden können. Denn wie ich damals als kleines Mädchen im Kosovo, wollen wir alle »dazugehören« und uns in die Gesellschaft, in der wir leben, einbringen können. Dies als Chance und Geschenk zu verstehen bedeutet in meinen Augen eine zeitgemäße Pädagogik mit Weitblick.

Als ich neulich gemeinsam mit meiner Freundin und Mitstreiterin Isidora eine Orange teilte, war er wieder da, dieser Duft nach Kindheit, aber auch nach Verlust. Dieser Geruch wird für mich immer mit den widersprüchlichsten Gefühlen verbunden sein, die der Abschied von der Heimat und die Erwartung einer besseren Zukunft vor so vielen Jahren in mir auslösten. Der Weg, der hinter mir liegt, seit ich mit vierzehn Jahren meine Heimat verließ, war weit und voller Hindernisse. Er hat mich geformt und zu der werden lassen, die ich heute bin. Er bedeutet für mich aber auch Verpflichtung und Verantwortung, mich dafür einzusetzen, dass es die, die nach mir kommen, besser haben sollen. Damit meine ich all jene, die als Flüchtlinge nach Deutschland kommen, egal, aus welchem Land dieser Erde. Gleichzeitig aber nahm ich im Herbst 2013 mit dem Vorsitz des Bundes Roma Verbandes auch die Verantwortung für die Minderheit an, der ich angehöre. Und ich werde alles, was in meiner Macht steht, dafür tun, damit Roma in Deutschland eine gleichberechtigte und gesellschaftliche Teilhabe in allen Bereichen erlangen werden.

DANK

Es gibt unzählige Menschen, denen ich zu danken habe, Menschen, die mich während meines bisherigen Lebens begleitet und mir immer wieder Mut zugesprochen haben, wenn ich nicht mehr weiterwusste, und dies heute noch tun.

Mein erster Dank richtet sich an meine lieben Eltern, für ihre bedingungslose Unterstützung und Liebe. Auch meinen Schwestern Mihrije und Mirsade möchte ich herzlich danken für ihren unermüdlichen Rat und Beistand. Ich danke auch meinen Brüdern Faton und Ferid für ihr Vertrauen und ihre Unterstützung sowie meiner gesamten Familie in Deutschland, Kosovo, Serbien und Mazedonien und in allen anderen Ländern dieser Welt ...

Ich danke Monika und Jochen und dem gesamten B.O.N. für ihre Herzlichkeit und Güte sowie Juliane Dietze und all meinen Lehrern, Professoren und Ausbildern, sowohl in Kosovo als auch in Deutschland, die an mich geglaubt haben.

Ich danke all meinen Freunden, deren Liebe und Freundschaft ich erfahren durfte. Einige wichtige haben in diesem Buch bereits Erwähnung gefunden, doch auch die vielen Ungenannten seien nicht vergessen.

Ich danke dem Akademischen Auslandsamt der Ruhr-Uni Bochum, der evangelischen Kirchengemeinde Bochum und dem AStA Bochum für die finanzielle Unterstützung, die ich in der schweren Zeit erhalten habe.

Ich danke meinen Kollegen, die mich begleitet haben und immer ein offenes Ohr für mich haben, und allen Mitarbeitern in unserer Kanzlei.

Ich danke meinen Mandanten, die mir ihr Vertrauen entgegenbringen und ihre Fälle übertragen, die für sie zum Teil von existenzieller Bedeutung sind.

Ich danke Kenan und Isidora, die mich inspirieren und an die ich mich immer wenden kann. Auch all den ungenannten AktivistInnen, möchte ich danken. Insbesondere danke ich Allegra, die mir geduldig bei der Erstellung des Buchs geholfen hat.

Auch danke ich dem DuMont Buchverlag und insbesondere Tanja Rauch für ihr Vertrauen in dieses Buch. Ebenso möchte ich Beate Rygiert und Christine Proske danken.

Schließlich danke ich meinem Liebsten für seine Geduld und sein Verständnis dafür, dass ich an zu vielen Wochenenden nicht zu Hause bin.

Nizaqete Bislimi

ANMERKUNGEN

1 Zitiert nach: Verena Knaus, Peter Widmann u. a., »Integration unter Vorbehalt – Zur Situation von Kindern kosovarischer Roma, Ashkali und Ägypter in Deutschland und nach ihrer Rückführung in den Kosovo«. Deutsches Komitee für UNICEF, Köln 2010, S. 12.

2 Ebenda, S. 8.

3 Ebenda, S. 12.

4 Ebenda, S. 42.

5 Tilman Zülch, »Bis der letzte ›Zigeuner‹ das Land verlassen hat – Massenvertreibung der Roma und Aschkali aus dem Kosovo«. http://www.gfbv. it/3dossier/rom-dt.html

6 Siehe dazu: AG Friedensforschung, Beiträge zum NATO-Krieg gegen Jugoslawien, Kassel. http://www.ag-friedensforschung.de/themen/NATO-Krieg/ard08-02-01.html

7 Siehe dazu: »Kosovo – Krieg und Flüchtlinge« von Ulla Jelpke. http://www.vsp-vernetzt.de/soz/000703.htm

8 Bis zum 31.12.2004 gab es mehrere Formen von befristeten Aufenthaltstiteln, ab dem 1.1.2005 wurde das System vereinfacht. Die Aufenthaltsbefugnis, die Mirsade im Jahr 2001 erhielt, kommt einer heutigen Aufenthaltserlaubnis gleich.

9 Dominik Baur: »Rassismus in Europa: Gnadenlose Jagd auf Minderheiten im Kosovo«, 26. Mai 2004. http://www.spiegel.de/politik/ausland/rassismus-in-europa-gnadenlose-jagd-auf-minderheiten-im-kosovo-a-301424.html

10 Nachzulesen in: Wilhelm Heitmeyer (Hg.), *Deutsche Zustände*. Folge 10. Frankfurt a. M. 2011, S. 37 ff.

11 Zitiert nach: http://www.juraplus.de/bgh-praesidentin-besucht-dokumentationszentraum-der-sinti-und-roma/

12 Zitiert nach: http://www.juraplus.de/bgh-praesidentin-besucht-dokumentationszentraum-der-sinti-und-roma/

13 Dieser Begriff ist nicht unumstritten und es gibt Aktivisten, die ihn ablehnen. Die Kritik bezieht sich hauptsächlich auf das darin enthaltene Wort
»zigan«, das auf der abwertenden Fremdbezeichnung »Zigeuner« beruht.
Mangels eines anderen Begriffs für den besonderen Rassismus gegenüber
Roma habe ich mich entschlossen, ihn dennoch zu verwenden.

14 Gregie de Maeyer, Koen Vanmechelen, *Juul*, Weinheim, 1997.

15 Davon berichtet Sani Rifati in einem Beitrag über seine Reise in den Kosovo 2002: http://www.counterpunch.org/2002/10/15/humanitarian-
ethnic-cleansing-in-kosovo/

16 § 23a AufenthG – Aufenthaltsgewährung in Härtefällen, zitiert nach: http://
www.juraforum.de/gesetze/aufenthg/23a-aufenthaltsgewaehrung-in-ha
ertefaellen

17 Zitiert nach: Verena Knaus, Peter Widmann u. a., »Integration unter Vor-
behalt – Zur Situation von Kindern kosovarischer Roma, Aschkali und
Ägypter in Deutschland und nach ihrer Rückführung in den Kosovo«,
Deutsches Komitee für UNICEF, Köln 2010, S. 36.

18 *United Nations Interim Administration Mission in Kosovo*

19 Zitiert nach: http://dejure.org/gesetze/AufenthG/25.html

20 Zitiert nach: http://dejure.org/gesetze/MRK/8.html

21 Siehe dazu auch: http://www.nds-fluerat.org/wp-content/uploads/2014/
07/Gutachten_Maierhoefer3.pdf

22 Zitiert nach: Katrin Reemtsma, *Sinti und Roma: Kultur, Geschichte, Gegenwart*.
München 1996.

23 Klaus-Michael Bogdal, *Europa erfindet die Zigeuner. Eine Geschichte von Faszination und Verachtung.* Berlin 2011.

24 Ebenda, S. 15.

25 Zitiert nach: »Roma. Zwischen Flucht und Abschiebung«, in: *Flüchtlingsrat.
Zeitschrift für Flüchtlingspolitik in Niedersachsen*, #134/2011, S. 7.

26 European Roma Rights Center: »A Pleasant Fiction. The Human Rights
Situation of Roma in Macedonia«, Coutry Reports Series, No. 7, July 1998,
S. 14.

27 Karin Waringo, »Vom vaterlandslosen Gesellen zum Scheinasylanten –
Über den Umgang mit Romaflüchtlingen aus dem Balkan«, 2012. http://
www.ggua.de/fileadmin/downloads/Rueckkehrer_Reisefreiheit/Waringo
030512.pdf

28 »Abgeschobene Roma in Serbien« – journalistische, juristische und medizi
nische Recherchen 2013. http://www.roma-center.de/abgeschobene-roma-
in-serbien-journalistische-juristische-und-medizinische-recherchen/

29 Gemeint sind Serbien und Mazedonien.

30 Zitiert nach: http://www.bild.de/politik/inland/hans-peter-friedrich/in

nenminister-klagt-ueber-fluechtlings-ansturm-auf-deutschland-26683892.
bild.html

31 https://www.youtube.com/watch?v=6rQap8uN12Y

32 Zitiert nach: http://www.spiegel.de/kultur/tv/television-maischberger-talk-ueber-sinti-und-roma-a-868391.html

33 Siehe dazu: http://www.roma-center.de/

34 http://www.alle-bleiben.info/uber-uns/

35 Bundesamt für Migration und Flüchtlinge (BAMF), Entscheiderbrief 9/2012, 19. Jahrgang, 24.09.2012.

36 Die gesamte Rede ist nachzuhören unter: https://www.youtube.com/watch?v=_rpbeUoNNKU

37 Siehe etwa: http://bundesromaverband.de/herkunftslaender-nicht-sicher-trotz-gesetz/

38 Siehe dazu auch: »Integration unter Vorbehalt – Zur Situation von Kindern kosovarischer Roma, Aschkali und Ägypter in Deutschland und nach ihrer Rückführung in den Kosovo«, auch: Verena Knaus, Peter Widmann u. a., Deutsches Komitee für UNICEF, Köln 2010, S. 40.

39 Ebenda.

40 Siehe dazu: http://www.unhcr.de/fileadmin/rechtsinfos/fluechtlingsrecht/3_deutschland/3_2_unhcr_stellungnahmen/FR_GER-HCR_sichere_Herkunftslaender_042014.pdf

41 Siehe dazu: http://jogspace.net

42 Im Romanes wird das Wort »Rom« und seine Varianten eigentlich mit zwei r geschrieben. Darum wäre die korrekte Schreibweise »Rromanes«, »Rrom«, »Rromni« usw. In diesem Buch habe ich mich für die gebräuchlichere Version mit einem r entschieden.
Zudem wird »Rrom_nja« häufig als gender-gerechte Schreibweise benutzt, die im Plural sowohl Rrom als auch Rromni meint. Oder auch in der Variante mit nur einem r als »Rom_nja«.

43 Zitiert nach: https://inirromnja.wordpress.com/wir/

44 Markus End, »Antiziganismus in der deutschen Öffentlichkeit – Strategien und Mechanismen medialer Kommunikation«, Studie für das Dokumentations- und Kulturzentrum Deutscher Sinti und Roma, Heidelberg 2014.

45 Bronisława Wajs, am 17. August 1910 in Lublin geboren, am 8. Februar 1987 in Inowrocław gestorben, war eine polnische Lyrikerin und Sängerin, bekannt unter dem Namen »Papusza«, was auf Romanes »Puppe« bedeutet.

46 Ceija Stojka, am 23. Mai 1933 geboren, am 28. Januar 2013 in Wien gestorben. Als Kind überlebte sie drei NS-Konzentrationslager.

47 Das Ende des Gedichtes zitiert nach: *Jekh Ćhib* 4, Mai 1995, S. 5.

48 Zitiert nach: *Süddeutsche Zeitung*, »Zuwanderer bringen Deutschland Milli-

arden«. http://www.sueddeutsche.de/politik/studie-zu-migration-zuwan
derer-bringen-deutschland-milliarden-1.2240776

49 Rede des Ministerpräsidenten von Schleswig-Holstein, Torsten Albig, in
der 925. Sitzung des Deutschen Bundesrates im September 2014.

BILDNACHWEIS